Paula J. Caplan ist Professorin für Psychologie. Die ehemalige Vorsitzende des Centre for Women's Studies am Ontario Institute for Studies in Education ist Autorin mehrerer Bücher zu Frauenthemen.

Dieses Buch wurde auf chlor- und säurefreiem Papier gedruckt.

Deutsche Erstausgabe November 1995
© 1995 für die deutschsprachige Ausgabe
Droemersche Verlagsanstalt Th. Knaur Nachf., München
Das Werk einschließlich aller seiner Teile ist urheberrechtlich geschützt.
Jede Verwertung außerhalb der engen Grenzen des Urheberrechts-
gesetzes ist ohne Zustimmung des Verlages unzulässig und strafbar.
Das gilt insbesondere für Vervielfältigungen, Übersetzungen,
Mikroverfilmungen und die Einspeicherung und Verarbeitung
in elektronischen Systemen.
Titel der Originalausgabe »You're Smarter Than They Make You Feel«
Original English language edition
Copyright © 1994 by Paula J. Caplan
All rights reserved including the right of reproduction
in whole or in part in any form.
This edition published by arrangement with the original publisher
The Free Press, a division of Simon & Schuster, New York
Umschlaggestaltung Angela Dobrick, Hamburg
Umschlagfoto The Image Bank, Hamburg
Satz MPM, Wasserburg
Druck und Bindung Elsnerdruck, Berlin
Printed in Germany
ISBN 3-426-82084-6

2 4 5 3 1

PAULA J. CAPLAN

Keine Angst
vor Autoritäten

Wie Patienten, Kunden und Verbraucher
ihre Interessen durchsetzen

Aus dem Amerikanischen
von Maria Zybak

Knaur

Für Susan Gilbert Carrell, Gina Feldberg,
Maureen Gans, Nikki Gerrard, June Larkin,
Donna Sharon und Rachel Josefowitz Siegel,
sie alle haben mir mit viel Liebe und Humor
den Rücken gestärkt.

Inhalt

Inhalt

... nur wirklich bewußte Menschen hinterfragen die wahre Natur der Institutionen,
die sie theoretisch schützen sollen.

Tom Robbins

Ein ungerechtes System kann nur dann
über längere Zeit funktionieren, wenn die
breite Masse glaubt, die Ungerechtigkeit
zu verdienen.

Monica Sjöö und Barbara Mor

... alle Entwicklung liegt in der Entdeckung der Stärke – oder der Stärken.

Paul Horgan

Kapitel 1

Lassen Sie sich nicht
für dumm verkaufen!

Wenn wir irgendwo Hilfe gesucht haben und uns hinterher schlechter fühlen statt besser, geben wir uns meistens selbst die Schuld. Eine Haltung, die unsere leistungsorientierte, auf Fachwissen fixierte Gesellschaft noch fördert: Wir glauben, es fehle uns an Intelligenz, Bildung oder geistiger Flexibilität. »Wahrscheinlich habe ich nicht die richtigen Fragen gestellt oder mein Problem nicht klar genug dargestellt«, denken wir. Oder »ich hätte mehr Druck machen sollen – oder nicht soviel«. Ich will Sie mit meinem Buch vor allem dazu ermuntern, Fragen zu stellen, insbesondere die Frage: »Liegt es wirklich an mir allein, daß ich nicht die gewünschte Hilfe bekommen habe, oder steckt etwas anderes dahinter?«

Wir wenden uns an ein Expertensystem mit der Bitte um Hilfe, und wir bekommen diese Hilfe oder auch nicht; aber *ob wir sie bekommen oder nicht,* unsere Erfahrungen mit diesem Expertensystem geben uns oft das Gefühl, daß wir hilflos und dumm sind. Es geht in diesem Buch nicht darum, wie man »das System besiegt« oder von Autoritäten und Institutionen das bekommt, was man braucht. Es geht vielmehr darum, wie man vermeiden kann, daß man von dem jeweiligen Expertensystem besiegt und kleingemacht

11

wird. Ob es Ihnen letztlich hilft oder nicht, Sie sollten sich jedenfalls nicht schlechter fühlen müssen, wenn Sie es in Anspruch genommen haben.

Ungerechtfertigte Selbstvorwürfe lähmen uns nicht nur, sie bringen uns auch auf eine ganz unkonstruktive Schiene, weil es im allgemeinen nicht die Schuld des Klienten ist, wenn er nicht die bestmögliche Hilfe bekommt. Meine Untersuchung der Arbeit Hunderter von Therapeuten, die Sorgerechtsgutachten erstellen, hat zum Beispiel gezeigt, daß jene zu einem großen Teil einseitig und subjektiv ist und eindeutig auf unzureichenden Informationen beruht.[1] Viele Gutachter versuchen nicht einmal, für diese Beurteilungen, die erheblichen emotionalen Sprengstoff bergen und Empfehlungen an die Richter beinhalten, wo die Kinder nach einer Scheidung leben sollen, Informationen von anderen Leuten als den zerstrittenen Eltern zu bekommen, und manche sehen die Kinder, die ja Gegenstand der Auseinandersetzung sind, kein einziges Mal. Viele räumen ein, daß sie ihrer *gesetzlichen* Verpflichtung nicht nachkommen, die Jugendämter zu informieren, wenn ein Elternteil behauptet, der andere habe die Kinder körperlich oder sexuell mißbraucht; und selbst wenn Mitarbeiter des Jugendamtes solchen Anschuldigungen nachgehen, legen viele sich schon fest – *bevor* die amtlichen Sozialarbeiter festgestellt haben, ob es tatsächlich zu einem Mißbrauch gekommen ist –, welcher Elternteil ihrer Meinung nach das Sorgerecht bekommen sollte. Trotz dieser häufigen Voreingenommenheit empfinden die geschiedenen Eltern, die ja die Klienten dieser Gutachter sind, im allgemeinen alles, was schiefläuft, als Beweis für ihr eigenes Versagen und zerbrechen sich oft stunden- und tagelang den Kopf darüber, was *sie* besser machen könnten, statt sich bewußt zu machen, daß vielleicht die Beurteilung des Sachverständigen mangelhaft ist. Schließlich sind die Gutachter vermeintlich bestens ausgebildete Sozialarbeiter, Psychologen und Psychiater und als solche Experten für menschliches Verhalten!

Betrachten wir nun einmal, was meine Freundin Ellen erlebt hat. Sie verlor, völlig unerwartet und von heute auf morgen, ihre Arbeit. Da sie große Sorgen quälten, wie sie in dieser Situation ihre Kinder durchbringen sollte, vereinbarte sie sofort einen Termin beim Arbeitsamt. Sie hoffte, dadurch so bald wie möglich Arbeitslosengeld zu bekommen, und wollte sich gleichzeitig, auf dem Höhepunkt der Rezession, intensiv nach einer neuen Stelle umsehen. Als sie dem Sachbearbeiter an seinem riesigen Schreibtisch gegenübersaß, erinnerte sie sich daran, daß der zuständige Beamte, als ihre Schwester den Antrag auf Arbeitslosengeld stellte und ihre Situation ausführlich beschrieb, sehr ärgerlich geworden war und sie angeschnauzt hatte: »Sie sind ruhig und warten, bis *ich* die Fragen stelle!« Entschlossen, sich bei diesem Gespräch richtig zu verhalten, sagte Ellen nur »Guten Tag« und wartete ab, bis ihr Gegenüber zu sprechen begann. Wenn er ihr Fragen stellte, beschränkte sie ihre Antworten konsequent auf das, was er wissen wollte. Sie wunderte sich über seine offenkundig zunehmende Gereiztheit und fragte schließlich schüchtern: »Soll ich Ihnen einfach erzählen, wie es kam, daß ich meine Arbeit verloren habe?« Worauf er explodierte und sie anfuhr: »Natürlich, verdammt noch mal! Deswegen sind Sie doch da!« Ellen war nahe daran, in Tränen auszubrechen und schämte sich, als ob sie eine Riesendummheit begangen hätte. Erst als sie einer Freundin von ihrem Erlebnis erzählte, wurde ihr klar, daß sie überhaupt nichts falsch gemacht hatte. Sie hätte in dieser Situation gar nicht »das Richtige« tun können.

Wir hören immer wieder, welches Glück wir haben, im Informationszeitalter zu leben, und daß Wissen Macht sei. Aber die meisten von uns kommen sich dumm und hilflos vor, wenn sie sich mit Fachleuten im medizinischen und psychiatrischen Bereich, bei Behörden, Gerichten, Schulen oder mit anderen Autoritäten konfrontiert sehen, von denen sie *erwarten*, informiert und unterstützt zu werden. Als Kinder glauben wir, daß wir später, wenn wir groß sind, stärker sein und alles besser werden bewältigen können, aber in Wahrheit ist es oft umgekehrt: Je älter wir werden, in der Erwartung, uns wirklich stark zu fühlen, viel zu wissen und unser Leben endlich im Griff zu haben, desto hilfloser, unzulänglicher und unfähiger fühlen wir uns. Und diese Gefühle sind meistens die gleichen, unabhängig von der Institution oder den Expertensystemen, mit denen wir zu tun haben. Daß es immer mehr Selbsthilfegruppen und -bücher für jede nur denkbare Problematik oder Situation gibt, ist ein Zeichen dafür, wie hilflos und isoliert sich die Menschen fühlen. Genauso ist es mit dem in unserer Gesellschaft geradezu epidemischen Mangel an Selbstwertgefühl, der uns zum Therapeuten rennen läßt, bei dem wir uns dann fragen, ob unsere »zerstörerischen Eltern« oder die »gestörte Familie« daran schuld sind. Obwohl eine Therapie hilfreich sein kann, wenn die Probleme wirklich von unseren frühesten engen Beziehungen herrühren, vertun wir nur allzuoft Zeit und Energie damit, fälschlicherweise bei uns selbst oder unseren Familien nach der Ursache unserer Gefühle von Unfähigkeit und Scham zu suchen, wo es doch eher angebracht wäre, sich die Institutionen und Expertensysteme in unserer Gesellschaft näher anzuschauen.

Wir müssen erkennen, wie und warum uns die verschiedensten Institutionen und Experten so oft das Gefühl geben, daß wir dumm und hilflos sind, und wie wir die lähmende Wirkung solcher Erlebnisse überwinden können. Diese Fragen will ich mit meinem Buch beantworten. Zu wissen, was da im einzelnen abläuft, ist deshalb besonders wichtig, weil solche Autoritäten nicht nur dafür sorgen, daß wir uns schlecht fühlen, sondern uns selbst oder uns nahestehenden Menschen auch nachhaltig schaden können.

Wie gerne hätte ich Ihnen, als ich die frustrierenden und entmutigenden Erlebnisse niederschrieb, in jedem einzelnen Fall geraten: »Hätte der Patient oder Klient nur dies gemacht oder jenes unterlassen, dann wäre alles bestens gewesen.« Andere Autoren haben zweifellos viele Tips anzubieten, wie man die verschiedenen Expertensysteme besiegt. Aber ich habe dieses Buch schreiben müssen, weil so oft nichts davon funktioniert: Der Geschäftsführer geht auf unsere Wünsche nicht ein, die Standesvereinigung der Psychiater weist unsere berechtigte Beschwerde gegen eines ihrer Mitglieder ab, kein Fernsehreporter ist bereit, über das einem Mitglied unserer Familie angetane Unrecht zu berichten, oder wir strengen doch lieber keinen Prozeß an wegen einer Verletzung der Menschenrechte, sexueller oder rassischer Diskriminierung, weil wir wissen, was es uns an Zeit, Geld und Energie kosten und unseren Lebensgenuß in anderen Bereichen beeinträchtigen wird. Und wenn wir nichts weiter tun können oder es für notwendig erachten, uns nicht weiter um die für uns selbst oder einen uns nahestehenden Menschen wichtigen Dienstleistungen zu bemühen, *sollten wir auf keinen Fall noch mehr Zeit und Energie damit verschwenden, uns grundlos Vorwürfe zu machen.*

Praktisch jeder Erwachsene kommt sich unfähig und hilflos vor, wenn er mit Autoritäten und Experten zu tun hat, die im Besitz der von uns benötigten Informationen zu sein scheinen, oder die Macht haben, uns zu helfen. Wir alle haben schon mal die ärgerliche Erfahrung gemacht, daß wir zwar genau zuhören, aber es doch nicht ganz verstehen, wenn uns ein Arzt oder Anwalt unsere gesundheitliche oder rechtliche Situation erläutert, wenn ein Psychologe oder Lehrer die Testergebnisse unseres Kindes interpretiert, oder wenn jemand, den wir mit einer Reparatur in der Wohnung oder am Auto beauftragt haben, nicht ausreichend erklärt, warum das angeblich sehr aufwendig und kostspielig wird. Selbst wenn wir uns bei der Bitte um weitere Erklärungen nicht dumm vorkommen, fühlen wir uns doch oft hilflos, weil wir nicht wissen, wo oder wie wir nachhaken sollen.

Wir werden heute geradezu überschwemmt von Informationen, durch die technologische Entwicklung vor immer neue Rätsel gestellt und verlieren uns im Wirrwarr bürokratischer Vorschriften. Die meisten Menschen haben das Gefühl, daß es so vieles gibt, was sie nicht verstehen können. Mit Sicherheit aber kann man sagen: Wenn wir nicht verstehen, was mit uns geschieht, können wir auch nicht hoffen zu erkennen, daß es nicht unser Fehler ist.

Ich habe erlebt, wie gutsituierte, sehr gebildete Männer – Kinder der 60er Jahre, die *im Prinzip* schon früh lernten, daß »Autoritäten« ihnen nicht unbedingt immer helfen wollen – zu weinen begannen, weil sie sich niedergemacht und ohnmächtig fühlten, wenn sie *als Individuum* mit mächtigen Autoritäten oder sogenannten »Experten« zu tun hatten. Ich habe gesehen, wie sie verzweifelt dahinterzukommen versuchten, welcher ihrer eigenen Fehler ihnen hier einen Strich durch die Rechnung gemacht hat. Den meisten fällt es viel leichter zu erkennen, wann andere *ohne jedes eigene Verschulden* von Expertensystemen und Autoritäten schlecht behandelt werden, als aufzuhören, die Schuld bei sich selbst zu suchen. So seltsam es klingt, aber es kann uns ein Gefühl der Hoffnung vermitteln, wenn wir uns selbst die Schuld geben; denn, so denken wir, wenn wir schuld sind, müssen wir uns vermutlich nur mehr anstrengen oder unsere Fehler ausmerzen, dann bekommen wir vielleicht die Hilfe oder Unterstützung, die wir brauchen.[2] Und wenn wir uns immer wieder bemühen und keinen Erfolg haben, werden wir irgendwann möglicherweise so depressiv, daß wir uns zu einer Therapie entschließen. Aus meiner jahrelangen Arbeit als Therapeutin weiß ich, daß das Leid der Menschen zu einem guten Teil von ihrem schwachen Selbstwertgefühl und der Scham als Folge solcher Erfahrungen herrührt.

Eine intelligente, gebildete Frau schrieb mir einmal, nachdem sie eines meiner Bücher gelesen hatte: »Ich bin immer noch stark traumatisiert von dem, was ein Arzt meinem Körper mit einem Messer angetan hat, obwohl ich protestierte und ihn bat, es nicht zu tun, und jetzt schleppe ich die Schuld mit mir herum, daß ›ich hätte fähig sein müssen, ihn davon abzuhalten‹.« Tatsächlich fühlen sich viele Menschen in einer Gesellschaft, in der man so oft Hilfe von irgendwelchen Fachleuten und Autoritäten braucht, die meiste Zeit hilflos und unzulänglich. Die sonst vielgeschmähten Frauenzeitschriften haben kürzlich innerhalb einer Diskussion von den anwesenden Frauen ein dickes Lob bekommen, weil sie den Leserinnen eben gerade nicht das Gefühl vermitteln, dumm zu sein – eine für viele Frauen äußerst seltene Erfahrung.

Selbst Menschen, die in den Augen der anderen ganz und gar nicht hilflos erscheinen, sind gegen solche Gefühle nicht gefeit, und viele arrivierte Persönlichkeiten haben schon erzählt, wie verschiedene Expertensysteme und Autoritäten ihnen das Gefühl gaben, unfähig, dumm, völlig unmöglich oder hilflos zu sein. Es lohnt sich, sich ein paar Beispiele näher anzuschauen.

Lange nachdem sie an einem sehr angesehenen College für Frauen ihren Abschluß gemacht hatte, wurde der Feministin und Journalistin Gloria Steinem bewußt, daß sie und ihre Kommilitoninnen in der Studienzeit darin bestärkt wurden, Frauen abzuwerten, die Studentinnen »in Selbstniedrigung eine Eins bekamen«, wie sie schreibt.[3] Sie schildert, wie diese Abwertung durch die Auswahl des Lesestoffs, die Art der ihnen vermittelten Theorien und dem Mangel an Frauen in einflußreichen Positionen im universitären Bereich gefördert wurde.

Für Maya Angelou, die begabte Dichterin, die bei Präsident Clintons Amtseinführung eines ihrer Gedichte vortrug, war ein besonders deprimierendes und entmutigendes Erlebnis die Rede eines weißen Politikers, die er bei ihrer Schulabschlußfeier hielt. Angelou beschreibt, wie der Politiker zuerst all die großartigen Sachen aufzählte, die man für die *weiße* Schule in der Stadt getan hatte, zum Beispiel daß man einen bekannten Künstler für den Kunstunterricht engagiert und das Schullabor mit den neuesten Mikroskopen und Analysegeräten ausgestattet hatte. Dann versprach er, in der Schule für die Schwarzen den Schulhof pflastern zu lassen, falls er wiedergewählt würde, und äußerte sich lobend über einen Footballspieler, der an dieser Schule den Abschluß gemacht hatte. Nachdem sie anfangs von der Abschlußfeier ganz hingerissen war, beschreibt Angelou ihre Gefühle nach dieser Rede so:

> Weiße Jugendliche hatten die Chance, Galileos, Madame Curies, Edisons und Gauguins zu werden, unsere Jungen durften versuchen, ein neuer Jesse Owens oder Joe Louis zu werden, die Mädchen waren ganz aus dem Spiel ...
>
> Noch ehe mein Name aufgerufen wurde, war das Märchen vorbei: der Schulabschluß, Kostümierung, Geschenke und

Zeugnisse. Das Ergebnis der Ausbildung war wertlos. Die peinlich genauen Karten, die wir mit drei verschiedenfarbigen Tinten gezeichnet hatten, die komplizierten Fremdwörter, die wir erlernt hatten und aussprechen konnten, den *Raub der Lukretia* ganz und gar auswendig gelernt – für nichts und wieder nichts. [Der Redner] hatte uns entlarvt. Wir waren Mägde und Bauern, Handlanger und Waschweiber, und es war albern und vermessen, Höheres anzustreben.[4]

Jeffrey Moussaieff Masson, ein brillanter Professor für Sanskrit mit einem Doktor der Philosophie von Harvard und späterer Kurator des Sigmund-Freud-Archivs, beschreibt in seinem faszinierenden Buch *Final analysis: The making and unmaking of a psychoanalyst* den seelischen Mißbrauch, dem er von seiten seines Analytikers Irvine Schiffer ausgesetzt war.[5] Masson führt Beispiele an, wie Schiffer ihn anbrüllte, ihn unverfroren anlog, mitten in der Sitzung Telefongespräche annahm und über Autos und einträgliche Pöstchen plauderte, während Masson auf der Couch lag, und ihm seine Probleme zum Beispiel mit der Behauptung »erklärte«, daß seine Frau häßlich sei. Schließlich versuchte ihn Schiffer auch noch dazu zu drängen, so Masson, ihn auf einer seiner Arbeiten, die er mit seiner Frau zusammen verfaßt hatte, als Co-Autor zu nennen, obwohl Schiffer überhaupt nichts dazu beigetragen hatte.

Masson wird immer wieder gefragt, warum er, ein intelligenter, gebildeter Mann, Schiffer über Jahre hinweg bezahlt und geglaubt hat, dieser habe ihm etwas anzubieten. Massons Gründe sind für die meisten von uns wohl nachvollziehbar: Wenn wir Hilfe brauchen, ist der Wunsch in uns sehr stark, an jemanden zu glauben. Masson mußte es nach Möglichkeit vermeiden, seinen Analytiker zu verärgern, weil er Schiffers Hilfe in dreifacher Hinsicht brauchte. Erstens wollte er selbst Analytiker werden und mußte sich dafür als Klient bei einem der wenigen »Lehranalytiker« einer Analyse unterziehen – Schiffer war einer dieser wenigen. Jeder negative Kommentar Schiffers an die Standesvereinigung der Psychoanalytiker hätte für Masson natürlich das berufliche Aus bedeuten können. Zweitens war Masson nach Jahren in der Welt der Wissenschaft durch den ganzen Standesdünkel und die Mauscheleien desillusioniert, die er dort erlebt hatte. Er wandte sich der Psychoanalyse in der Hoffnung und dem Glauben zu, daß hier endlich Leute wären, denen vor allem an der Wahrheit lag, die ehrlich und vertrauenswürdig wären. Wenn er selbst an diese Leute nicht mehr glauben konnte, war er sich nicht sicher, ob es überhaupt noch jemanden gab, den er respektieren konnte. Drittens war Masson allein nicht in der Lage gewesen, einige persönliche Grundprobleme zu überwinden und glaubte, daß alles, was Schiffer als Lehranalytiker bei ihrer gemeinsamen Arbeit machte, darauf abzielen müsse, ihn zu »heilen«. Und wenn Masson schon einmal Zweifel an Schiffer äußerte, ließ dieser ihn für gewöhnlich wissen, daß er seine psychischen Probleme nie lösen würde, wenn er nicht darauf vertraute, daß Schiffer es besser wußte. Manchmal, schreibt Masson, machte Schiffer sich nicht einmal die Mühe, diesen Anspruch zu erheben, sondern drohte einfach damit, Massons Chancen für die Analytikerlaufbahn zu zerstören, wenn er sich nicht nach seinen Anweisungen richtete.

Welch entsetzliche Behandlung die verstorbene Lyrikerin und Pulitzerpreisträgerin Anne Sexton und die ungeheuer kreative Schriftstellerin und Bildhauerin Kate Millett vom psychiatrischen Expertensystem erfuhren, ist in allen schrecklichen Einzelheiten dokumentiert worden,[6] und die

Zahl der Fachleute und Expertensysteme, die ihnen eigentlich hätten helfen sollen und dabei versagt oder ihnen in unterschiedlicher Weise übel mitgespielt haben, ist groß.

Wer von den Lesern, wie ich, in zumindest einem solchen Expertensystem eine verantwortliche Position innehatte, weiß, daß diese Erfahrung uns keinesfalls davor schützt, ratlos und ohnmächtig dazustehen, wenn wir von einem anderen Expertensystem Hilfe oder Informationen brauchen. Noch schwieriger wird es für manche, wenn sie zu Klienten in jenem Expertensystem werden, in dem sie arbeiten. Der Arzt Oliver Sacks beschreibt in einem seiner Bücher, was er in der Neurologie – dem System, wo er selbst angestellt war – als Patient am eigenen Leib erlebte.[7] Und diejenigen unter uns, die in verantwortlichen Positionen sind, wissen, daß manche sich zwar wenig um ihre Klienten scheren, viele ihnen aber sehr wohl mit Interesse begegnen, sich jedoch entweder ihrer Wirkung auf die Hilfesuchenden nicht bewußt sind oder sich nicht in der Lage sehen, es besser zu machen. Diese Problematik wird in Kapitel 4 ausführlich behandelt, aber Sie sollten sich beim Lesen doch immer wieder vor Augen halten, daß nicht alle Klienten gut oder leicht zufriedenzustellen sind, und nicht alle Menschen in verantwortlichen Positionen schlecht oder böswillig sind.

Die gute Nachricht

Die gute Nachricht ist, daß *wir uns nicht zwangsläufig so fühlen müssen.* Und am ehesten kommen wir aus diesem Gefühl heraus, wenn wir durchschauen, mit welchen *Methoden* man uns dazu bringt, uns dumm und hilflos vorzukommen. Mir ist in den 25 Jahren meiner Berufstätigkeit in verschiedenen Bereichen immer wieder aufgefallen, wie erstaunlich ähnlich sich die Methoden häufig sind, die die unterschiedlichsten Institutionen, Autoritäten und Experten einsetzen, um ihre Klienten im unklaren zu lassen und kleinzumachen. Das ist der Grund, warum ich dieses Buch geschrieben habe. Interessant ist aber auch, daß wir alle, zumindest gelegentlich im Alltagsleben, die gleiche Art distanzschaffender Methoden anwenden wie diese Autoritäten. Deshalb werden sie Ihnen wahrscheinlich auch bekannt vorkommen, wenn Sie in der Folge mehr darüber lesen. Sie selbst haben sich vielleicht schon ihrer bedient oder sie aber durch Freunde oder Familienmitglieder am eigenen Leib erlebt.

Ich werde mich in diesem Kapitel noch mit der Frage beschäftigen, warum wir uns selbst die Schuld geben, und auch damit, warum die einzelnen Menschen doch etwas unterschiedlich auf undurchschaubare und gleichgültige Expertensysteme reagieren. In Kapitel 2 und 3 werde ich die häufigsten Kleinmachmethoden beschreiben. Wenn ich in diesem Buch Begriffe wie *Institutionen, Expertensysteme* oder *Autoritäten* verwende, dann gilt das Gesagte zum Großteil für ein ganzes Spektrum von Menschen, die Macht über uns haben – vom Klempner und Automechaniker bis zu Anbietern von Diätprogrammen, von den Repräsentanten des Rechts und den Vertretern des medizinischen, psychiatrischen, staatlichen und Erziehungssystems bis zu Verkäufern in Geschäften, die sich ablehnend verhalten, wenn wir mangelhafte Ware reklamieren. Natürlich haben manche dieser Menschen einen weit größeren Einfluß auf unser Leben als andere, denn man kann relativ leicht das Lebensmittelgeschäft oder den Klempner wechseln, bei Anwälten, Ärzten oder Therapeuten ist es schon schwieriger; aber wir haben oft *keine* andere Wahl, wenn Institutionen wie das Gericht, das Arbeitsamt oder bestimmte staatliche Einrichtungen uns hängenlassen. In Kapitel 4 gehe ich der Frage nach, *warum* Autoritäten und sogenannte Experten sich so oft zum Nachteil oder zumindest nicht im Interesse des Hilfesuchenden verhalten, und in Kapitel 5, 6 und 7 nenne ich die wichtigsten Gründe, warum Autoritäten sich oft nicht kritisch damit auseinandersetzen, wie sie mit den Klienten umgehen, und warum Klienten den Autoritäten gegenüber nicht kritischer sind und sie auch einmal in Frage stellen. In Kapitel 8 stelle ich Ihnen einige Strategien vor, wie man sich dagegen wappnen kann, sich dumm und hilflos vorzukommen, wenn man schlecht behandelt wird.

Wie schon gesagt, werden Sie von mir keine Tips bekommen, wie Sie das eine oder andere Expertensystem besiegen, Institutionen verändern oder aus irgendeiner Autorität einen wahren Wohltäter machen können. Aber ich kann Ihnen versichern, daß es Ihnen *helfen* wird, sich besser zu fühlen und die Realität klar einzuschätzen, wenn Sie eine komprimierte, durchnumerierte Liste der Methoden zur Hand haben, die man zu Ihrem Nachteil anwendet. Und manche dieser Strategien *können* sogar Ihre Chancen verbessern, die Hilfe auch zu bekommen, die Sie brauchen.

Ich möchte, daß Sie dieses Buch als eine Art Handbuch benützen. Statt sich den Kopf darüber zu zerbrechen, was Sie den Arzt über die Behandlung der Krankheit Ihrer Mutter alles hätten fragen sollen, oder was Sie getan haben, daß der Filialleiter Ihrer Hausbank Ihrem Kreditwunsch nicht entsprochen hat, denken Sie hoffentlich als erstes daran, die Seiten 46–48 aufzuschlagen, sich die Liste mit den verschiedenen Methoden anzuschauen und zu erkennen: »Die oder der hat bei mir die Methode Nr. 14 angewendet. Jetzt verstehe ich, warum ich mir so dumm vorgekommen bin.« Und dann, so hoffe ich, werden Sie zu den Seiten 233–267 gehen und nachsehen, welcher der unter der Überschrift: »Was Sie tun können« zusammengefaßten Tips Ihnen helfen könnte.

Ich bin klinische Psychologin, in der Forschung und in sozialen Einrichtungen tätig, und verfüge über vielfältige Erfahrungen – als Klientin und Patientin, als Expertin, oder beides – in vielen der Institutionen, die Menschen in der beschriebenen Art behandeln. Ich habe als klinische Psychologin gearbeitet, als Forscherin, als stellvertretende Leiterin einer Beratungsstelle für Kinder mit Lernstörungen in einer Klinik, als Angestellte im öffentlichen Dienst, als Gutachterin und Therapeutin bei einer Beratungsstelle des Familiengerichts, als Beraterin bei allen möglichen Problemen in Zusammenhang mit Erziehung, Scheidung und Sorgerecht, Jugendkriminalität, Kinderfürsorge und Gewichtsreduktion; als Sachverständige und Beraterin der Gerichte in verschiedensten Fällen, für die Standesorganisationen der Psychologen und der Rechtsanwälte. Ich habe auch andere Leute für diese Art Arbeit ausgebildet. Ich habe als Sozialpsychologin gearbeitet und mich vor allem auf die Unterstützung und Förderung von Einzelpersonen und gesellschaftlicher Randgruppen konzentriert. Ich bin im Laufe der Jahre auch Klientin verschiedener Anwälte und Therapeuten gewesen, Studentin an Schulen und Universitäten, Patientin von Ärzten und in Krankenhäusern, Bittstellerin bei öffentlichen Stellen und Beschwerdeführerin bei Standesorganisationen wegen des Verhaltens einiger ihrer Mitglieder.

Ich weiß aus erster Hand, wie frustriert und zugleich ohnmächtig man sich als Klient fühlen kann und wie viele der *unnötigen* Praktiken und Behauptungen von Autoritäten und Experten zu diesen Gefühlen führen. Ich habe viel darüber gelernt, was Patienten und Klienten in den verschiedensten Bereichen das Gefühl gibt, zu dumm zu sein,

24

als daß sie verstehen könnten, was Experten in den »helfenden Berufen« und anderen Dienstleistungssektoren ihnen sagen. Ich weiß auch aus eigener Erfahrung und durch Gespräche mit anderen Leuten in leitenden Positionen, daß es sich manche von denen, die ihre Klienten in dieser Weise frustrieren und verletzen, sehr zu Herzen nehmen würden, wenn sie wüßten, daß sie das tun, während es anderen relativ egal ist, wie sich ihr Verhalten auf andere auswirkt (mehr dazu in Kapitel 4).

Wir vergessen oft, daß sich dumm *vorkommen* nicht bedeutet, daß man dumm *ist*. Und je mehr wir über die Methoden wissen, mit denen uns dieses Gefühl häufig vermittelt wird, um so schneller werden wir sie erkennen, wenn wir wieder mal ihr Opfer geworden sind, und um so weniger werden wir uns selbst Vorwürfe machen. Es ist mir schon oft passiert, daß ich mir zuerst dumm vorkam und mich schämte, dann aber erkannte, daß es nicht meine Schuld war. Ausschlaggebend für diesen Umschwung waren meistens die Informationen oder Unterstützung von anderen Menschen. So habe ich mich zum Beispiel anfangs furchtbar mit meinem neu gekauften Computer herumgequält, obwohl ich das Handbuch wirklich aufmerksam studierte. Ich dachte schon, ich würde eine computerbedingte Psychose entwickeln, als ich wieder einmal bis drei Uhr nachts da saß und diese Maschine dazu zu bringen versuchte, das zu tun, was sie laut Handbuch tun sollte. Glücklicherweise kannte sich mein elfjähriger Sohn mit Computern ziemlich gut aus, und von ihm erfuhr ich, nachdem er sich mein Gejammer angehört hatte, daß viele Computerhandbücher entsetzlich schlecht geschrieben sind und entscheidende Schritte oft weggelassen werden. Er ging das Handbuch mit mir durch und machte mich auf die entsprechenden Stellen dort aufmerksam.

Wir können uns stundenlang zum Thema Lernstörungen einlesen, wenn unsere Kinder Schulprobleme haben, oder zum Vertragsrecht, wenn uns ein Prozeß am Zivilgericht bevorsteht, und diese Informationen können durchaus hilfreich sein; aber auch ein noch so großes Wissen an technischen Informationen in einem bestimmten Bereich ist keine Garantie dafür, daß wir uns dessen bewußt sind, wie das jeweilige System diese Information zu unserem Nachteil selektiv einsetzt, uns Informationen vorenthält, sie verdreht oder in nicht vorhersehbarer Weise interpretiert oder die Menschen, für die es an sich etwas tun soll, in anderer Weise verletzt. Und obwohl uns das Wissen um die genaue Funktion eines Vergasers nichts darüber sagt, wie ein Psychiater zu dem Urteil kommt, ob jemand psychisch krank ist oder nicht, wird es uns wahrscheinlich doch helfen, wenn wir durchschauen, wie manche Automechaniker uns das Gefühl geben, dumm und hilflos zu sein, und eine ähnliche Methode schneller erkennen, wenn ein Psychiater sie einsetzt. Ein zusätzlicher Vorteil ist, daß wir nicht so schnell entmutigt sind, wenn wir uns auf einem bestimmten Gebiet eine Menge an technischen Informationen aneignen müssen, die üblichen Muster des Kleinmachens und des Mißbrauchs von Wissen aber schon vorher kennen. Da ich mich in meinem Buch ganz klar auf die Kleinmachmethoden und ihre Bewältigung konzentrieren will, habe ich etwas widerstrebend beschlossen, keines aus der großen Zahl von Büchern zu besprechen oder aufzuführen, die den Verbraucher über ein ganzes Spektrum von Expertensystemen und Dienstleistungen informieren, zum Beispiel über die Funktionsweise von Autos, über Vertragsrecht, Naturheilmittel bei verschiedenen Krankheiten, Struktur und Arbeitsweise von Behörden und öffentlichen Einrichtungen.

Ich bin immer wieder überrascht, wie viele gebildete Menschen sich nicht bewußt sind, wie verschiedene Expertensysteme sie kleinmachen und ihnen das Gefühl vermitteln, dumm zu sein – oder wenn doch, dann ist es ihnen zwar prinzipiell klar, aber sie erkennen es nicht, wenn es ihnen selbst passiert. Sie geben allgemeine Äußerungen von sich wie: »Ich weiß, daß ›das System‹ kalt, unpersönlich und undurchschaubar ist«, aber wenn ein *bestimmtes* Expertensystem sie derart schlecht behandelt, wissen sie nicht, wie ihnen geschieht. Oder sie sind zwar mit der Arbeitsweise im medizinischen und Krankenhausbereich vertraut, erkennen aber nicht, wie viele von dessen Prinzipien auch für das Rechtssystem gelten. Ich kenne einen Mann, der über viele Aspekte des Geschäftslebens bestens informiert, dem Rechts- und Psychotherapiesystem aber hilflos ausgeliefert war, als er im Zuge des Scheidungs- und Sorgerechtsverfahrens damit zu tun hatte.

Warum geht es uns so?

Warum sind so viele von uns so schnell bereit, die Schuld bei sich selbst zu suchen, wenn es Probleme gibt? Es wäre schließlich viel einfacher, und wir würden uns auch viel besser fühlen, wenn wir der betreffenden Institution die Schuld geben würden – oder auch »bösen Mächten« oder einer ungünstigen Sternenkonstellation. Es sind viele Faktoren – soziale wie psychologische –, die zu dieser Tendenz zur Selbstbezichtigung beitragen.

Unser Problem beginnt schon mit dem Mythos, daß Autoritäten und Experten dazu da sind, uns zu helfen. Manche wollen wirklich Hilfestellung leisten und tun das tatsächlich auch, aber der *Mythos* ist, daß *alle* bestrebt und in der Lage sind, uns zu helfen. Expertensysteme wie das medizinische und rechtliche oder auch die Arbeitsämter wurden in der Tat dazu geschaffen, ihren Klienten Beistand zu leisten, und sie tun das auch bei vielen; mit der Zeit werden sie aber schwerfällig und bürokratisch und bekommen ein Eigenleben. So geht dann einiges von der Energie ihrer Repräsentanten in den Erhalt des Systems, seiner Macht und seines Status, anstatt zum Wohle der Klienten eingesetzt zu werden. In diesem Buch geht es darum, welchen direkten Einfluß das auf die Klienten hat, denn der Mythos, daß Expertensysteme uns immer helfen sollen, macht es uns schwer, umzudenken und zu erkennen, daß sie uns manchmal mehr schaden als nützen. Die Folge davon ist, daß uns dieser Mythos die Ursache des Problems in uns selbst suchen läßt, wenn etwas schiefläuft.

Die meisten führenden Institutionen und Experten werden durch das hohe Ansehen, das sie in unserer Gesellschaft genießen, vor Fragen zu ihren Absichten, Fehlern und ihrer Arbeitsweise geschützt. Selbst wenn sich viele Bürger zum Beispiel über das komplizierte Gesundheitssystem und ihre Probleme damit beklagen, werden ihre Reaktionen wahrscheinlich doch von zurückhaltend respektvoll bis zu etwas eingeschüchtert oder richtiggehend ehrfurchtsvoll reichen, wenn ein leibhaftiger Arzt den Raum betritt. Und das Wissen, daß kompetente Anwälte hinter ihnen stehen, die dafür bezahlt werden, sie vor solchen Konfrontationen zu schützen, nährt noch unser Gefühl, daß wir als Einzelpersonen große Expertensysteme und anerkannte Vertreter daraus unmöglich zur Verantwortung ziehen können. Viele Leute – auch ich, wie ich gestehen muß – haben erst durch den Film *Class Action* erfahren, daß manche Automobilhersteller ihre Entscheidung, ob sie ein potentiell gefahrenträchtiges Modell vom Markt zurückrufen oder nicht, allein von finanziellen Erwägungen abhängig machen. In dem Film ist einem Hersteller bekannt, daß bei einem gewissen Prozentsatz seiner Wagen der Benzintank unter bestimmten Umständen explodieren kann. Allerdings errechnen die zuständigen Herren, daß sie Geld sparen können, wenn sie die Autos *nicht* zurückrufen, ihr Wissen für sich behalten und zum Schluß lieber den Verletzten (oder im Todesfall den Angehörigen) eine Abfindung zahlen, die sich die Mühe machen, eine Klage anzustrengen. Das ist eine offenbar weitverbreitete Praxis, auch bei weniger dramatischen Begleitumständen. So werden jetzt zum Beispiel gesundheitliche Langzeitschäden bei Menschen bekannt, die in Gebäuden arbeiten, die während der Energiekrise errichtet und deshalb extrem wärmeisoliert wurden. Einige Eigentümer solcher Gebäude ziehen es vor, nichts zu ihrer Verbesserung zu tun. Sie zahlen lieber Abfindungen an die wenigen Betroffenen, die erstens eine Verbindung herstellen zwischen dem Zustand der Gebäude und ihren Symptomen und zweitens gewillt sind, das mit einer Klage oder einem Prozeß verbundene Risiko auf sich zu nehmen. Es kostet ja in der Tat auch viel weniger, einige wenige Betroffene mit Geld abzufinden, als an solchen Gebäuden kostspielige Sanierungsarbeiten durchzuführen.

Ein weiterer Grund, warum wir uns selbst die Schuld daran geben, daß wir uns dumm und hilflos vorkommen, wenn wir mit einem riesenhaften Expertensystem konfrontiert sind, ist der, daß wir nicht genug über das System wissen, um aufzeigen zu können, wo es im Unrecht ist. Wie der Romancier A. S. Byatt schreibt: »Das Unbekannte läßt sich schwer greifen, weil es unbekannt ist.«[8] Was es uns ganz besonders schwer macht, die meisten dieser Systeme zu durchschauen, ist die erstaunliche Ausbreitung der Fachjargons in diesem Jahrhundert. Dennoch wehren sich die

Leute in den meisten Bereichen mit Händen und Füßen dagegen, ihren Fachjargon aufzugeben. Ich habe selbst eine Beratungsstelle für lerngestörte Kinder mit geleitet, bin Co-Autorin eines bei einem großen Verlag erschienenen Buches zu diesem Thema und habe jahrelang bei einem schulpsychologischen Programm mitgearbeitet, wo Psychologen dafür ausgebildet wurden, solche Probleme zu erkennen und zu behandeln, war aber immer wieder perplex, wenn ich Äußerungen hörte wie: »Dieses Kind hat ein auditives Verarbeitungsdefizit.« Ich habe im Laufe der Jahre immer wieder festgestellt, daß ich, wenn ich fünf verschiedene Lehrer und Psychologen für Kinder mit Lernstörungen bat, mir zu erklären, was das genau für das Kind an Einschränkung bedeutete, fünf verschiedene Antworten bekam – und viele waren mit noch mehr unklaren Fachausdrücken gespickt. Irgendwann habe ich dann einen Aufsatz darüber geschrieben, wie stark gerade dieses Gebiet mit einer verschleiernden und ungenauen Sprache durchsetzt ist und wie wenig Konsens darüber herrscht, wozu Kinder mit Lernstörungen in der Lage sind und wozu nicht. Aber jede größere, mit dieser Problematik befaßte Fachzeitschrift lehnte meinen Aufsatz ab, ehe er dann von einem guten, aber weit weniger bekannten Journal angenommen wurde.[9]

Ein weiterer Faktor, der uns die Schuld vor allem bei uns selbst suchen läßt, sind die große Leistungsfixiertheit unserer Gesellschaft, die Glorifizierung der Selbständigkeit und die Vorstellung, daß man alles »allein durchstehen« muß. Die individualistische Tradition des 19. Jahrhunderts hat uns zu der Überzeugung gebracht, daß wir, wenn wir uns nur genug anstrengen, alles erreichen können. Dieser Gedanke impliziert, daß wir faul, dumm oder unfähig sein müssen, wenn wir nicht erreichen, was wir wollen. Wie ich einmal geschrieben habe, erhalten sich die mächtigen Gruppen in jeder Gesellschaft ihre Macht zum Teil dadurch, daß sie Sündenböcke suchen, denen sie die Schuld zuschieben können, wenn irgend etwas schiefgeht.[10] Auf diese Weise erhalten sie die Fiktion aufrecht, daß die Institutionen, die die Macht innehaben, unbestechlich und ohne Makel sind. Manchmal wird so getan, als handele es sich um einen einmaligen Einzelfall, und man läßt jeden sich allein durch die Instanzen und einen Wust an Formularen kämpfen, wenn er wegen eines Arbeitsunfalls oder einer Berufskrankheit eine Entschädigung bekommen will. Kommen dazu noch ein völlig neuer Fachjargon und komplexe Arbeitsabläufe, wie sie sich in den letzten Jahrzehnten entwickelt haben, sehen wir oft keine andere Alternative *als* eben Selbstvorwürfe und das Gefühl der Erniedrigung, wenn uns ein uns fremdes Expertensystem im Stich läßt.

Ein wichtiger psychologischer Faktor, der uns die Schuld eher bei uns selbst suchen läßt als bei irgendwelchen Institutionen, ist, wie schon erwähnt, das Bedürfnis zu glauben, daß wir die Situation unter Kontrolle haben. Wir wissen von Leuten, die über mißbrauchte Frauen und Kinder geschrieben haben, aus Forschungsarbeiten über ehemalige KZ-Häftlinge, Geiseln und Menschen, die einer Gehirnwäsche unterzogen wurden, daß auf schrecklichste Weise mißhandelte Menschen sich oft an ihre geistige Gesundheit klammern, indem sie versuchen, sich ein *bißchen* Kontrolle – oder zumindest den Glauben, daß sie sie haben – über *irgend etwas* zu bewahren. Wenn wir wissen, daß wir wahrscheinlich einer unangenehmen oder schrecklichen Behandlung ausgesetzt sein werden, dann können wir manchmal nichts Besseres tun, als uns einzureden, daß wir es verhindern *könnten*, wenn wir nur den richtigen Dreh fänden, die magischen Worte, das passende Mittel, um den Menschen zu besänftigen, der uns quält oder uns seine Hilfe versagt. Ein Beispiel aus dem Alltag: Der Klempner versprach Mary, gleich am Montag morgen in aller Frühe vorbeizukommen, um die verstopfte Toilette wieder in Ordnung zu bringen, also sagte sie im Büro Bescheid, daß sie erst nach der Mittagspause eintreffen würde. Nachdem sie drei Stunden auf ihn gewartet hatte, fragte sie sich langsam, ob sie ihn wohl mißverstanden hatte, ob, wenn sie ihn jetzt anriefe und ihm klarmachte, daß sie dringend weg müsse, er wohl sofort kommen würde. Darüber nachzudenken gab ihr das Gefühl, die Situation doch irgendwie unter Kontrolle zu haben.

Wir versuchen um so eher herauszufinden, wo *wir* etwas falsch gemacht haben, wenn wir keinen Ausweg aus einer Situation sehen, unser Leben riskieren oder ernsthafte Nachteile befürchten müßten, wenn wir herauszukommen versuchten. Nehmen wir zum Beispiel an, Sie sind bei einem Autounfall verletzt worden und sind auf eine schnelle finanzielle Abwicklung angewiesen, weil Sie Ihre Kinder weiter versorgen müssen. Wenn Ihr Anwalt, nennen wir ihn Herrn Müller, Ihre Instruktionen offenbar ignoriert oder falsch vorgeht, dann können Sie überlegen, ob Sie zu einem anderen Anwalt gehen. Das hieße aber, so sagt man Ihnen, daß Sie dem neuen Anwalt viel Geld bezahlen müßten, damit er die dicken Akten durchliest, die sich bei Ihrem jetzigen Anwalt inzwischen stapeln, und Sie müßten den neuen dafür bezahlen, daß er ein Gespräch mit Ihnen führt und sich Ihre ganze Leidensgeschichte noch einmal anhört. Vielleicht befürchten Sie auch, zu Recht, daß der neue Anwalt Sie für einen Querulanten hält, weil Sie dem Kollegen sein Mandat entzogen haben. In Anbetracht all dessen beschließen Sie, bei Herrn Müller zu bleiben, aber was unternehmen Sie nun wegen der unzureichenden Wahrnehmung Ihrer Interessen? Selbst wenn Sie nur an etwas so Harmloses denken wie ihn höflich darauf anzusprechen, daß er Sie des öfteren nicht zurückgerufen oder entscheidende Fehler gemacht hat, wissen Sie doch, daß Sie es sich nicht leisten können, einen Anwalt zu verärgern, der Sie schließlich eventuell auch vor Gericht vertreten wird. Ihr einziger Weg, sich einen Rest an gesundem Verstand zu bewahren, wird dann vielleicht sein, sich den Kopf darüber zu zerbrechen, wie Sie Ihre Bedenken in »genau der richtigen Weise« zum Ausdruck bringen, oder dahinterzukommen, welchen »Fehler« Sie gemacht haben, daß Ihre Instruktionen bei Herrn Müller nicht absolut unmißverständlich angekommen sind. Gewissensprüfung und Selbstbeobachtung sind oft wesentlich weniger riskant, als in der realen Welt aktiv zu werden. Zum Glück gibt es in manchen Situationen auch bessere Alternativen. Gibt es solche Alternativen aber nicht, dann ist es ganz wichtig, diese ohnehin unangenehme Situation nicht noch durch Scham und quälende Selbstvorwürfe zu verschlimmern.

Studs Terkel macht in seinem Buch *Arm & Reich. Das Amerika der Reagan-Ära* deutlich, wie sich Menschen mit Selbstvorwürfen zerfleischen, wenn sie gleichgültigen Expertensystemen gegenüberstehen. In seinem Beispiel ist dieses System eine von der Rezession gebeutelte Wirtschaft einschließlich der Banken und einer Regierung, die es versäumte, ausreichende Hilfen für kleine Farmer bereitzustellen.[11] Lou Anne Kling, Koordinatorin des Rechtshilfeprogramms für Farmer im Landwirtschaftsministerium von Minnesota, erzählte Terkel die Geschichte eines jungen Mannes, der mit seinen Eltern auf deren Farm lebt:

Er kommt nach Hause und sagt zu seinem Vater: »Ich habe einen neuen Traktor gekauft.« Der Vater sagt: »Was hast du dir nur dabei gedacht, wir können es uns doch gar nicht leisten.« Der Sohn sagt: »Ach was, du hast ja keine Ahnung, du lebst ja hinterm Mond. Mein Gott, der Soundso hat sich auch einen gekauft.«

Der Sohn wird sauer und rennt eingeschnappt raus. Und der Vater sitzt in seinem Sessel und denkt: Wenn ich ein besserer Farmer wäre, hätten wir mehr Geld und könnten uns einen neuen Traktor leisten. Ich lasse mir die Lebensversicherung auszahlen und bezahle damit den Traktor, Hauptsache, mein Sohn merkt nicht, wie schlimm es um die Farm steht. Er wird das solange wie möglich vor seinem Sohn verbergen und ihn in dem Glauben lassen, daß alles in Ordnung sei. Die Mehrzahl der Farmer hält sich immer noch für Versager. Sie meinen, daß sie das Falsche angebaut und nicht richtig gewirtschaftet hätten. Obwohl sie seit Jahrzehnten Farmer sind, glauben sie, daß sie alles verkehrt gemacht haben. Sie geben allein sich die Schuld.[12]

Wie diese Geschichte darstellt, zeigen sich Institutionen während einer Rezession im allgemeinen weniger hilfsbereit und übernehmen eher eine strafende Funktion, wenn mehr Menschen wirklich dringend Hilfe brauchen. Und so bekommen Menschen, denen es ohnehin schon schlecht geht, weil sie ihren Job verloren haben, von den Banken, dem Arbeitsamt usw. noch eins auf die Mütze.

Die Gründe, warum wir bei uns selbst die Schuld suchen, wenn Expertensysteme uns ihre Unterstützung verweigern, lassen sich wie folgt zusammenfassen:

1. Der Mythos, daß sie uns immer helfen sollten.
2. Das Dilemma, daß wir oft nicht genug über das betref-

fende Expertensystem wissen, um zu erkennen, wo oder wie es im Unrecht sein könnte.

3. Der hohe Stellenwert von persönlicher Leistung und Selbständigkeit in unserer Gesellschaft.

4. Unser Bedürfnis, zu glauben, daß wir ein gewisses Maß an Kontrolle haben.

5. Die Tatsache, daß es uns riskant erscheint, die Schuld bei dem jeweiligen Expertensystem zu suchen, weil wir so viel zu verlieren haben.

Hinter den meisten dieser Gründe stehen die starken Kräfte unserer Gesellschaft, die ein kritisches Hinterfragen von Autoritäten unterdrücken, was Thema der Kapitel 5, 6 und 7 sein wird. Diese Unterdrückung von Kritik ist ganz entscheidend, denn wenn wir ein Expertensystem, das uns im Stich läßt, nicht hinterfragen, wem außer uns selbst *können* wir dann die Schuld geben?

Jeder erlebt es anders

Es ist unangenehm und ärgerlich, wenn einem irgendeine Institution Knüppel zwischen die Beine wirft oder man schlecht behandelt wird, aber eine solche Behandlung wirkt sich unterschiedlich aus und hängt davon ab, wer wir sind. Wenn Sie ein tatkräftiger Typ sind, der *gewohnt* ist, in den meisten Lebensbereichen seine Probleme energisch anzupacken, werden Sie besser damit umgehen können, weil Ihnen Ihr analytisches Denken und Ihre Problemlösungsfähigkeit zugute kommen, dafür wird Ihnen aber das Gefühl der Ohnmacht zu schaffen machen, weil es Ihnen so fremd ist. Wenn Sie jedoch das Gefühl haben, daß Sie auf die meisten Aspekte Ihres Lebens ohnehin keinen Einfluß haben, kann ein neues Erlebnis in dieser Richtung Sie noch weiter in die Verzweiflung treiben.

Es wird auch etwas ausmachen, in welchem Maß man in Ihrer Herkunftsfamilie davon überzeugt war, daß eigene Anstrengungen *der* Schlüssel zum Erfolg sind. Wenn Sie in Ihrer Kindheit nicht dazu angeregt worden sind, auf Menschen, die von mächtigeren Personen oder Gruppen schlecht behandelt wurden – zum Beispiel aufgrund ihrer Rasse, sexuellen Orientierung oder ihres Alters –, Rücksicht zu nehmen, dann wird es Ihnen auch schwerfallen, das bei sich selbst zu tun. Und je mehr Sie sich als Kind um Ihrer selbst willen geschätzt und geachtet fühlten – von Familienmitgliedern, Lehrern, Freunden usw. –, um so eher können Sie es erkennen, wenn eine Enttäuschung oder Ablehnung durch ein Expertensystem nicht Ihre Schuld ist.

Auch Ihre Geschlechtszugehörigkeit kann einen Einfluß darauf haben, wie Sie reagieren, wenn Sie sich ohnmächtig und dumm fühlen. Zur traditionellen Frauenrolle gehört auch Hilflosigkeit gegenüber mächtigen Menschen und Expertensystemen, und viele Frauen haben ein chronisch niedriges Selbstwertgefühl, so daß es sie nicht sonderlich überrascht, wenn sie sich dumm und schwach fühlen – aber das heißt nicht, daß eine weitere solche Erfahrung sich nicht verheerend auswirkt.[13] Im Gegensatz dazu sind Macht und Intelligenz ganz wichtige Elemente der traditionellen Männerrolle, deshalb sind Männer oft nicht nur als Mensch enttäuscht, wenn sie von irgendeiner Institution schlecht behandelt werden, sondern empfinden auch Scham und Angst, weil sie dem Männlichkeitsanspruch nicht gerecht werden. Mit anderen Worten: Frauen reagieren am ehesten mit Aussagen wie: »Da zeigt sich eben wieder einmal, daß ich absolut unfähig bin – ganz schön deprimierend, aber keine Überraschung«, während Männer sich eher sagen: »Ein richtiger Mann läßt sich *nie* unterkriegen. Ich habe doch in der Arbeit und zu Hause alles im Griff! Wie furchtbar, wie unangenehm!« Viele Männer reagieren aber auch so: »Ein richtiger Mann läßt sich nie unterkriegen. Es ist schon demütigend genug, daß ich mir in der Arbeit unfähig vorkomme, und jetzt auch noch das!«

Umfangreiches Forschungsmaterial belegt, daß sowohl Frauen wie Männer Mißerfolge von Frauen eher ihren eigenen, unvermeidbaren Fehlern zuschreiben, während sie Mißerfolge von Männern auf zufällige Faktoren oder die Ungerechtigkeit des Expertensystems zurückführen.[14] Wird ein heterosexuelles Paar gemeinsam von einem Expertensystem schlecht behandelt, sehen dieser Tendenz entsprechend oft beide den Grund dafür in der Unfähigkeit der Frau, sich besser durchzusetzen. Wie sich nach Ereignissen »höherer Gewalt« wie dem Hurrikan Andrew gezeigt hat, nimmt die Gewalt von Männern gegen Frauen angesichts des Gefühls von Ohnmacht und Hilflosigkeit zu – eine erhebliche und ernstzunehmende Gefahr. Tatsächlich führt der soziale Druck auf Männer, immer stark sein und alles im Griff haben zu müssen, bei manchen Männern zu panischen Reaktionen – und sie werden gewalttätig –, wenn sie sich hilflos fühlen.

Heterosexuelle Paare einigen sich häufig darauf, daß in erster Linie der Mann versuchen soll, das Expertensystem zur Rechenschaft zu ziehen, weil sie wissen, daß Männer oft mit mehr Respekt behandelt werden als Frauen. Diese Rollenverteilung unterstreicht zum einen das mangelnde Durchsetzungsvermögen der Frau, verstärkt aber auch den Erfolgsdruck auf den Mann. Dazu fällt mir ein Beispiel aus eigener Erfahrung ein. Ich reklamierte einmal bei den Handwerkern, die die Holztreppe zu meiner Haustür erneuert hatten, daß das Wasser beim ersten Regen auf jeder Stufe in großen Pfützen stehengeblieben war. Sie sagten mir, das sei »normal«. Als aber ein Freund von mir sie an Ort und Stelle darauf hinwies, gingen sie natürlich davon aus, daß er als Mann sich mit solchen Sachen auskenne. Sie gaben zu, daß sie die Treppe falsch konstruiert hatten und behoben den Fehler sofort. Ich war froh, daß jetzt alles in Ordnung war, aber auch ziemlich frustriert, weil man mich so geringschätzig und unredlich behandelt hatte. Mein Freund war froh, daß er mir hatte helfen können, aber auch verärgert, weil er sich dafür extra hatte freinehmen müssen.

Was die negativen Auswirkungen bei Menschen beiderlei Geschlechts mildern kann, ist der Umstand, daß sie selbst in irgendwelchen Institutionen arbeiten und deshalb wissen, daß man sich dort manchmal verletzend, gleichgültig oder sogar völlig schizophren verhält – somit fehlt der Überraschungseffekt. Aber, wie schon gesagt, manche Leute tun sich schwer damit, ihr Wissen um die Gleichgültigkeit und Korruptheit eines ihnen vertrauten Expertensystems auf dasjenige anzuwenden, das ihnen gerade übel mitspielt.

Meine Aussagen zum geschlechtsspezifischen Unterschied in solchen Situationen gelten genauso bei Zugehörigkeit zu einer anderen Rasse, sozialen Schicht, Altersgruppe und einer von der Norm abweichenden körperlichen und psychischen Verfassung. Menschen, die nicht der weißen Rasse und mindestens der Mittelschicht angehören, weder zu alt noch zu jung sind, nicht gesund und kräftig aussehen und dem Anschein nach von zumindest durchschnittlicher Intelligenz oder im herkömmlichen Sinne nicht attraktiv und psychisch gut angepaßt sind, machen eher ähnliche Erfahrungen wie die oben für Frauen beschriebenen. Tagtäglich eine Zielscheibe von Diskriminierungen jeder Art – wegen der Geschlechtszugehörigkeit, der Hautfarbe, der sozialen Schicht, des Alters, einer Behinderung oder Übergewicht – zu sein, läßt es immer wahrscheinlicher werden, daß Sie über nicht genug psychische und körperliche Reserven verfügen, um irgend etwas anderes zu tun, als sich selbst Vorwürfe zu machen, depressiv zu werden und aufzugeben, wenn Sie von einem Expertensystem schlecht behandelt werden. Der einzige Lichtblick bei diesem düsteren Bild ist, daß Menschen, die sich bewußt sind, daß sie aus den obengenannten Gründen diskriminiert werden, oft schneller erkennen als andere, daß eine weitere schlechte Behandlung nicht ihre Schuld ist, sondern eine Folge der Funktionsweise des Expertensystems.[15]

Falls Sie ein »Babyboomer« sind, also ein Kind der 60er Jahre, werden Sie wahrscheinlich keine größeren Probleme damit haben, Autoritäten in Frage zu stellen; wenn Sie also Ihr Augenmerk auf die von den verschiedenen Expertensystemen angewendeten gängigen Methoden richten, haben Sie schon einiges dafür getan, es sich zu ersparen, daß Sie sich dumm und hilflos vorkommen. Allerdings sind Sie wahrscheinlich auch mit der Überzeugung groß geworden, daß Sie gebildeter sind – oder einfach mehr wissen – als Ihre Eltern; wenn das der Fall ist, laufen Sie Gefahr, sich noch mehr gedemütigt zu fühlen (und sich selbst Vorwürfe zu machen), wenn Sie von irgendeiner Institution nicht das bekommen, was Sie brauchen, oder im Kampf gegen sie unterliegen.

Und wie geht es weiter?

Um voll und ganz in der Welt zu stehen und ruhmreich in ihr zu bestehen, müssen wir den Mut haben, neue Sachen auszuprobieren. Aber je mehr systembedingte Frustrationen wir erleben, um so mehr spüren wir eine immer stärker zunehmende Resignation – der Felsbrocken des Sisyphus scheint immer größer und schwerer zu werden, und wir fühlen uns immer kleiner und schwächer, immer weniger in der Lage, uns in die Welt hinauszuwagen, uns voll und ganz auf das Leben einzulassen. Wenn das geschieht, *scheint* das einzig Vernünftige zu sein, es nicht weiter zu versuchen, und dann nehmen die Bereiche, in die wir uns nicht hineintrauen, immer mehr Raum ein, wie die sich fortpflanzenden Wellenkreise, wenn man einen Stein ins Wasser wirft. Aber sobald wir die gängigen Methoden, mit denen man uns kleinmachen und verdummen will, ziemlich schnell erkennen, vergeuden wir weniger Zeit und Energie mit unangebrachten Selbstvorwürfen (und können unsere Energie sinnvoller einsetzen) und minimieren damit eine überflüssige Beeinträchtigung unseres Selbstwertgefühls. Und dann können wir auch besser unter den uns zur Verfügung stehenden Alternativen wählen – uns überlegen, ob wir uns weiter bemühen wollen, aus einem versteinerten Expertensystem doch noch einen kleinen Blutstropfen herauszuquetschen, oder ob wir unsere Energie in etwas anderes investieren. Falls wir uns dafür entscheiden, innerhalb einer bestimmten Institution tätig zu werden – oder gegen sie – und ihre üblichen Kleinmachmethoden wirklich gut kennen, dann ist das wie das Wissen um die Höhe einer Hecke, bevor wir zum Sprung ansetzen. Zumindest können wir bei der nächsten Interaktion mit diesem Expertensystem unsere Ressourcen auf klügere

Weise und mit einem besseren Gespür dafür einsetzen, was am ehesten Erfolg verspricht. Wir sind in einer besseren Position, um unsere Fertigkeiten aufzupolieren, uns Unterstützung zu holen, Notizen zu machen, alles von Anfang an zu dokumentieren oder was immer uns sonst noch helfen könnte, unser Ziel zu erreichen. Zumindest können wir mit einem geringeren Risiko, uns schlecht zu fühlen, wenn wir uns dieses eine Mal doch nicht durchsetzen, einen weiteren Versuch unternehmen. Diese Art von Wissen kann uns eine gewisse Art von Macht und eine gewisse Beherrschung der Situation vermitteln.

Und das ist ziemlich wichtig, nicht nur um unserer eigenen Entwicklung und Erstarkung, um unseres Selbstwertgefühls willen, sondern auch um all derer willen, die uns vielleicht als Vorbilder oder Ideengeber dafür sehen, wie man in einer scheinbar übermächtigen Welt zurechtkommt.

Da dies ein Anleitungsbuch zur Selbsthilfe ist, hier noch eine unerläßliche Warnung. Manchmal probieren die Leser von Selbsthilfebüchern die empfohlenen Tips aus und meinen, wenn sie damit nicht den gewünschten Erfolg haben, hätte das daran gelegen, daß sie nicht sorgfältig oder geschickt genug vorgegangen seien. Wenn Sie dieses Buch gelesen haben und feststellen, daß Sie ein Expertensystem immer noch nicht besiegen können oder womöglich nicht einmal Ihr altes Selbstwertgefühl wiedergewinnen, dann denken Sie bitte daran, daß das, was Sie vielleicht als persönliches Versagen empfinden, in Wirklichkeit wahrscheinlich ein weiterer Beweis für die Macht des Systems ist, mit dem Sie es zu tun haben. Schließlich ist jeder im 20. Jahrhundert aufgewachsene Mensch so an ihn kleinmachende Expertensysteme gewöhnt, daß er kaum durchschaut, wie sie funktionieren. Es wäre unrealistisch zu erwarten, daß die einmalige Lektüre eines Buches wie diesem eine lebenslange Prägung neutralisieren könnte, das Ausbleiben positiver und hilfreicher Reaktionen von seiten der Institutionen als Beweis dafür zu interpretieren, daß Sie solche positiven Antworten nicht verdienen. Sie können dieses Muster, das sich so festgesetzt hat – nämlich sich selbst Vorwürfe zu machen und die Institutionen zu entschuldigen –, nur durchbrechen, wenn Sie konkret etwas tun, zum Beispiel so oft und so viele Monate oder Jahre wie notwendig immer wieder die Liste der gängigen Kleinmachmethoden durchlesen und einige der einfachen Tips unter der Überschrift »Was Sie tun können« in die Tat umsetzen. Sie können selbst am besten beurteilen, welche Einzelschritte Sie am intensivsten üben oder ausbauen sollten.

Und jetzt kommen wir gleich zum Kern der Sache, nämlich einige der gängigsten Methoden zu identifizieren, die typisch sind für die verletzende und erniedrigende Weise, wie unsere großen Institutionen uns behandeln. Bei den in Kapitel 2 besprochenen Methoden geht es vor allem darum, was Autoritäten sagen und was nicht, und Kapitel 3 behandelt die frustrierenden Dinge, die sie tun oder nicht tun – obgleich sich die verbalen und anderen Methoden in vielen Fällen überschneiden. Thema von Kapitel 4 ist, was Autoritäten und Experten dazu veranlaßt, sich so zu verhalten, und die Kapitel 5, 6 und 7 befassen sich damit, warum so wenige Menschen hinterfragen, was Autoritäten sagen und tun, warum so wenige Autoritäten ihre und die Arbeit anderer Autoritäten auch einmal mit kritischen Augen betrachten, und warum so viele Menschen bedenkenlos akzeptieren, was sie gesagt bekommen. Sie werden Experten und Autoritäten als Patient oder Klient, der versteht, aus welcher Motivation heraus man ihn schlecht behandelt, mehr entgegensetzen können, und Sie sind besser gerüstet, wenn Sie sich auch einiger der Faktoren bewußt sind, die es allen Beteiligten schwermachen, die Funktionsweise des Expertensystems zu hinterfragen. Die Themen von Kapitel 4 bis 7 sind wichtig, aber ich habe sie hinter die Kapitel 2 und 3 gestellt, weil Ihnen die Kapitel 2 und 3 (und Kapitel 8) wahrscheinlich schneller helfen werden, wenn Sie sich gerade mit einem frustrierenden Expertensystem herum- schlagen, und vielleicht werden Sie gleich dort nachlesen wollen. In Kapitel 8 geht es darum, was Sie tun können, um sich in solchen Situationen nicht dumm und hilflos zu fühlen – und, manchmal, sogar die Information oder Hilfe zu bekommen, die Sie brauchen.

In den bisher angeführten Beispielen war von Psychiatern und Psychologen, Mitarbeitern des Arbeitsamtes, Ärzten, Automechanikern und Autoherstellern, Anwälten, Leh- rern, den Eigentümern von Bürogebäuden, von Sonder- pädagogen, Bankfachleuten und Bauhandwerkern die Rede. Es mag etwas seltsam anmuten, die Methoden und Motivationen so verschiedener Experten in einem einzigen Buch zusammenzufassen, aber es macht durchaus Sinn. Wir leben in einem zunehmend dienstleistungsorientier- ten Wirtschaftssystem, wo wir als Privatmenschen oder über Steuerabgaben für eine Vielzahl von Leistungen bezahlen, und wir kommen jedesmal, wenn wir eine solche Dienstlei- stung oder den Rat eines Experten brauchen, in die Posi- tion des Schwächeren, Verwundbaren: Der potentielle Lie- ferant der Dienstleistung oder des fachmännischen Rates hat Macht über uns, weil wir ihn brauchen. Wie ich schon an anderer Stelle sagte, wenden Menschen in Machtpositio- nen im Umgang mit Schwächeren häufig ähnliche Metho- den an.[16] Es macht Sinn, sich in einem einzigen Buch mit so unterschiedlichen Bereichen zu befassen, weil sich die Methoden und Motivationen in den Grundzügen sehr oft gleichen.

Sie werden jedoch feststellen, daß ich mehr Beispiele aus dem medizinischen und psychotherapeutischen Bereich erwähne als aus anderen. Das hat mehrere Gründe, denn ich hätte auf die unterschiedlichsten Bereiche zurückgreifen und aus vielen guten Büchern zitieren können, die die internen Abläufe bei verschiedenen Institutionen und Behörden durchleuchten. Erstens sind wir in vielerlei Hinsicht am verletzbarsten, wenn unser körperliches oder psychisches Wohlbefinden auf dem Spiel steht. Wenn uns dann das medizinische oder psychiatrische Expertensystem im Stich lassen, kann das sehr schlimme, ja sogar lebensbedrohliche Konsequenzen haben. In gewisser Hinsicht haben Fachleute aus diesen Bereichen die größte Macht über uns, denn auch wenn manche Leute das Glück haben, ein Leben lang nicht viel oder gar nichts mit Anwälten, Beratern am Arbeitsamt oder Bankmanagern zu tun' zu haben, bleibt heutzutage nur den wenigsten von uns der Kontakt mit Ärzten und Therapeuten erspart, und dieser Kontakt beginnt oft unter sehr schwierigen, belastenden Umständen. Auch wenn die meisten von uns schon etliche ärgerliche Erfahrungen mit anderen Fachleuten oder Handwerkern gemacht haben, die irgendwelche Rohre, Elektroleitungen, Haushaltsgeräte oder sonstiges im Haus repariert haben, wirken sich solche Erlebnisse doch im allgemeinen weniger schlimm aus, als wenn wir mit Ärzten oder Therapeuten zu tun haben, die uns selbst oder unsere Angehörigen nicht gut betreuen. Zweitens haben wahrscheinlich die meisten Menschen mit diesen Expertensystemen Kontakt gehabt, so daß sie ihnen am vertrautesten sind. Drittens sind es die, in denen ich selbst am meisten eigene Erfahrungen gesammelt habe, so daß ich viele Geschichten aus diesem Bereich zu erzählen weiß. Hinzu kommt als letztes, daß wir enorm viel Geld für ärztliche

Leistungen aufbringen und die hohen Behandlungskosten in den USA der Hauptgrund sind, daß viele Leute ihren letzten Spargroschen verlieren. Um so schlimmer und unverzeihlicher ist es, wenn die Fachleute in diesem System schlechte Arbeit leisten. Vielleicht haben Sie jetzt den Eindruck, ich würde nur an Ärzten und Psychotherapeuten herumkritisieren wollen, weshalb ich ganz klar und deutlich sagen möchte, daß ich einige hervorragende Ärzte und Therapeuten kenne. Das heißt aber nicht, daß wir uns darauf verlassen können, daß alle gut sind.

Noch ein warnendes Wort an dieser Stelle: Es wird Sie vielleicht in gewisser Weise erleichtern, wenn Sie lesen, wie Menschen durch die in Kapitel 2 und 3 beschriebenen Methoden verletzt worden sind, weil Sie ähnliches erlebt haben und sehen, daß Sie damit nicht allein sind. Oder es werden Ihnen all die Enttäuschungen und Kränkungen, die diese Menschen ertragen mußten, zuviel. Sollte es Ihnen so gehen, dann denken Sie bitte daran, daß der Sinn dieser Geschichten nicht der ist, Sie zu deprimieren, sondern die verschiedenen Methoden aufzuzeigen, damit Sie erkennen können, von welchen Sie selbst schon betroffen waren. Und denken Sie auch daran, daß Sie in Kapitel 8 eine Fülle von Tips und Strategien finden, die schon vielen anderen sehr geholfen haben, über die Folgen solcher Methoden hinwegzukommen und sich in Zukunft besser dagegen zu wappnen.

Bevor ich nun in den nächsten beiden Kapiteln die einzelnen Methoden näher erläutere, wollen wir sie uns schon einmal kurz ansehen.

Die Kleinmachmethoden:
eine kurze Vorschau

Dies hier ist nur eine kurze Zusammenfassung der gängigsten Methoden, mit denen man uns kleinmachen und das Gefühl geben will, daß wir dumm sind. Sie werden in Kapitel 2 und 3 ausführlich beschrieben, aber ich hoffe, daß diese Übersicht Ihnen selbst dann, wenn Sie sie nur kurz überfliegen, schon ein Stück weiterhilft und Ihnen Anhaltspunkte dafür gibt, welche der folgenden Kapitel für Sie persönlich am wichtigsten sind. Oft geht es einem ja schon besser, wenn man genauer benennen kann, was einem an schlechter Behandlung widerfahren ist, weil man dann nicht mehr das Gefühl hat, es läge alles an einem selbst. Außerdem kann es Ihnen eine solche Liste in manchen Fällen leichter machen, die nötige Unterstützung zu bekommen, weil Sie die betreffenden Autoritäten ganz präzise darauf hinweisen können, was sie tun. Die Leute, die sich gar nicht bewußt sind, was sie tun, Ihnen aber gerne behilflich sein wollen, werden das eher tun, wenn Sie klar und deutlich sagen, in welchen Punkten sie Ihren Bedürfnissen nicht gerecht werden.

Sie werden sich beim Lesen der Fallbeispiele in den nächsten beiden Kapiteln vielleicht so stark mit den Betroffenen identifizieren, daß Sie langsam das Gefühl bekommen, alle Experten und Autoritäten wollten Ihnen aus böser Absicht heraus Schwierigkeiten machen. Auch wenn manche Menschen diese Methoden bewußt oder zumindest ohne Rücksicht darauf anwenden, wie sie sich auf den Klienten auswirken, sollten Sie doch zwei Dinge bedenken: Erstens helfen manche Menschen in manchen Expertensystemen uns sehr wohl immer wieder, und zweitens würden manche Menschen, die das ohne böse Absicht nicht tun, es sehr bedauern, wenn sie sich dessen bewußt wären. Es ist wichtig, das im Auge zu behalten, denn es entspricht den Tatsachen. Und wenn Sie sich ab und zu daran erinnern, werden Sie vielleicht nicht so schnell die Hoffnung aufgeben, jemals von irgendeinem Experten-system das zu bekommen, was Sie brauchen.

Was sie sagen und was nicht

1. Sie reden im Fachjargon und verwenden unverständliche Fachausdrücke.
2. Sie teilen und herrschen.
3. Sie geben uns einen Teil der Informationen, die wir brauchen, aber nicht alle – und verschweigen, daß es noch mehr dazu zu sagen gäbe.
4. Sie stellen einfache Dinge kompliziert und für den Laien unverständlich dar.
5. Sie bringen *Ansichten* und *Meinungen* so, als wären es unanfechtbare *Wahrheiten*.
6. Sie informieren uns nicht über alle Alternativen, die wir haben.
7. Sie sagen, wir sollen die Sache ihnen überlassen, weil sie die Experten seien.
8. Sie wollen uns alles mögliche weismachen.
9. Sie behaupten, sie seien nicht zuständig für das, was wir von ihnen wollen.
10. Sie schieben uns die Schuld für Dinge zu, für die wir nichts können.

Was sie tun und was nicht

11. Sie nehmen uns nicht als ganzen Menschen wahr.
12. Sie handeln unkorrekt und unredlich (absichtlich oder auch nicht).

13. Sie machen aus dem, was wir sagen, einen »Beweis« dafür, daß wir schlechte Menschen, verrückt oder im Unrecht sind.

14. Sie sind nicht bereit, uns zuzuhören.

15. Sie beantworten unsere Fragen einfach nicht oder weigern sich ganz offen, es zu tun.

16. Sie schüchtern uns ein.

17. Sie machen ein bißchen was, tun aber so, als hätten sie ungeheuer viel getan.

18. Sie verhalten sich verantwortungslos, unmoralisch oder sogar skrupellos.

19. Sie unterstützen andere Leute in ihrem System, statt uns zu helfen.

20. Sie ändern die Regeln nach Belieben, tun aber so, als wären sie absolut verbindlich und unveränderbar.

Kapitel 2

Was Experten sagen und was sie verschweigen

Selbsthilfe- und bewußtseinserweiternde Gruppen bringen unter anderem deshalb so viel, weil wir erleichtert und weniger irritiert sind, wenn wir sehen, wie sehr unsere eigenen Erfahrungen denen anderer Menschen gleichen. Ich habe als Teenager irgendwo gelesen, die meisten Jugendlichen würden sehr unter der Vorstellung leiden, sie hätten ganz abwegige Gefühle und Gedanken und wären die einzigen damit. Das kam mir sehr bekannt vor und war für mich der Anstoß zu versuchen, zuerst in ganz kleinen Schritten, anderen zu erzählen, was ich empfand und dachte, und sie zu fragen, ob es ihnen ähnlich ging. Solange ich mir dazu einigermaßen freundliche Mitmenschen aussuche, schaut mich nur äußerst selten jemand an, als wäre ich verrückt und würde Sachen erzählen, von denen die Welt noch nicht gehört hat. Es ist anderen oft eine große Hilfe, wenn sie mich genau beschreiben hören, wie ich mich fühle oder wie ich behandelt worden bin, weil sie mich ihre eigenen Erfahrungen schildern hören – und umgekehrt. Wenige Dinge sind so deprimierend wie das Gefühl, daß wir die einzigen sind, die sich mit den negativen Seiten des Lebens herumschlagen müssen. Auch wenn viele der Beispiele in diesem und dem nächsten Kapitel schlimme Situationen beschreiben, sollte Ihnen die Tatsache, daß Sie manche dieser Situationen auch kennen und sich mit den Betroffenen verbunden fühlen, doch einigen Mut machen. Ich erzähle diese Geschichten, weil die meisten von uns viel schneller mit Selbstvorwürfen bei der Hand sind, als die Schuld bei anderen zu suchen, wenn sie in eine solche Situation geraten. Ich hoffe, Sie werden so zum einen leichter erkennen können, wie andere Leute sich ganz unverdientermaßen unfähig oder dumm vorkommen, und zum anderen in der Lage sein, diese Sichtweise auf Ihre eigene Situation zu übertragen.

Die meisten Beispiele in diesen beiden Kapiteln sind Vorkommnisse, von denen ich direkt erfahren habe, aber die Grundzüge treffen generell auf viele Institutionen und Experten zu. Auch wenn die jeweiligen Autoritäten, die Sie im Stich gelassen und kleingemacht haben, nicht speziell genannt werden, werden Sie sicher die Methoden erkennen, durch die man Sie dazu gebracht hat, sich schrecklich zu fühlen. Die Beispiele beziehen sich zum größten Teil auf Situationen, in denen diese Kleinmachmethoden bei dem Betroffenen nicht nur Frustration und das Gefühl der Hilflosigkeit zur Folge haben, sondern auch einen Angriff auf seine Gesundheit, das seelische Wohlbefinden, die Brieftasche, die Kinder oder andere geliebte Menschen bedeuten. Da sich jedoch Menschen mit einem gewissen Maß an Macht oder Autorität in höchst unterschiedlichen Umfeldern derart ähnlicher Methoden bedienen, habe ich auch einige nicht so schlimme oder sogar ganz amüsante Beispiele dazugenommen.

Sie werden sich, wenn Sie die Erläuterungen zu den Methoden in diesem Kapitel und dem nächsten lesen, vielleicht fragen, *warum* sich diese Autoritäten und Experten so verhalten haben und warum die Expertensysteme in dieser

Weise arbeiten. Wie schon gesagt, gehe ich in Kapitel 4 auf einige der recht unterschiedlichen Gründe für dieses Verhalten von Autoritäten ein. Damit sich der Klient aber besser fühlt, muß er nicht unbedingt verstehen, wie die Expertensysteme organisiert sind und in einer Weise geführt werden, daß sie den Menschen, denen sie eigentlich dienen sollen, Schaden zufügen. Die einzelnen Expertensysteme bis ins letzte zu analysieren würde den Rahmen dieses Buches sprengen, aber ich lege Ihnen als weiterführende Lektüre die in der Bibliographie genannten Bücher ans Herz, wenn Sie mehr darüber wissen wollen.

Da sich Autoritäten und Experten in so vielen Bereichen so sehr ähnlicher Methoden bedienen, sind die Begriffe *Autoritäten* und *Experten* ebenso wie *Kunden* und *Klienten* austauschbar.

Wenn Sie beim Lesen der Fallbeispiele Parallelen zu Ihren eigenen Erfahrungen mit solchen Kleinmachmethoden sehen, notieren Sie sich doch bitte ein paar nähere Einzelheiten zu Ihrer Situation, zum Beispiel, welche der Methoden Ihnen besondere Schwierigkeiten bereitet. Das kann hilfreich sein, falls Sie sich dazu entschließen, die betreffende Autorität noch einmal aufzusuchen, um sie deutlich und ohne Umschweife darauf hinzuweisen, welcher Methoden sie sich in Ihrem Fall bedient hat, und dann vielleicht doch entgegenkommender behandelt zu werden. Solche Notizen werden mit Sicherheit dafür sorgen, daß Sie bei Enttäuschungen dieser Art weniger oft in Selbstvorwürfe verfallen, denn es hilft klären, wo die Probleme wirklich liegen, wenn Sie die Einzelheiten schwarz auf weiß vor sich haben und einer bestimmten Methode zuordnen können. Wie Gloria Steinem berichtet, hat sich bei einem kalifornischen Projekt zum Thema Selbstwertgefühl gezeigt, daß schon das bloße Aufschreiben dessen, was ihnen ein Gefühl von

Stärke oder Ohnmacht gegeben hat, sich auf die Psyche der Teilnehmer positiv ausgewirkt hat.[1]

Und jetzt kommen wir zu den einzelnen Kleinmachmethoden.

1. *Sie reden im Fachjargon und verwenden unverständliche Fachausdrücke.*

In einem der hierzulande bekannten Beetle-Bailey-Cartoons geht die Hauptfigur namens Sarge zum Arzt und erzählt ihm, daß er sich nicht wohl fühle, worauf der Arzt meint: »Sie haben sich diese Sache eingefangen, die momentan gerade umgeht.« Sarge fragt, was er dagegen tun soll, und der Arzt drückt ihm ein paar Pillen in die Hand und sagt: »Nehmen Sie dieses Zeug.« Sarge geht wieder und denkt: »Ich mag es, wenn Ärzte medizinische Fachausdrücke verwenden, die man auch versteht.«

Als Faustregel gilt, daß im Gespräch mit Kunden, Klienten und Patienten *jeder Fachjargon überflüssig ist.* Behörden und Experten haben absolut keinen Grund, Ausdrücke zu verwenden, die der durchschnittliche Laie nicht versteht: »Vor hundert Jahren ... stellte der Mathematiker und Astronom Henri Poincaré ... die Frage: ›Warum ist die Wirklichkeit, die von der Wissenschaft am bereitwilligsten akzeptiert wird, so gestaltet, daß kein Kind sie verstehen kann?‹«[2]

Das Verwenden eines Fachjargons führt im allgemeinen dazu, daß relativ harmlose Dinge viel schlimmer erscheinen, als sie in Wirklichkeit sind, und daß man mit wirklich ernsten Sachen schlechter umgehen kann. In jedem Fall erschwert er die Aufgabe des Zuhörers, die Botschaft zu verstehen, und er vermittelt uns mit Sicherheit das Gefühl, daß wir zu dumm oder zu ungebildet sind, um zu begreifen, was mit uns oder einem geliebten Menschen passiert. Damit, und das ist wichtig, beeinträchtigt er unser Empfinden, daß wir die angebotenen Informationen begreifen und die Situation im Griff haben. Welcher Studienanfänger wäre nicht eingeschüchtert, wenn sich ein Professor über »die Notwendigkeit, die Hegemonie des Diskurses in dieser von einer Oligarchie beherrschten Gesellschaft zu demontieren« verbreitet? Besonders beunruhigend kann ein Fachjargon sein, wenn es um die Gesundheit eines Menschen geht, wie im folgenden Beispiel:

> Als mein Sohn Jeremy in der Grundschule war und wir in den Sommerferien meine Eltern in Missouri besuchten, bekam Jeremy einen schlimmen Hautausschlag in den Kniekehlen. Mein Vater bot an, mit ihm am Nachmittag zum Hautarzt zu gehen, und als sie zurück waren, nahm er mich beiseite und meinte sehr ernst und beunruhigt: »Der Arzt hat gesagt, daß Jeremy eine Krankheit hat, die man ›atopische Dermatitis‹ nennt, und er mehrmals täglich diese ganz spezielle Salbe auftragen muß.« Da ich in einem Krankenhaus gearbeitet hatte und mir der Medizinerjargon relativ vertraut war, konnte ich meinen Vater mit der Erklärung beruhigen, daß eine »atopische (oder unspezifische) Dermatitis« nichts anderes heißt als »Hautreizung, deren Ursache der Dermatologe nicht feststellen kann«, und Dermatologen diese spezielle Salbe für ein ziemlich breites Spektrum von Ausschlägen und Hautreizungen verschreiben. Ich ärgerte mich sehr darüber, daß der Arzt meinen Vater mit seinem Fachjargon so beunruhigt hatte, daß er sich völlig unnötige Sorgen um seinen kleinen Enkel machte.

Selbst wenn es in der betreffenden Situation nicht um ein gesundheitliches Problem geht, machen Experten es den Klienten durch Gebrauch ihres Fachjargons schwerer, auf die von ihnen benötigte Dienstleistung in irgendeiner Form Einfluß zu nehmen:

> Ein Verkäufer von Klimaanlagen erzählt mir, daß er den Kunden bei Beschwerden, die von seinen Serviceleuten installierte Klimaanlage mache zuviel Lärm, antwortet: »Bei Ihrem Gerät liegt eine Hysterese vor.« Wenn sie nachbohren und wissen wollen, was das heißt, antwortet er: »Das sind Vibrationen der Transformatorenlamellen.« Dann denken sie natürlich, sie müßten einen seiner Serviceleute kommen lassen, damit er die Hysterese behebt, weil er ihnen nicht sagt, daß man einfach nur auf das Gerät zu klopfen braucht, um den Lärm auf ganz simple und wirksame Weise zu beseitigen, ohne die Klimaanlage zu beschädigen.

Manchmal hat der Fachjargon eine langfristige, absolut verheerende Wirkung, wie im folgenden Beispiel:

> Viele Therapeuten bezeichnen ihre unglücklichen Patienten als »Masochisten«. Mit diesem Ausdruck ist ein Mensch gemeint, der Leid oder Schmerzen eigentlich genießt, was die meisten Menschen als äußerst befremdlich und zutiefst gestört empfinden würden. Vor allem unterstellt der Ausdruck, die Ursache des Unglücklichseins läge *im* Patienten selbst. Eine Folge dieser Etikettierung ist, daß die *wahren* Ursachen für das Leid der Menschen – die oft außerhalb von ihnen liegen, zum Beispiel daß sie auf erniedrigende Weise behandelt, unterbezahlt oder mißbraucht werden – oft nicht gesehen werden. Ich habe mit vielen Leuten gesprochen, die eine Therapie gemacht und von ihren Therapeuten gelernt haben, sich für »Masochisten« zu halten. Wenn sie ihren Therapeuten sagten, daß sie es wahrhaftig nicht genießen, zu leiden, kam von denen gewöhnlich die Antwort: »Oh, *bewußt* natürlich nicht. Aber *un*bewußt müssen Sie es genießen – sonst wären Sie nicht

unglücklich!« Das hat zur Folge, daß viele mißhandelte Frauen die Beziehungen mit ihren Männern aufrechterhalten, weil ihre Therapeuten ihnen »beigebracht« haben, daß selbst wenn sie Fred verließen, ihr krankhafter unbewußter Wunsch sie zwangsläufig dem nächsten Mann in die Arme treiben würde, der sie genauso behandelt. Durch die Benützung eines derart gefährlichen Fachjargons sind viele Leute – meistens Frauen – nach der Therapie noch depressiver und fühlen sich noch weniger in der Lage als vorher, ihr Leben zu verändern.[3] Selbst heute, fast ein Jahrzehnt nachdem ich mit meiner Arbeit zu diesem Thema begann, höre ich immer noch solche Geschichten.

Wenn irgendwelche Autoritäten uns mit ihrem Fachjargon verwirren, können wir seine negative Wirkung auf uns abschwächen, indem wir ihn als Verballhornung unserer normalen Sprache ansehen, ungefähr wie bei Kindern – allerdings auf einem etwas höheren Niveau –, die eine Geheimsprache oder irgendwelche Kunstworte erfinden, damit andere Kinder sich ausgeschlossen fühlen.

2. Sie teilen und herrschen.

So zu tun, als sei man der *erste* Mensch, der sich je so gefühlt hat, je mit einer solchen Beschwerde oder Bitte kam, ist ein schneller und einfacher Trick, damit man sich isoliert, komisch, dumm oder sogar verrückt vorkommt. Er impliziert, daß alle anderen Menschen auf der Welt anders sind als man selbst und mit dem, woran man Anstoß nimmt, problemlos umgehen können. Hat man dem nichts entgegenzusetzen, läßt einen dieser Trick ziemlich schnell verstummen.

Ich wollte zum zehnten Geburtstag meiner Tochter Emily für zwölf Kinder richtig leckere Hühnchen braten. Ich kaufte also am Tag vorher in einem Geschäft, das mit der besonderen Qualität seines Fleisches wirbt, vier ganze, küchenfertig zerlegte Hühnchen. Als ich eine Packung nach der anderen aufmachte, um mit dem Braten anzufangen, stieg mir ein üblicher Geruch in die Nase. Ich hielt die Tiere möglichst weit von mir weg und ging, die andere Hand vor Mund und Nase, zurück zu dem Geschäft und präsentierte dem Geschäftsführer die stinkende Tüte. Ich sagte ihm sogar, daß ich die Hühnchen für die Geburtstagsparty meiner Tochter gekauft hätte, die zwei Stunden später anfangen sollte. Es war absolut unmöglich, daß er den Geruch der angegammelten Hühner nicht auch wahrnahm, aber er schaute mich einfach an und sagte: »Kein Mensch hat sich jemals über unser Fleisch beschwert.« Ich muß zugeben, daß ich zuerst ziemlich verlegen dastand. Die Strategie hatte fast Erfolg, denn sie lenkte meine Aufmerksamkeit von dem konkreten Problem ab: in der Hand vier übelriechende Vögel, und die Geburtstagsgäste standen praktisch schon vor der Tür. Hätte ich nicht das enttäuschte Gesicht meiner Tochter vor Augen gehabt, wenn ich mit leeren Händen heimkommen würde, ich hätte mich vielleicht ohne ein Wort davongeschlichen. Aber ich entgegnete, ich sei vermutlich *nicht* der erste Kunde, der sich beschwert habe; außerdem sei es äußerst unwahrscheinlich, daß alle vier Hühner, die ich am Tag vorher gekauft hatte, *rein zufällig* verdorben seien, und es mir offen gestanden egal sei, ob sich sonst noch nie jemand beschwert habe, denn ich brauche schlicht vier frische Hühner, und zwar sofort. Und siehe da, ich bekam sie.

Ein von Studs Terkel interviewter Farmer beschrieb, wie man sich in einer sehr ernsten Situation mit Hilfe des Etiketts »radikal« der Teile-und-herrsche-Methode bediente:

Dann ging ich in die Farmer-Protest-Gruppe, und dort waren Menschen, die genauso sind wie ich. Wir wurden sofort als Radikale abgestempelt. Denn die Farmer sollten sich jetzt zivilisiert verhalten. Es war völlig in Ordnung, daß so ein Mistkerl mit weißem Hemd und Krawatte daherkam und uns auf dem Papier unsere Farmen wegnahm. Aber es war nicht in Ordnung, daß wir den Versuch machten, ihn daran zu hindern. Sobald wir sagten, wir würden nicht zulassen, daß so was geschieht, waren wir Radikale.

... Mein Bankier hat mir gesagt: »Sie wollen doch wohl nicht, daß Ihre Nachbarn von Ihren finanziellen Problemen erfahren. Sie sind schließlich der einzige, der in Schwierigkeiten geraten ist.« Ich kenne mehrere Farmer, denen er dasselbe gesagt hat. Ein Nachbar wohnt zwei Meilen von hier entfernt. Wir trafen uns auf der Straße und winkten uns zu. Aber wir blieben nicht stehen, um miteinander zu reden. Er glaubte, daß es mir ganz gut ginge, und fragte sich, wie ich das wohl fertigbrächte, und genau dasselbe fragte ich mich bei ihm.

3. *Sie geben uns einen Teil der Informationen, die wir brauchen, aber nicht alle – und verschweigen, daß es noch mehr dazu zu sagen gäbe, oder »Halbwissen ist eine gefährliche Sache«.*

Was wir direkt (oder via Steuergelder) bezahlen, wenn wir mit Fachleuten oder auch Behörden zu tun haben, sind sehr oft Informationen. Dieses Buch hilft Ihnen vielleicht, die Informationen, die Sie brauchen, von den Menschen, die sie Ihnen geben sollen, auch zu bekommen, aber in manchen Fällen kann der Laie unmöglich wissen, ob diese Informationen vollständig sind oder nicht. So ist es mir letztes Jahr mit meiner Krankenkasse gegangen:

Mein Zahnarzt sagte mir, daß bei mir einige Füllungen erneuert werden müßten, und ich wollte die Sache so schnell wie möglich erledigt haben. Ich wollte wissen, ob meine Krankenkasse die Kosten voll übernehmen würde und rief also dort an, bevor ich dem Zahnarzt mein Okay gab. Die Frau am anderen Ende der Leitung fragte mich: »Was muß gemacht werden?«, und ich antwortete: »Sechs Füllungen müssen erneuert werden.« Darauf sie: »Oh, das ist kein Problem. Das übernehmen wir alles.« Ich ließ es also machen und reichte die entsprechenden Rechnungen bei der Krankenkasse ein. Als man mir einen Scheck für einen Bruchteil der Kosten schickte, rief ich bei der Krankenkasse an und bat um Aufklärung. Man sagte mir, daß meine Versicherung nur einen Teil der Leistungen abdecke, und als ich protestierte und meinte, da hätte man mir aber vorher etwas anderes gesagt, erklärte die Frau: »Als Sie damals anriefen, sagten Sie, es müßten *Füllungen* erneuert werden. Auf der Rechnung stand aber, daß es zum Teil Plomben und zum Teil Kronen waren. Das hatten Sie mir nicht gesagt.« Ich war perplex. Mein ganzes Leben hatte ich gedacht, daß man diese silberfarbenen Dinger in den Zähnen »Füllungen« nennt. Da ich kein Zahnarzt bin, hatte ich nie von dieser technischen Unterscheidung zwischen Füllungen, Plomben und Kronen gehört. Und ich hatte bislang weder Gelegenheit noch Anlaß gehabt, mich in dieser Hinsicht schlau zu machen. Ich vertrat den Standpunkt, die Sachbearbeiterin könne nicht davon ausgehen, daß die Patienten sich in der jeweiligen Fachsprache auskennen. Ich sagte: »Als ich von neuen Füllungen sprach, hätten Sie mich doch darauf hinweisen müssen, daß ich erst mit dem Zahnarzt klären sollte, ob es um Plomben oder Kronen geht.« Ich sagte ihr auch, daß die meisten Patienten diese Unterschiede meiner Meinung nach nicht kennen. Ich finde nicht, daß man von uns als Laien erwarten kann, daß wir uns bei jedem Expertensystem, mit dem wir zu tun haben, in allen Einzelheiten auskennen, was aber wiederum bedeutet, wie in diesem Fall, daß wir alle Informationen zu haben glauben, wenn dem gar nicht so ist.

Wenn Ihnen irgendwelche Autoritäten Informationen vorenthalten oder – absichtlich oder unabsichtlich – nur einen
Teil der benötigten Informationen geben, werden Sie Ihr
Ziel wahrscheinlich nicht erreichen und auch nicht wissen
warum. Es ist wie in der Fabel vom Blinden und dem
Elefanten: Wenn Sie glauben, daß Sie einen Fächer (das
Ohr des Elefanten) zu bewegen versuchen, werden Sie nie
dahinterkommen, warum das so schwer ist, wenn Sie nicht
merken, daß ein riesiges Tier daran hängt.
Was Johnston über Ärzte geschrieben hat, gilt für ein
breites Spektrum an Institutionen und Autoritäten:

> Die Ärzteschaft entmündigt ihre Patienten, indem sie ih-
> nen Informationen vorenthält und so den einzelnen dazu
> zwingt, den Anweisungen des Arztes Folge zu leisten. Bei
> der herkömmlichen Form der Gesundheitsfürsorge be-
> kommen passive Patienten lediglich ein Minimum an In-
> formationen nur allein zu dem Zweck, daß sie sich gedul-
> dig den Anordnungen fügen.[5]

Wir wissen nicht, ob sich der Arzt im folgenden Beispiel
bewußt war oder nicht, daß er seine Patientin nicht umfas-
send informiert hatte. Es ist jedenfalls belegt, daß er vor-
gab, ihr alles erklärt zu haben. Ein ihn beobachtender
Journalist hat diesen Vorgang festgehalten:

> Patientin Nr. 9: Eine freundliche, alte Dame, volle 90 Jahre
> alt ... Er überprüft die Funktion ihres Schrittmachers, ...
> Andersson sagt: »Dieses Modell arbeitet gut. Es ist eigent-
> lich ein Dreijahresgerät.« Eine unklare Aussage. Die alte
> Frau nickt, als hätte sie ihn verstanden. Er verläßt das
> Zimmer.
> Er geht in sein Büro und diktiert seinen Kommentar zu
> den bisher untersuchten Fällen, sehr schnell. Das Diktat
> zu ... der Dame mit dem Schrittmacher enthält folgenden

merkwürdigen Satz: »Wurde über eine mögliche Fehlfunktion dieses Schrittmachermodells informiert.«[6]

Auch wenn es um Geld und nicht um unsere Gesundheit geht, müssen wir uns oft unnötige Sorgen machen, wenn die Verantwortlichen uns nur Teilinformationen geben:

> Wenn Sie meinen, der Filialleiter Ihrer Bank glaubt, daß Sie bei Ihrem Kreditantrag die Wahrheit gesagt haben, werden Sie nicht verstehen, warum es so lange dauert, bis Ihnen der Kredit gewährt wird, sofern er – oder jemand anders – Ihnen nicht gesagt hat, daß die Bank dafür langwierige Überprüfungen vorschreibt.

Manchmal hat es sowohl rechtliche wie finanzielle Konsequenzen, wenn man von Autoritäten, in diesem Fall einer Behörde, nur unzureichend informiert wird, wie bei dieser Geschichte:

> Es war ein regnerischer Tag, als Martin rechts an die Straße fuhr und hielt, ausstieg, die Tür hinter dem Fahrersitz öffnete und gerade ein Paket vom Rücksitz nahm, als ein von hinten kommendes Auto gegen die offene Tür prallte. Sam, der andere Fahrer, stieg sofort aus und sagte zu Martin: »Ich habe nicht aufgepaßt und weiß, daß ich zu schnell gefahren bin. Ich habe die offene Autotür erst gesehen, als es zu spät war.« Trotzdem brachte er die Sache vors Zivilgericht mit der Begründung, Martin hätte die Tür nicht offenstehen lassen dürfen, und leugnete, daß er zu schnell und unachtsam gefahren war. Er behauptete, Martins Fehlverhalten habe zu einem erheblichen Schaden an seinem Auto geführt, weit mehr, als tatsächlich der Fall war. Martin vermutete, daß Sam damit genug Geld zusammenzubringen versuchte, um einen neuen Wagen zu kaufen. Am Tag vor der Gerichtsverhandlung wurde Martin von einem Mann angerufen, der ihm offenbarte, er sei Sams

Anwalt, und wenn Martin 90 Prozent der von Sam geforderten Summe zahle, könne man die Sache außergerichtlich regeln. Martin hielt diese Forderung für überzogen, machte ein etwas niedrigeres Angebot und bat den Anwalt, ihn Sams Antwort wissen zu lassen. Er beschloß, sich bei einer halbwegs angemessenen Summe auf eine außergerichtliche Regelung einzulassen. Der Anwalt rief nicht zurück. Martin hatte sich keinen Anwalt genommen, weil er dachte, daß dessen Honorar wahrscheinlich höher wäre als das, was er zu zahlen hätte, wenn er den Prozeß verlor. Was Martin dann am nächsten Tag maßlos ärgerte, war nicht, daß der Richter Sams Version mehr Glauben schenkte als seiner, sondern was passierte, nachdem der Richter zu Sams Gunsten entschieden hatte. Da sprang nämlich Sams Anwalt auf und sagte: »Euer Ehren, wir haben dem Beklagten gestern ein Angebot gemacht, um die Sache außergerichtlich zu regeln, und er hat es abgelehnt. Wir bitten deshalb Euer Ehren anzuordnen, daß er das Doppelte der Anwalts- und Gerichtskosten meines Klienten zahlt, zusätzlich zu dem an seinem Wagen entstandenen Schaden.« Der Richter ging sofort darauf ein. Später erfuhr Martin, daß jeder Kläger oder Beklagte, der vor Gericht erscheinen muß, vorher eine Informationsbroschüre zugeschickt bekommen soll. In dieser Broschüre steht, daß, wenn eine Partei ein Angebot zur außergerichtlichen Einigung macht, die andere Partei es ablehnt und später für schuldig befunden wird, diese dazu verurteilt werden kann, das Doppelte der dem Gegner entstandenen Kosten zu bezahlen. Der zuständige Sachbearbeiter hatte offenbar einfach vergessen, Martin diese Broschüre zu schicken. Als Martin dem Gericht einen Brief schrieb, in dem er mit dieser wie auch anderen Begründungen Berufung gegen das Urteil einlegte, wurde sein Einspruch abgelehnt.

Die gezielte Unterschlagung wichtiger Informationen durch Behörden kann auch ganz schreckliche Folgen haben. Eines der bekanntesten Beispiele ist der berühmt-berüchtigte Fall, in dem das US-Militär Agent-Orange-Opfern Informationen vorenthalten hat, aber es gibt noch viele andere mehr. Marc Pilisuk erzählt die Geschichte von June Casey, die 1949 im zweiten Jahr am College studierte. Bei einem Besuch zu Hause in Washington

> fiel ihr welliges braunes Haar aus, das nie mehr nachwachsen sollte. Es wurde eine schwere Unterfunktion der Schilddrüse bei ihr diagnostiziert ... sie litt ständig unter ihren Symptomen, insbesondere chronischer Erschöpfung, die jede normale Tätigkeit zu einer enormen Anstrengung werden ließ. Sie hatte eine Tot- und eine Fehlgeburt ... 1986 stieß June Casey zufällig auf einen Bericht aus dem Jahr 1950, der bis dahin unter Verschluß gehalten worden war und in dem stand, daß genau zu der Zeit, als ihre Symptome zum ersten Mal auftraten, in der Atomwaffenfabrik Hanford eine große Menge radioaktiver Strahlung ausgetreten war ... Der Bericht brachte endlich Klarheit über die Ursache ihres Leids, das durch die ausweichenden Antworten der Ärzte und anderer offizieller Stellen noch mehr verstärkt worden war. Er bestätigte, daß die leidvollen Erfahrungen ihres Erwachsenenlebens die Folge von Entscheidungen ihrer eigenen Regierung waren. Sie war, wie sie selbst sagt, »ein Opferlamm«.[7]

Menschen beiderlei Geschlechts glauben oft aufgrund der Art und Weise, wie sie von Ärzten behandelt werden, die keine Erklärung für ihre Symptome finden, sie seien Hypochonder oder womöglich sogar verrückt. Ärzte sagen viel zu oft zu ihren Patienten: »Es ist keine Ursache für das Krankheitsbild erkennbar, das Sie mir beschreiben, also müssen Sie sich die Symptome einbilden, oder Sie versuchen, Aufmerksamkeit zu bekommen, oder Sie leiden an einer schweren psychischen Störung.« Und dann, vor allem wenn es sich um weibliche Patienten handelt, verschreibt der Arzt wahrscheinlich ein Beruhigungsmittel oder Schlaftabletten. Für Männer, von denen immer erwartet wird, daß sie körperlich stark sind und nie krank werden, ist es besonders beunruhigend, wenn sie gesundheitliche Probleme haben und gesagt bekommen, sie würden sich diese sicher nur einbilden.

Mein Vater Jerry Caplan hat mir erzählt, daß einmal jemand zu ihm gesagt hat: »*Sie* werden mir doch wohl nichts über *meinen* Job erzählen wollen, da Sie all die fachlichen Dinge, die ich weiß, gar nicht wissen können und ich sie Ihnen auch nicht mitteilen werde.« Das ist, in wenigen Worten zusammengefaßt, der Grund, warum eine so hochentwickelte Spezialisierung und Technologie so gefährlich sein kann – wenn die Experten uns nicht von sich aus alle verfügbaren Informationen geben, werden wir vielleicht nie dahinterkommen, daß dem so ist.

4. *Sie stellen einfache Dinge kompliziert und für den Laien unverständlich dar.*

Diese Methode überschneidet sich oft mit dem Gebrauch eines Fachjargons, wie bei dem folgenden Fall:

> Ich habe in Kapitel 1 erwähnt, daß zur Beschreibung mancher Lernstörungen der Begriff *auditives Verarbeitungsdefizit* (AVD) verwendet wird. Es herrscht große Uneinigkeit unter den Experten, was das genau bedeutet, wie man es feststellt usw., aber die Bezeichnung legt nahe, daß mit den Ohren des betroffenen Kindes etwas nicht stimmt. Wenn man dann noch erfährt, daß solche Kinder bei normalen Hörtests keine Auffälligkeiten zeigen, kann man sich nur schwer vorstellen, was mit ihren Ohren eigentlich los sein soll. Ich habe von Eltern mit Kindern, bei denen dieses Defizit diagnostiziert wurde, im Laufe der Jahre oft gehört, wie

frustriert sie sind, weil sie einfach nicht verstehen können, was genau ihre Kinder nicht können und warum. Die Psychologin Gael MacPherson und ich haben festgestellt, daß sich solche Kinder offenbar sehr leicht ablenken lassen. Es fiel uns auch auf, daß sie bei Tests, in denen ihnen die Fragen mündlich und nicht schriftlich gestellt wurden, sie sie also nicht in dem ihnen gemäßen Tempo lesen konnten, relativ schlecht abschnitten. Wir folgerten daraus, daß Kinder, die sich nur schwer auf eine Frage konzentrieren können, bei Tests mit mündlich gestellten Fragen eher schlechter abschneiden, weil sie die Frage nur zum Teil oder gar nicht hören, wenn sie durch irgend etwas abgelenkt werden. Oder sie müssen sie sich wiederholen lassen und verlieren Punkte, weil sie für die Antwort zu lange brauchen. MacPherson führte für ihre Doktorarbeit zahlreiche unterschiedlich aufgebaute Tests durch, und zwar sowohl mit normalen Kindern als auch mit solchen, bei denen AVD diagnostiziert worden war.[8] Ihre Tests zeigten, daß die AVD-Kinder leicht abzulenken waren, sie aber bei allen anderen Tests über Intelligenz, Leistungs- oder Hörvermögen keineswegs einheitlich oder in irgendeiner Weise vorhersagbar abschnitten. Mit anderen Worten: Die sogenannten AVD-Kinder haben offenbar *kein* kompliziertes, schwer zu erfassendes Problem mit dem Gehör *an sich,* sondern sind leicht ablenkbar. Bekämen sie die Fragen schriftlich vorgelegt, jedoch nur für ein oder zwei Sekunden, würden sie bei solchen Tests wahrscheinlich auch schlecht abschneiden, also handelt es sich hier weder um ein »auditives« Problem, noch ist es so schwer zu verstehen.

Viele Anwälte haben ein ähnliches Talent, einfache Sachverhalte als kompliziert und unverständlich hinzustellen.

Mein Onkel Bill Karchmer war Anwalt, und von ihm weiß ich, daß manche Anwälte zu potentiellen Klienten sagen: »Versuchen Sie bloß nicht, die Sache allein durchzufechten. Sie müssen sich unbedingt von einem Anwalt vertreten lassen.« Sie stellen das Rechtssystem als für den Laien viel zu kompliziert dar. In Wirklichkeit aber liegt das Problem weniger darin, daß das System und die Zusammenhänge so kompliziert wären, daß sie für uns Laien nicht verständlich sind. Der Punkt ist vielmehr, daß die Gerichte sich strikt an bestimmte Verfahrensregeln halten müssen und man einen Prozeß einfach deshalb verlieren kann, weil man diese Regeln nicht gut genug kennt. Das soll nicht heißen, daß jetzt jeder, der einen Prozeß vor sich hat, alles stehen und liegenlassen und sich nur noch mit juristischen Verfahrensregeln beschäftigen sollte. Ich will damit vielmehr sagen, daß wir nicht von vornherein davon ausgehen sollten, das Rechtssystem würde unser Begriffsvermögen derart übersteigen, daß wir gar nicht versuchen sollten, es zu verstehen, und uns von unseren Anwälten nicht erklären lassen sollten, was sie tun und warum.

5. *Sie bringen Ansichten und Meinungen so, als wären es unanfechtbare Wahrheiten.*

Wie Studs Terkel anmerkt, können die nicht allwissenden Experten genau dann allmächtig werden, wenn sie behaupten, sie würden die Wahrheit kennen:

> »Vor fünfundzwanzig Jahren behaupteten die Gerontologen, wer einen erfüllten Lebensabend genießen will, muß frühzeitig in den Ruhestand gehen«, und von dieser Behauptung gingen die Therapeuten bei ihrer Arbeit mit älteren Menschen aus.[9] Wer alt und unglücklich ist, hat eben nicht das getan, was von ihm *erwartet* wird: daß er sich mit Anstand aus dem Leben zurückzieht.

Terkel hat recht, denn noch vor kurzem habe ich Therapeuten sagen hören, daß sich Patienten, die sich mit zunehmendem Alter sehr stark zurückziehen, nur normal verhalten und keine Hilfe oder Unterstützung brauchen.

Obwohl es äußerst schwer zu beweisen ist, daß eine bestimmte Erklärung für das Verhalten eines Menschen auch wirklich richtig ist, stellen Psychotherapeuten ihre Aussagen oft in dieses Licht, wo es in Wirklichkeit doch eher wohlbegründete Vermutungen oder manchmal sogar bloße Theorien sind:

> Ein Therapeut erklärt einem 65jährigen Mann, der seit kurzem impotent ist, die Ursache von Impotenz sei, daß man eine übermächtige, sich in alles einmischende Mutter gehabt habe. In einem dieser Fälle wußte der Therapeut, daß der Mann gerade seine Stelle als Geschäftsführer eines Industriebetriebes verloren hatte und nie zuvor impotent gewesen war. Die starre Haltung und Arroganz, mit der der Therapeut seine Sicht der Wahrheit vertrat, verzögerte die Gesundung des Patienten in inhumaner Weise, denn die Behandlung wurde dadurch falsch angelegt.

Diese Geschichte macht auch die Tendenz zu stereotypen Meinungen deutlich – in diesem Fall die, daß Mütter für alles Schlimme verantwortlich sind, das ihren Kindern passiert –, die als Wahrheiten hingestellt werden.

Obwohl Universitäten die akademische Freiheit fördern und im Studium alle möglichen Standpunkte berücksichtigt werden sollen, vertreten Akademiker in ihrem Fachgebiet oft ganz starre Ansichten. Dozenten und Professoren stellen ihre *Meinung* zu Themen aus ihrem Fachgebiet oft so dar, als wäre sie unanfechtbar, wie bei dem folgenden Beispiel:

> Als Studentin im zweiten Jahr mit Englisch als Hauptfach sollte ich einmal einen Aufsatz über ein literarisches Werk schreiben und entschied mich, die Beziehung zwischen

Huckleberry Finn und dem Sklaven Jim in Mark Twains *Die Abenteuer des Huckleberry Finn* zu behandeln. Die Dozentin bescheinigte mir eine gute Arbeit, gab aber zu bedenken, daß es kein literarischer Aufsatz sei, sondern ein »psychologischer«. Arbeiten über die Nagetiermetaphorik bei Shakespeare und die S-Laute in Wordsworths Gedichten wurden damals von der Fakultät für Anglistik als »korrekte« Themen für Literaturanalysen anerkannt, eine Untersuchung der Beziehung von zwei Charakteren hingegen nicht. Der entscheidende Punkt hier ist nicht, daß diese Dozentin bei ihrer Beurteilung dessen, was zulässig ist, eine bestimmte *Vorliebe* oder *Wertmaßstäbe* hatte, sondern daß sie vielmehr nicht klar sagte, daß es eben ihre persönliche Vorliebe und ihre persönlichen Wertmaßstäbe waren. Sie formulierte ihren Kommentar so, daß die von ihr angelegten Maßstäbe absolut und unanfechtbar erschienen. Ich muß sagen, daß sie gewissermaßen die Zukunft vorhergesagt hat, denn ich bin Professorin für Psychologie und nicht für Englisch geworden, aber als ich damals ihren Kommentar zu meinem Aufsatz las, hatte ich in dem Moment und noch viele Jahre lang das Gefühl, ich sei einfach zu dumm, um zu verstehen, wie »richtige« Literaturkritik auszusehen hat.

Dem Schlankheitswahn verfallen Millionen verzweifelter Menschen, die zum Abnehmen Hilfe suchen. Es ist demoralisierend – und zudem der ideale Nährboden für Selbstvorwürfe –, wenn Diätexperten vollmundig verkünden: »*Das* ist die Methode, mit der auch *Sie* abnehmen können«, was sich dann als falsch herausstellt. Auch sie tun oft so, als wäre ihre Behauptung eine unanfechtbare Wahrheit:

> Fast jeder, der schon einmal versucht hat, abzunehmen und auf Dauer schlank zu bleiben, bekam von Ärzten und anderen Fachleuten zu hören: »Weniger essen und regelmäßig Sport treiben ist der einzige Weg, um abzunehmen.«

Ich sagte letztens zu meinem Arzt, daß ich schon seit Jahren viel weniger Energie habe, als in meinem Alter meinem Gefühl nach üblich sein sollte, und daß ich meine Gewichtsprobleme für die Ursache meiner chronischen Rückenschmerzen halte. Er meinte, ich sei ja schließlich 45 Jahre alt und könne nicht erwarten, so viel Energie oder das gleiche Gewicht zu haben wie früher. Und er sagte klar und deutlich, ich könne nur eines machen, nämlich weniger essen. »Aber ich esse gar nicht so viel«, entgegnete ich, »und sobald ich weniger esse als normal, werde ich noch schlapper!« Er lächelte, zuckte die Schultern und komplimentierte mich hinaus. Ein paar Tage später erzählte ich meiner Ernährungsberaterin Carola Barczak von diesem Gespräch, weil ich von der Meinung meines Arztes nicht so ganz überzeugt war. Carola empfahl mir das Buch *Food and the Gut Reaction* von Elaine Gottschall, und da erfuhr ich, daß manche Menschen Getreide, Kartoffeln, Kichererbsen, Rosenkohl, verschiedene Zucker und noch ein paar andere Dinge nicht richtig verdauen können.[10] Ich strich alle bei Gottschall aufgeführten Nahrungsmittel aus meinem Speiseplan, ohne insgesamt weniger zu essen, und fühlte mich gleich vom ersten Tag an wesentlich fitter. Ich nahm auch langsam ab, was für meinen Rücken nach jahrelangen Schmerzen eine große Entlastung bedeutete. Mein wohlmeinender Arzt hatte einfach die angeblich wissenschaftlich abgesicherte Theorie an mich weitergegeben, die er als unbestreitbare Tatsache anzusehen gelernt hatte: Entscheidend sind die Kalorien, und wer seine Kalorienaufnahme reduziert, kann sein Gewicht steuern. Neueste Untersuchungen belegen jedoch, daß es beträchtliche »individuelle Unterschiede dabei gibt, was der Körper mit nicht benötigten Kalorien macht: manche Menschen speichern sie als Fett, andere als Muskelgewebe. Da für den Aufbau von magerem Muskelgewebe erheblich mehr Energie benötigt wird als für die Einlagerung von Fett, werden die ›Fettspeicherer‹ dick, während die ›Muskelspeicherer‹

schlank bleiben ...« Zu diesen Erkenntnissen kam man durch ein 1988 und 1989 an der Laval University in Quebec durchgeführtes Experiment [über das im *New England Journal of Medicine* berichtet wurde]. Die Ärzte setzten zwölf Paare von eineiigen Zwillingen auf eine Diät, bei der sie täglich 1000 Kalorien mehr bekamen, als sie brauchten, und das bei sehr wenig Bewegung. Zu Beginn des Versuchs waren alle Probanden schlanke Männer, Anfang Zwanzig, ohne familiäre Disposition zur Fettleibigkeit. Nach 84 Tagen hatte jeder von ihnen 84 000 überschüssige Kalorien zu sich genommen, »aber einige waren dick geworden – die Gewichtszunahme lag zwischen 4 und 13 Kilogramm –, während andere relativ schlank geblieben waren«. Der Versuchsleiter, Dr. Claude Bouchard, kommentierte abschließend: »Die individuellen Unterschiede sind verblüffend. Sie sind enorm ... Fast 40 Prozent der Gewichtszunahme sind auf die Neigung zurückzuführen, überflüssige Kalorien als Muskel- oder Fettgewebe zu speichern.«[11]

Da viele Autoritäten geschiedene Mütter regelmäßig darauf hinweisen, daß ihre Kinder wahrscheinlich erhebliche psychische Probleme haben werden, hören solche Mütter ängstlich auf das, was Therapeuten und Geistliche sagen. Wenn diese Autoritäten ihren Rat als unumstößliche Tatsache hinstellen, macht das vielen Frauen schwer zu schaffen:

Psychologen und Pfarrer sind oft schnell mit der Mahnung bei der Hand, die geschiedenen Mütter dürften nie, unter keinen Umständen, etwas Negatives über den Vater ihrer Kinder sagen. Sie tun so, als wäre das ohne jeden Zweifel zum Besten der Kinder. Deshalb glaubt die Mutter, selbst wenn der Vater seine Kinder ständig mißachtet oder mißhandelt, sie müßten dem ohnmächtig und schweigend zusehen, während die Kinder denken, es müsse *ihre eigene* Schuld sein, daß er sie so behandelt. Ich will damit nicht befürworten, daß man ständig über seinen Expartner herzieht, aber es macht mir doch Sorge, wenn Leute in verantwortlichen Stellen solche Richtlinien als absolut und für das ganze Leben der Kinder geltend hinstellen, ohne an die verheerenden Folgen zu denken, die das für die Kinder haben kann.

6. *Sie informieren uns nicht über alle Alternativen, die wir haben.*

Es ist ungeheuer frustrierend, wenn wir mit Volldampf auf ein Ziel hinarbeiten, uns immer wieder den Kopf darüber zerbrechen, was wir tun, und dann glauben, das sei der beste oder einzige Weg, es zu erreichen, nur um irgendwann dahinterzukommen, daß es andere, einfachere Alternativen gegeben hätte – nur hat uns keiner darauf aufmerksam gemacht:

Die Studenten eines Doktorandenseminars in Psychologie wurden immer nervöser wegen der bevorstehenden »umfassenden Prüfungen«, bei denen der Lernstoff des ganzen Semesters abgefragt werden sollte. Jeder arbeitete fleißig, aber allein vor sich hin, kämpfte gegen die aufkommende Panik an und fragte sich, wie er so viel Material durchackern und auch noch behalten könnte. Ganz zufällig hörte einer der Prüflinge von einem der letzten Absolventen des Kurses, daß es nicht als Unfähigkeit, Betrug oder unfachmännisches Verhalten ausgelegt würde, wenn sie in Gruppen arbeiteten, jeder sich mit einem Teil des Materials befaßte und darüber referierte. Er erzählte außerdem, daß man bei der Sekretärin des Seminarleiters auf Anfrage Kopien aller vorangegangenen Examina haben könne. Die Fakultät hatte nicht die Absicht gehabt, den Studenten das Leben besonders schwer zu machen. Es war ein unabsichtliches Versäumnis, man hatte einfach nicht daran gedacht, sich nicht in die Studenten hineinversetzt; die Prüflinge aber hatte das eine Menge Nerven gekostet.

Besonders schlimm ist es, wenn ein Kind dadurch Schaden nimmt, daß ein Elternteil nicht alle möglichen Alternativen kennt:

Bruno und Mary hatten sich scheiden lassen, und Bruno war mit ihrem 12jährigen Sohn Earl ins benachbarte Ausland gegangen, während Mary weiterhin in dem Haus lebte, wo der Junge aufgewachsen war. Bruno hatte aus verschiedenen Gründen das Sorgerecht für den Jungen, aber es hatte deswegen keine bösen Auseinandersetzungen gegeben. Earl hatte in der neuen Umgebung enorme Anpassungsschwierigkeiten, war aber zu Hause, wo er die ersten acht Jahre gelebt hatte, sehr glücklich gewesen und hatte viele Freunde gehabt. Als er einmal bei seiner Mutter zu Besuch war, erzählte er ihr, wie schlecht es ihm ginge und wie gerne er wieder bei ihr leben, in seine alte Schule gehen und mit seinen alten Freunden zusammensein würde. Im Laufe ihres Gesprächs stellte sich heraus, daß Bruno beiden gegenüber mehrmals versichert hatte, daß er keine Einwände erheben würde, wenn Earl sich entschied, wieder bei Mary zu leben. Als Mary ihn jedoch anrief und ihm sagte, daß Earl bei ihr bleiben wolle, bekam Bruno einen Wutanfall und befahl ihr, Earl wie geplant am nächsten Tag zu ihm zurückzuschicken. Da sie Earls depressiver Zustand beunruhigte, rief Mary eine Frau an, die als hervorragende Anwältin für Familiensachen bekannt war, und bat dringend um einen Termin. Die Anwältin informierte Mary, daß sie zwei Alternativen habe: Earl wie ursprünglich geplant zu seinem Vater zurückzuschicken *oder* bei Gericht sofort das vorläufige Sorgerecht für Earl zu beantragen und gleich einen Termin für die Anhörung wegen des alleinigen Sorgerechts für sie auszumachen. Angesichts Earls psychischer Verfassung hatte Mary das Gefühl, gar keine andere Wahl zu haben, als den zweiten Weg einzuschlagen, und als der Richter ihr das vorläufige Sorgerecht zusprach und einen Anhörungstermin wegen der endgültigen Übertragung des Sorgerechts festsetzte, rief Mary Bruno an und sagte ihm ohne Umschweife, was sie getan hatte. Er war so wütend darüber, daß er Earl mit Hilfe eines ausgeklügelten Plans kidnappte und zu sich holte. Nach langwierigen Gerichtsverhandlungen im Ausland und erheblicher finanzieller wie psychischer Belastung erfuhr Mary, daß die Anwältin eine dritte Alternative unerwähnt gelassen hatte. Sie hätte Earl einfach bei sich behalten und ihren Exmann offiziell davon informieren können, ohne das vorläufige Sorgerecht zu beantragen, sowie eine spätere Anhörung für das alleinige Sorgerecht vereinbaren können. Es hätte zwar sein können, daß Bruno sich auch dann furchtbar aufgeregt und Earl entführt hätte, aber möglicherweise hätte diese weniger dramatische Alternative die Beteiligten emotional und finanziell wesentlich weniger belastet. Auf jeden Fall hatte Mary als Klientin das Recht, über *alle* Alternativen informiert zu werden, aber das hatte die Anwältin unterlassen. Als alles vorbei war und Mary ihre Anwältin fragte, warum sie ihr denn nichts von dieser dritten Alternative gesagt habe, schaute diese sie ehrlich überrascht an und erwiderte: »Ach, habe ich Ihnen das nicht gesagt?« Wie in allen anderen Berufen gibt es auch unter Anwälten manche, die gründlicher sind und besser beurteilen können, was ihre Klienten wissen und was nicht. Trotzdem ist es Aufgabe des Anwalts, seinen Klienten über alle Alternativen zu informieren.

7. Sie sagen, wir sollen die Sache ihnen überlassen, weil sie die Experten seien.

Die meisten Menschen haben irgendwann schon einmal zu hören bekommen, sie sollten sich ruhig verhalten oder eine Forderung zurückziehen, weil sie nicht wüßten, was gut für sie sei – oder für andere. Im folgenden Beispiel wollten die Leute, die das Sagen hatten, für mich entscheiden, wie ich in meinem Fach am besten weiterkomme.

Bei der Vorbereitung auf das Diplom in klinischer Psychologie mußte ich, wie jeder Student, an einer »psychotherapeutischen Fallbesprechung« teilnehmen. Das bedeutete, einmal die Woche zu einer Therapiesitzung unter Leitung eines Professors zu gehen, wobei die Studenten das Ganze durch einen Einwegspiegel verfolgten. Ich war einer Fallbesprechung zugeteilt worden, bei der ein Kind der Patient war, und bat darum, zusätzlich an einer anderen mit einem erwachsenen Patienten teilnehmen zu dürfen, um mehr zu lernen. Die zuständige Fakultät teilte mir mit, daß man mir das nicht gestatten würde, daß es ihrer Meinung nach keine gute Idee sei und man mir aber auch nicht sagen würde, warum. Ich ging ihnen ziemlich auf die Nerven, weil ich eine Erklärung verlangte, und schließlich sagten sie: »Wenn wir es Ihnen erlauben, müssen wir es *jedem erlauben*« – eine ziemlich dürftige Begründung, denn es gab sowieso nicht viele Studenten in diesem Seminar, hinter den Einwegspiegeln war jede Menge Platz, und noch dazu wollte niemand außer mir an einer zweiten Fallbesprechung teilnehmen. Der Hauptpunkt war jedoch, daß sie sich weigerten, überhaupt eine Begründung anzugeben und sich lieber hinter ihrer Autorität versteckten.

Häufig versichern Leute in verantwortlicher Stellung den Menschen, denen sie eigentlich helfen sollen, daß ihren Wünschen entsprochen wird, ohne darüber nachzudenken, wie sich ihre Entscheidungen auf das tägliche Leben des Betreffenden auswirken.

Benjamin war ein junger Mann mit einer ganzen Reihe von Lebensmittelallergien, die Asthmaanfälle und schwere Ekzeme auslösten, und er war aus ethischen Gründen Vegetarier geworden. Er und seine Familie hatten sich während der High-School-Zeit daran gewöhnt, beim Einkaufen und Kochen auf seine speziellen Ernährungsbedürfnisse zu achten. Kurz bevor Benjamin sich an einem privaten College einschrieb, wo er im ersten Jahr in der Mensa essen mußte, setzte er sich mit dem Leiter der Mensa in Verbindung. Benjamin erklärte ihm, was er alles nicht essen durfte, und sagte, er fürchte, daß dann für ihn in der Cafeteria wohl nicht mehr viel zu essen übrigbliebe. Der Mensaleiter versicherte ihm, das sei gar kein Problem. »Überlassen Sie das nur mir«, sagte er, »wir wissen hier bestens Bescheid über Lebensmittelallergien und speziell auch vegetarische Ernährung.« Als das erste Semester begonnen hatte, stellte Benjamin fest, daß im College zu jeder Mahlzeit nur ein vegetarisches Hauptgericht angeboten wurde, und es waren fast immer entweder Milch- oder Weizenprodukte dabei, die bei Benjamin eine ganz besonders schlimme allergische Reaktion auslösten. Der gemischte Salat, den er essen konnte, bestand meistens aus welken, am Rand schon braunen Salatblättern und Tomaten, die man gerade noch essen konnte. Da er nach ein paar Wochen mit dieser unfreiwilligen Diät fast am Verhungern war, ging Benjamin noch einmal zum Mensaleiter und erinnerte ihn an sein Versprechen: »Sie sagten, ich solle mir keine Gedanken wegen des Essens machen, aber ich kann fast nichts von dem essen, was hier angeboten wird. Würden Sie mir bitte mein Essensgeld für den Rest des Jahres zurückgeben, damit ich mir selbst die Sachen kaufen und zubereiten kann, die ich essen *darf*?« Der Mensaleiter weigerte sich und tat auch nichts, um die Situation für Benjamin zu bessern.

8. Sie wollen uns alles mögliche weismachen.

Diese Methode kommt manchmal einer krassen Verdrehung der Tatsachen gleich. In einem Fall dieser Art erklärte ein Arzt der Familie eines Mannes mittleren Alters ganz munter, der Patient werde »seinen Krebs zweifelsohne besiegen«, obwohl diese Aussage jeder Grundlage entbehrte (der Patient starb übrigens einen Monat später). Solche Verfälschungen können großen Schaden anrichten, denn dabei wird eine drohende Gefahr oder der bevorstehende Tod hinter der Maske unschuldig klingender Begriffe versteckt. Das Gefährliche an weniger eklatanten Verfälschungen ist, daß man sie schwerer als solche erkennt, häufig weil sie aus der Ecke einer anerkannten Wissenschaft oder intellektuellen Theorie kommen – wie der Psychoanalyse im folgenden Beispiel:

> Viele Männer sind, weil Sigmund Freud so lange Zeit in hoher Achtung stand, zu Unrecht gedemütigt worden, indem man ihre Angst vor Verletzung oder Machtverlust fälschlicherweise als »Kastrationsangst« bezeichnete. Genauso wurde bei sehr vielen Frauen der Wunsch, Erfolg und ein gewisses Maß an Einfluß und Macht zu haben, fälschlicherweise als »Penisneid« abgetan. Und Ross Perot apostrophierte im letzten Präsidentschaftswahlkampf die seriösen, professionellen und hartnäckigen Fragen, die ihm zwei Reporterinnen der Fernsehanstalt NBC stellten, als Versuche, »ihre Männlichkeit zu beweisen«.

Wenn eine Sache als etwas bezeichnet wird, was sie nicht ist, werden oft bestimmte Signalwörter für etwas verwendet, das eigentlich keine Gefahr bedeutet, wie im folgenden Beispiel:

> Viele Frauen und auch viele Nichtweiße beiderlei Geschlechts haben mir erzählt, wie unangenehm es ihnen ist,

wenn sie nur aufgrund der Antidiskriminierungspolitik einen Arbeitsplatz bekämen. Der Grund für ihr Unbehagen liegt darin, daß die Gegner des Antidiskriminierungskonzepts behaupten, es sei im Prinzip eine »umgekehrte Diskriminierung«, bei der die Ansprüche an die berufliche Qualifikation heruntergeschraubt und Menschen anderer Hautfarbe, Frauen und Behinderte bevorzugt werden. Es liegen natürlich Welten dazwischen, ob man einerseits die beruflichen Anforderungen herunterschraubt oder andererseits aktiv nach qualifizierten Bewerbern sucht, die keine Weißen, Männer oder kerngesunde Menschen sind. (An dieser Stelle sei angemerkt, daß Frauen, Behinderte und Nichtweiße beiderlei Geschlechts häufig *höher* qualifiziert sein und *mehr* leisten müssen als weiße, gesunde Männer, um eingestellt oder befördert zu werden.) Außerdem neigen die Gegner dieses Konzepts nicht nur dazu, es als etwas zu bezeichnen, was es nicht ist, sondern sie stellen auch die Zeit vor dieser Kampagne falsch dar; das heißt, sie sehen sie nicht als eine Zeit, in der bei Einstellungen und Beförderungen fast ausschließlich weiße, gesunde Männer bevorzugt wurden, für sie auch eine Art von Antidiskriminierung.

9. *Sie behaupten, sie seien nicht zuständig für das, was wir von ihnen wollen.*

Was geht in dem Patienten oder Klienten vor, wenn die Leute, denen Verantwortung übertragen wurde, sich dieser Verantwortung zu entziehen und sie auf jemand anderen abzuschieben versuchen?

Ich bin immer der Meinung gewesen, es läge in der Verantwortung von Richtern, auch in haarigen Fällen eine Entscheidung zu fällen. Das *Random House Dictionary* definiert *Richter* wie folgt: »Ein mit der Anhörung und Entscheidung von Rechtsstreitigkeiten vom Staat bevollmächtigter Be-

amter; ein mit der Rechtsprechung betrauter Schieds-
mann.«[12] Als ich aber bei einer Tagung von Richtern und
Anwälten darauf hinwies, daß die von Jeffrey Wilson und
mir durchgeführte Untersuchung bei Gutachtern in Sorge-
rechtsprozessen wild wuchernde Vorurteile zutage gefördert habe, stand ein älterer Jurist während der Anhörung
auf und meinte, wie Richter in diesen Fällen denn überhaupt zu einer Entscheidung kommen sollten, wenn sie
sich nicht auf die Empfehlungen der Therapeuten verlassen könnten. Ich fand es zwar erfrischend ehrlich, aber
auch ziemlich beunruhigend, daß sich ein angesehener
Richter unwohl fühlt, wenn er eine Verantwortung übernehmen soll, für die er schließlich bezahlt wird.

Besonders problematisch und frustrierend ist die Situation,
wenn der Verantwortliche nicht erreichbar ist:

Krankenschwestern dürfen Patienten von Rechts wegen
keine Medikamente verschreiben und verordnen. Wenn
ein Patient Schmerzen hat, kann die Krankenschwester
den verantwortlichen Arzt theoretisch zu Hause anrufen,
in Wirklichkeit hält sie aber die verärgerte Reaktion mancher Ärzte auf solche Anrufe oft davon ab, das zu tun. Und
wie oft bekommen wir in allen möglichen Institutionen von
den diensthabenden Leuten zu hören, daß sie nicht befugt
sind, die Entscheidungen zu treffen, die wir von ihnen
brauchen – daß aber die Vorgesetzten, die diese Befugnis
haben, in einer Besprechung sind und man nicht weiß,
wann sie zu Ende sein wird, daß sie schon nach Hause
gegangen oder in Urlaub sind? Rounds merkt dazu an:
»Die Konflikte zwischen Krankenschwestern und Ärzten
treten bei der Frage der Medikamentengabe oft verschärft
zutage. Die Schwestern sind nicht berechtigt, Arzneimittel
zu verordnen. Da sie aber die Patienten den ganzen Tag
und die ganze Nacht beobachten, lernen sie mit der Zeit,
welche Medikamente ein Patient braucht und wieviel.«[13]

10. Sie schieben uns die Schuld für Dinge zu, für die wir nichts können.

Wie viele von uns, die Kinder haben, bekamen am Eltern-
abend nicht schon vom Klassenlehrer zu hören, daß unser
Kind sich schlecht benimmt und dieses Fehlverhalten auf
etwas zurückzuführen sein muß, was wir tun oder nicht tun?
Als mir das passierte, hörte ich, daß dieselbe Lehrerin
anderen Eltern ähnliches gesagt hatte, aber später erfuhren wir, daß ihr Mann sie und das Kind verlassen hatte und
sie ihre Depression dadurch zu bewältigen versuchte, daß
sie die Kinder im Unterricht anbrüllte. Der Sozialarbeiter
Ben Carniol schreibt, daß Sozialarbeiter, die diesen Beruf
ursprünglich aus dem Wunsch heraus gewählt haben, den
Armen und Bedürftigen zu helfen, mit Schuldzuweisungen
an ihre Klienten oft schnell bei der Hand sind: »In der
Praxis sieht es so aus, daß Sozialarbeiter [und andere professionelle Helfer] eher ›Schuld‹ zuweisen, als sich unvoreingenommen in den anderen hineinzuversetzen und keine Urteile zu fällen.«[14] Dem anderen die Schuld zuzuschie-
ben ist in der Tat in allen Expertensystemen eine besonders
häufige Methode. Was Johnston bei Ärzten beobachtet hat,
gilt für ein breites Spektrum von Autoritätspersonen:

> »Der Glaube an die Notwendigkeit demütigen Gehorsams
> von seiten des Patienten ermöglicht die Schuldzuweisung
> an das Opfer, denn *[sic]* wer sich nicht an den Rat des
> Halbgottes in Weiß hält, wird oft als unverantwortlich,
> ignorant und schuldig angesehen. Außerdem sichern sich
> Ärzte durch das Zurückhalten von Informationen ihren
> Einfluß und ihre Autorität, eine Unterbrechung der Ar-
> beitsroutine wird verhindert, die Schwächen und Fehler
> der Gesundheitsfürsorger werden verschleiert und die pro-
> fessionell-distanzierte Haltung bleibt gewahrt.«[15]

Und jeder von uns hat schon einmal erlebt, daß ihm die Schuld für etwas zugeschoben wurde, wofür er nichts konnte:

> Wenn der neue Fernseher oder die neue Waschmaschine plötzlich den Geist aufgeben, werden die Angestellten in dem Geschäft, in dem Sie das Gerät gekauft haben, sehr wahrscheinlich behaupten, *Sie* hätten bestimmt *etwas* angestellt, daß es nicht mehr funktioniert. Ich bin schon ich weiß nicht wie oft gefragt worden, ob ich dem teuren Stück denn einen Fußtritt verpaßt oder etwas Schweres darauf fallen gelassen hätte.

Wie bei anderen Methoden ist es auch da, wo einem Menschen die Schuld für etwas untergejubelt wird, für das er nichts kann, besonders dann entmutigend, wenn dazu die Überlegenheit der Wissenschaft oder eine fachspezifische Terminologie herangezogen wird:

> Großes Aufsehen erregte der Fall der Psychiaterin Margaret Jensvold, die am »National Institute of Mental Health« mit der Erforschung des »prämenstruellen Syndroms« beauftragt worden war. Als sie an einer Tagung zum Thema PMS teilnehmen wollte, zu der ihre männlichen Kollegen alle Zutritt hatten, wurde ihr das verweigert. Ein Kollege meinte sogar zu ihr, daß er nichts über PMS gewußt habe, als er beruflich auf ihrem Niveau gewesen war, warum also sollte sie etwas darüber wissen? Als sie um einen für sie reservierten Parkplatz bat, warf man ihr vor, sie habe ein überzogenes Anspruchsdenken und völlig überzogene Erwartungen. Ihr Chef sagte zu ihr, sie verhielte sich nicht ihrer untergeordneten Stellung entsprechend, und wies sie aus all diesen Gründen an, sich in psychotherapeutische Behandlung zu begeben. Als er ihr eine Liste mit Therapeuten gab, von denen sie einen wählen konnte, ging sie zu dem ersten auf der Liste – und erfuhr viel später, daß ihr

Chef auch *sein* Vorgesetzter ebenfalls dort hinging. Da sie diese Tatsache verständlicherweise beunruhigte, fragte sie den Therapeuten mehrmals, ob er denn auch alles vertraulich behandeln würde, was sie ihm erzählte. Er weigerte sich nicht nur, ihr diese absolut übliche Zusicherung zu geben, sondern hielt in ihrer Akte fest, daß sie diesen Wunsch geäußert hatte und deshalb »paranoid« sei. Er meinte außerdem, warum sie sich an ihrem Arbeitsplatz nicht wohl fühle, läge an ihrer »selbstbehindernden Persönlichkeit«, eine diagnostische Kategorie (damals von der Amerikanischen Psychiatrischen Vereinigung anerkannt), die auf das bewußte oder unbewußte Bedürfnis oder auch den Wunsch hinweist, unglücklich zu sein.

Wenn wir uns an Fachleute um Hilfe wenden, weil wir schon schwer zu kämpfen haben, um ein bestimmtes Problem zu bewältigen, dann ist es furchtbar enttäuschend, auch noch so behandelt zu werden, als wären wir selbst schuld daran. Ein Farmer namens Carroll Nearmeyer erzählte Studs Terkel, wie seine Bank ihm die Schuld an Problemen zuschob, für die er gar nichts konnte:

»Als meine Schwierigkeiten anfingen, bin ich zu meinem Bankier gegangen, um mit ihm darüber zu reden. Ich kannte ihn persönlich, und er hat mich gekannt. Aber er bekam Druck von oben, und diesen gab er an mich weiter. Er versuchte, mir einzureden, daß ich schlecht gewirtschaftet hätte. Er sagte, ich solle nach Hause gehen, den Kaufvertrag aufsetzen, eine Liste machen und alles versteigern. Dann könnte ich die Bank auszahlen, und er würde nicht mehr so unter Druck stehen. Da ich nun mal in der vierten Generation Farmer bin, konnte ich nicht einfach nach Hause gehen und alles verkaufen.

Sie hacken auf uns ein mit Sätzen wie: Sie müssen *cash flow* haben. Sie müssen Ihre Bücher besser führen. Sie müssen

Ihre Felder besser bewirtschaften. Aber wenn man den Scheffel Getreide für weniger Geld verkaufen muß, als man für die Produktion aufwendet, kann man einfach nicht besser wirtschaften. Unsere Steuern werden immer höher, und die Schuldzinsen steigen. Zu einem bestimmten Zeitpunkt habe ich auf meine Farmhypotheken 18 Prozent gezahlt. Ich geriet mit den Zahlungen immer mehr in Rückstand. Wenn ich diesmal keinen Erfolg habe, wird die Newton National Bank meine Farm übernehmen.«[16]

Es kann sehr frustrierend sein, wenn mit Macht ausgestattete Leute durch das, was sie sagen und was sie nicht sagen, unsere Bemühungen torpedieren, Hilfe zu bekommen; noch schlechter kommt man aber oft mit den Sachen zurecht, die sie tun und nicht tun, um einen kleinzumachen. Die letztgenannten Methoden zu erkennen und mit ihnen umzugehen erfordert meist einen tieferen Einblick in das Expertensystem, an das man sich um Hilfe wendet, als die früher beschriebenen. Das folgende Kapitel soll Ihnen helfen zu erkennen, was Autoritäten und Experten tun und nicht tun, daß Sie nicht weiterkommen.

Kapitel 3

Was Experten tun und was sie nicht tun

Manche der in diesem Kapitel beschriebenen Methoden überschneiden sich, zum Teil auch mit den Methoden von Kapitel 2. Viele der Beispiele sind geradezu erschreckend, aber sie spiegeln nur wider, was in der realen Welt abläuft, und eigentlich habe ich mich genau wegen dieser Geschichten entschlossen, dieses Buch zu schreiben. Manche der im folgenden berichteten Vorfälle scheinen so extrem, daß ich bei Vorträgen immer wieder gefragt werde, ob ich sie ausgewählt habe, weil sie so schockierend sind. Das ist aber nicht der Grund. Ich habe sie ausgewählt, weil ich weiß, daß es *keine* Einzelfälle sind. Und das ist das Schockierende an diesen zum Teil wirklich ungeheuerlichen Erlebnissen mit Autoritäten. Wenn diese Kleinmachmethoden nur kurzzeitig ein Gefühl von Verunsicherung, Machtlosigkeit oder Scham auslösen würden, wäre es nicht von so entscheidender Bedeutung, wirklich zu begreifen, wie wir behandelt werden. Aber Sie wissen ja: Zu hören, was andere erlebt haben, und zu spüren, wie darin unsere eigenen schlimmen Erfahrungen anklingen, ist ein wichtiger erster Schritt, um über solche Erlebnisse hinwegzukommen. In Kapitel 8 werden wir noch sehen, was uns weiter dabei helfen kann.

Sie werden beim Lesen dieser Beispiele vielleicht denken: »Hätte der Patient oder Klient nur dies oder jenes gemacht, dann wären diese schlimmen Dinge nicht passiert.« Wir können zwar manches tun, um *einige* der beschriebenen Folgen zu vermeiden, aber darauf möchte ich in diesem Buch nicht näher eingehen. Es gibt viele ausgezeichnete Publikationen, wie zum Beispiel die des Verbraucheranwalts Ralph Nader und die *Consumer Reports* (vergleichbar hierzulande mit *Test*, der Zeitschrift der Stiftung Warentest, Anm. d. Ü.), die uns dabei helfen können, wohlinformierte Kunden und Konsumenten zu werden. Der Zweck dieses Buches ist ein anderer, nämlich deutlich zu machen, daß wir nicht eine Unmenge an Zeit investieren müssen, um ein Expertensystem in- und auswendig zu kennen, die jeweiligen Schlupflöcher und seine Grenzen herauszufinden, wenn das System doch eigentlich unserer Unterstützung dienen soll. Vor allem sollten wir all das nicht zu einem Zeitpunkt tun müssen, wo wir Hilfe suchen, weil wir dann schon verletzlich, erschöpft oder bedürftig genug sind. Mit anderen Worten: Ja, es gibt vieles, was wir tun *können*, aber wenn wir uns zu sehr darauf konzentrieren, verlieren wir schnell die Tatsache aus den Augen, daß Autoritäten in erster Linie für uns da sein sollten und daß es nicht unsere private Aufgabe sein kann, uns vor ihnen zu schützen. Aus diesem Grund sage ich vor Kapitel 8 nur wenig darüber, was ein Klient hätte tun können, um das Desaster zu vermeiden. Und bei den Vorschlägen in Kapitel 8 geht es weniger darum, wie man mehr über ein Expertensystem erfährt und es besiegt, als darum, wie wir uns vor Selbstvorwürfen schützen, wenn ein Expertensystem uns im Stich läßt – obwohl der eine oder andere Ratschlag in Kapitel 8 uns möglicherweise den zusätzlichen Vorteil bringt, daß wir damit mehr aus einem Expertensystem herausholen, als wir bisher bekommen haben.

Was eventuelle Überschneidungen mit den Methoden von Kapitel 2 betrifft, würde ich Ihnen vorschlagen, daß Sie sich Notizen machen und die im folgenden beschriebenen Methoden mit Ihren eigenen Erfahrungen in Beziehung setzen.

11. Sie nehmen uns nicht als ganzen Menschen wahr.

Manchmal kommt es zu dieser Art Fragmentierung, weil ein einzelner Fachmann sich nur mit einem Aspekt Ihrer Gesamtfunktion oder Ihres Körpers beschäftigt und nicht berücksichtigt, wie die verschiedenen Aspekte zueinander in Beziehung stehen. Manchmal, wie im medizinischen und psychologischen Bereich, sind es viele Experten, die nur jeweils einen Teil oder ein bestimmtes Subsystem »bearbeiten« und betrachten und nicht in gemeinsamer Beratung eine sinnvolle Beziehung herzustellen versuchen zwischen dem, was mit dem Menschen als Ganzes geschieht und was er braucht, um ein voll funktionsfähiger Mensch zu sein. Die Leute in den verschiedenen Expertensystemen arbeiten aus unterschiedlichen Gründen in dieser zusammenhanglosen Weise, wobei der häufigste Grund schlicht ein Mangel an Wissen ist: Bei der Ausbildung in einem speziellen Fach werden nur höchst selten andere Gebiete mit einbezogen, die auch damit zu tun haben könnten. Arnie zum Beispiel hätte viel weniger leiden müssen, wenn der Hausarzt über die Folgen von lang anhaltendem Husten für die Muskeln wirklich gut informiert gewesen wäre, wenn er einfache Massagetechniken zur Linderung dieser Folgen und andere nicht-medikamentöse Behandlungsmethoden gekannt hätte.

Arnie bekam nach einer Grippe eine schwere Bronchitis. Seine ständigen, quälenden Hustenanfälle belasteten die

Muskeln des Brustkorbs, und er war dauernd erschöpft, weil er durch den Hustenreiz nachts nicht mehr richtig schlafen konnte. Der Hausarzt verschrieb ihm gegen den Husten abschwellende Mittel und Antihistaminika, die Arnie schläfrig machten, den Husten aber nicht linderten. Dann verordnete er Arnie verschiedene Antibiotika, die zu einer schweren Verstopfung und im Anschluß daran zu schmerzhaften Rissen im Mastdarm führten, den Husten aber nicht beseitigten. Wegen seiner medikamenten-bedingten Schläfrigkeit und der Erschöpfung durch den dauernden Husten und die Rektalschmerzen konnte Arnie nicht mehr viel arbeiten und entwickelte eine leichte Depression. Da die Brustmuskeln zu sehr belastet wurden, bekam er Atemschwierigkeiten. Weder er selbst noch sein Arzt erkannten, daß diese Muskeln überbeansprucht waren, und der Arzt meinte, daß ein Sedativum das geeignete Mittel gegen Arnies Atemschwierigkeiten, seine Erschöpfung und Depression sei. Das Beruhigungsmittel half nicht nur überhaupt nicht gegen eines der Symptome, sondern verstärkte noch Arnies Depression. Als Arnie das seinem Arzt erzählte, riet der, er solle das Sedativum ab sofort nicht mehr nehmen, wies aber nicht darauf hin, daß er wegen des »Rebound«-Effekts des Medikaments mit Schlafstörungen rechnen müsse, wenn er die Dosierung nicht *langsam* reduziere. Dadurch bekam Arnie noch weniger Schlaf. Glücklicherweise ging er zu einem Masseur, der die Atemschwierigkeiten durch systematische Arbeit an den Brustmuskeln beseitigte. Eine Erklärung für diesen Krankheitsverlauf bekam er aber erst von seiner Freundin Susan, einer Krankenschwester, als er ihr die ganze Geschichte erzählte. Susan sagte, die Atemschwierigkeiten seien dadurch entstanden, daß der starke Husten zu Zerrungen der Brustmuskeln geführt habe. Inzwischen konnte er besser atmen, aber der Husten blieb. Eines Tages kam er in einem Reformhaus mit einem 80jährigen Mann ins Gespräch, der dort arbeitete, und beschrieb ihm seine Symptome. Der

Mann empfahl ihm Bockshornklee-Kapseln (dieses Gewürz wird häufig in Currygerichten verwendet), um den Schleim zu lockern. Arnie nahm in den nächsten paar Stunden vier dieser Kapseln, hustete zweieinhalb Stunden zähen Schleim ab, fühlte sich danach fast normal und war nach vier weiteren Tagen, an denen er diese Kapseln regelmäßig schluckte, völlig geheilt – nachdem er drei Monate so sehr gelitten hatte.

Hätte Arnies Arzt sich eingestanden, daß er nur über ein Teilwissen verfügte, und hätte der Masseur nicht nur an die gezerrten Muskeln gedacht, sondern auch überlegt, was man gegen den Husten tun könnte, der diese Muskeln dauernd überbeanspruchte, hätte Arnie viel eher gesund werden können.

In Arnies Fall betraf die Fragmentierung seinen Körper. In anderen Fällen entsteht der Schaden dadurch, daß Fachleute Körper und Gefühle streng voneinander trennen. Im nächsten Beispiel geht es um ein junges Mädchen, das zu einem Chirurgen gebracht wurde, weil sie über immer wieder auftretende Magenschmerzen klagte. Der Chirurg betrachtete ihr Problem im Hinblick auf die Ursachen, die ihm am geläufigsten waren, also mögliche körperliche Störfaktoren. Er unterließ es, sich mit anderen gut dokumentierten Ursachen von Magenschmerzen vertraut zu machen, und kam deshalb gar nicht auf den Gedanken, daß starke Ängste, Übernervosität oder die Reaktion auf sexuellen Mißbrauch der Grund für ihre Schmerzen sein könnten. Der Chirurg, Dr. Stearne, nahm dem Mädchen den Blinddarm heraus.

Ein paar Tage nach der Operation erzählte mir Dr. Stearne, daß der postoperative pathologische Befund bei der Elfjährigen gezeigt habe, daß der Blinddarm völlig

normal gewesen sei. »Jetzt wird sie wenigstens nie eine
Blinddarmentzündung bekommen«, meinte er, »und wahrscheinlich habe ich sie von ihren Magenschmerzen kuriert.
Sie glaubt ja, daß ich herausgenommen habe, was krank
war.«[1]

Als ich ihn fragte, ob er irgend etwas über ihr Familien-
leben wisse, entgegnete er, daß ihm sehr wenig darüber
bekannt sei. Dr. Stearnes Fragmentierung dieses Kindes in
Körper und Seele hatte zur Folge, daß er sie einer überflüs-
sigen Operation unterzog und die wahren Ursachen ihrer
Schmerzen unerkannt und unbehandelt blieben.
Hier noch ein anderer Fall von Körper-Seele-Fragmentie-
rung, von dem ich aus erster Hand weiß:

> Eine Freundin von mir rief mich kürzlich aus dem Kran-
> kenhaus an. »Ich hänge gerade am Dialysegerät«, verkün-
> dete sie. Offenbar hatte ihr Psychiater, den Körper völlig
> vergessend, ihre Stimmungsschwankungen mit Lithium be-
> handelt und die Nebenwirkungen dieses Medikaments
> nicht überwacht. Die Folge davon ist, daß sie heute einen
> schweren Nierenschaden hat.

In anderen Bereichen als dem medizinischen hat eine
Fragmentierung andere Folgen, die aber ebenso schlimm
sein können:

> Ein privater Arbeitsberater erzählte Jack, einem 49jährigen
> Mann, der nach dreißig Jahren in derselben Firma gerade
> gekündigt worden war, er brauche nur einen guten Lebens-
> lauf aufsetzen und sich auf Anzeigen bewerben, ohne sich
> danach zu erkundigen, ob der Mann überhaupt das nötige
> Selbstvertrauen für Vorstellungsgespräche hatte, wie es ihm
> privat ging oder ob er körperlich fit war. Jack zahlte dem
> Berater 250 Dollar für seine Tätigkeit und nahm an, daß er

mehr als diesen Rat nicht brauchen würde, um eine neue Stelle zu finden. Es war Jack gar nicht in den Sinn gekommen, nach der Ausbildung des Beraters zu fragen, bei der es hauptsächlich darum gegangen war, den Leuten zu zeigen, wie man einen richtigen Lebenslauf schreibt, aber kein Wort zu den für die Arbeitssuche relevanten psychischen Faktoren gesagt worden war. Jack schrieb also seinen Lebenslauf und begann sich auf Anzeigen zu bewerben. Der Verlust seiner langjährigen Arbeit hatte ihn aber so entmutigt, daß er sich emotional von seiner Frau zurückgezogen hatte und sie zu ihrer Tochter und dem Schwiegersohn gegangen war. Jack fühlte sich abgelehnt und verlassen, ernährte sich nicht mehr richtig, wurde dadurch träge und depressiv und hinterließ bei Gesprächen mit potentiellen Arbeitgebern, die eher dynamische, aktive Mitarbeiter suchten, keinen guten Eindruck.

Hätte Jacks Berater sich genug Mühe gegeben oder eine bessere Ausbildung genossen und sich auch die Lebensumstände seines Klienten angeschaut, hätte er ihm wirklich helfen können.

12. Sie handeln unkorrekt und unredlich (absichtlich oder auch nicht).

Für den Klienten oder Patienten, der durch die Unkorrektheit oder Unredlichkeit von Experten geschädigt wird, ist es ziemlich egal, ob es mit Absicht geschehen ist, denn das Kind ist bereits in den Brunnen gefallen. Wenn es aber unabsichtlich geschieht, ist es für manche Menschen oft schwerer, der Autoritätsperson verärgert zu begegnen, und es ist dann oft sicherlich auch schwieriger, den Betreffenden zur Rechenschaft zu ziehen oder eine Entschädigung zu bekommen. Ein häufiger Grund für unabsichtliche Fehler ist mangelnde Information auf seiten des Experten; schließlich liest wahrscheinlich kein Arzt, um nur ein Beispiel zu nennen, regelmäßig jeden Bericht über die neuesten Forschungsergebnisse in den wichtigen medizinischen Zeitschriften. Das hält manche aber nicht davon ab, so zu tun, als wüßten sie alles: »Wie Zola (1978) anmerkt, haben die Mediziner einen Alleinanspruch auf das Etikett ›Krankheit‹ und *alles*, worauf man es kleben könnte, unabhängig von ihrer Effizienz.«[2] Manche handeln jedoch ganz bewußt in unredlicher Absicht. Der Rechtswissenschaftler Derrick Bell zum Beispiel schreibt, daß unter Anwälten »Unehrlichkeit, wenn auch nicht die Regel, so doch häufig genug ist, um Anlaß zur Sorge zu geben«.[3]

Die folgende Geschichte stammt aus der Finanzwelt, wo die Experten gegen unkorrektes und unredliches Verhalten auch nicht immun sind.

Bob, ein amerikanischer Staatsbürger, war aus beruflichen Gründen nach Kanada gezogen und wollte sich nach seinem ersten Jahr dort bei der Steuererklärung helfen lassen. Er fragte seinen Steuerberater ganz konkret, ob er denn, obwohl er in Kanada lebte, weiterhin auch in den USA eine Steuererklärung abgeben müsse oder nicht, worauf der Steuerberater erwiderte: »Das ist absolut überflüssig.« Nachdem er viele Jahre lang nur in Kanada eine Steuererklärung abgegeben hatte, wechselte er den Steuerberater und der neue informierte ihn, daß er das die ganzen Jahre über auch in den USA hätte tun müssen. Und genau in diesem Jahr schrieb das zuständige amerikanische Finanzamt Bob einen Brief und fragte, warum er keine Steuererklärungen mehr abgegeben habe.

Die von seinem ersten Steuerberater so selbstsicher vorgebrachte Fehlinformation hätte für Bob eine beträchtliche

Geldstrafe zur Folge haben können. In der folgenden Geschichte bezahlte das Opfer ein solches Verhalten mit erheblichen körperlichen Problemen.

Die Leiterin einer Diätgruppe riet einer 40jährigen Frau, die bei nur 1000 Kalorien am Tag immer noch zunahm, sie solle doch auf 750 Kalorien reduzieren, dann werde sie sicher abnehmen. Nachdem die Frau sechs Wochen lang täglich nur 750 Kalorien zu sich genommen hatte und dadurch völlig erschöpft und krank geworden war, fand die Frau schließlich einen guten Ernährungsfachmann, der ihr erklärte, daß bei ihr eine *Reduzierung* der Nahrungsaufnahme zu einer Gewichts*zunahme* führte, weil ihr Körper auf Hungern wie bei vielen anderen reagierte, nämlich jede Kalorie aus schierem Überlebenstrieb optimal nutzte.

Manchmal sind die Folgen solch unredlichen Verhaltens nicht so leicht zu erkennen, es untergräbt jedoch ganz allgemein die Glaubwürdigkeit der Experten. Fälle wie der unten beschriebene machen es der Öffentlichkeit zunehmend schwerer zu unterscheiden, wer von den sogenannten Experten integer ist und wer nicht.

Deena, eine enge Freundin von Marilyn, war viele Jahre mit einem Psychotherapeuten verheiratet gewesen, der, wie Deena feststellen mußte, mit vielen Patientinnen und auch mit einigen Freundinnen von ihr geschlafen hatte. Eines Tages machte Marilyn den Fernseher an und hörte, wie der Gastgeber einer Magazinsendung verkündete, daß Deenas Mann regelmäßig als Berater für sie arbeitete. Der erste Zuschaueranruf an diesem Tag kam von einer Frau, die ganz verzweifelt war, weil ihr Mann eine außereheliche Beziehung hatte, und sie wollte von dem Psychologen wissen, was sie tun sollte. Entsetzt rief Marilyn im Büro des Produzenten an. Er selbst war nicht da, also bat Marilyn seine Sekretärin, ihm mitzuteilen, daß der Psychotherapeut selbst, wie er auch zugab, viele Affären gehabt und auch mit seinen Patientinnen geschlafen hatte. Die Sekretärin entgegnete: »Oh, das weiß er schon.« Der Produzent machte bei dieser Farce also wissentlich mit.

Besonders erschreckend ist es, wenn die Folgen solcher Betrügereien eine Gefahr für die Gesundheit oder gar das Leben von Menschen bedeuten. So ist es auch sehr beunruhigend, was die Food and Drug Administration feststellte, als sie 1986 die in den vorangegangenen zehn Jahren im Hause durchgeführten Studien zu Medikamenten überprüfte, mit dem Ergebnis, daß annähernd 200 Studien »so viele Fehler enthielten, daß die Fähigkeit der getesteten Medikamente, die behauptete Wirkung zu erzielen, ernsthaft in Frage gestellt war. Bei rund 40 Studien lag Fahrlässigkeit oder glatter Betrug vor.«[4] Der Artikel, in dem dieses Zitat erschien, lieferte auch die folgende Information:

> Dr. Robert Slutsky, ein vielversprechender junger Herzspezialist an der medizinischen Fakultät der University of California in San Diego, verließ das Institut, nachdem offizielle Stellen bekanntgaben, daß er »in großem Umfang Forschungsergebnisse gefälscht« hatte, indem er Daten aus niemals durchgeführten Experimenten erfunden hatte ... Die Ermittler sagten, 13 seiner Arbeiten enthielten offenkundig gefälschte Ergebnisse und 55 seien »fragwürdig«.[5]

Wir wissen zwar, daß viele Forscher ehrlich sind, der entscheidende Punkt ist hier aber, daß die Öffentlichkeit keine Möglichkeit hat, zu erkennen, welche ehrlich sind und welche nicht.

13. Sie machen aus dem, was wir sagen, einen »Beweis« dafür, daß wir schlechte Menschen, verrückt oder im Unrecht sind.

Institutionen attestieren uns krankhafte Züge, drehen es so hin, als wären wir gestört, verrückt, von schlechtem Charakter oder im Unrecht, *um zu rechtfertigen, daß sie unseren Bedürfnissen nicht gerecht werden.* Das geschieht um so eher, wenn wir dagegen protestieren, wie wir behandelt werden, und wenn wir versuchen, unsere Rechte durchzusetzen. Gloria Steinem schreibt, der Gedanke, daß ein Individuum einen immanenten Wert haben könnte, sei für autoritäre Systeme gefährlich und werde deshalb in unterschiedlichster Weise abgelehnt – durch alles, womit man dem Individuum die Schuld zuschieben kann.[6] Diese Methode wird oft benutzt, wenn die Leute, die unsere Bedürfnisse erfüllen könnten, das entweder nicht wollen oder es ohne eigenes Verschulden nicht *können*. An zwei bereits erwähnten Beispielen wird deutlich, wie diese Strategie zielstrebig und aggressiv eingesetzt wird:

> Wie bereits mehrfach erwähnt, haben die amerikanischen Farmer große Probleme und sind auf viele Regierungsstellen sehr schlecht zu sprechen, weil sie sich überhaupt nicht um sie kümmern, und manche machen sie noch nieder, indem sie sie mit einem negativen Etikett versehen. Einer der Farmer erzählte Studs Terkel: »Dann ging ich in die Farmer-Protest-Gruppe, und dort waren Menschen, die genauso sind wie ich. Wir wurden sofort als Radikale abgestempelt. Denn die Farmer sollten sich jetzt zivilisiert verhalten. Es war völlig in Ordnung, daß so ein Mistkerl mit weißem Hemd und Krawatte daherkam und uns auf dem Papier unsere Farmen wegnahm. Aber es war nicht in Ordnung, daß wir den Versuch machten, ihn daran zu hindern. Sobald wir sagten, wir würden nicht zulassen, daß so was geschieht, waren wir Radikale.«[7]

93

Von der Psychiaterin, der man sagte, sie sei selbst schuld daran, wie sie behandelt wurde, habe ich schon in Kapitel 2 erzählt. Auch sie wurde in beleidigender Weise abgestempelt:

> Als die Psychiaterin Dr. Margaret Jensvold in einem Forschungslabor des National Institute of Mental Health arbeitete, ließ ihr Vorgesetzter sie nicht genauso mitarbeiten und ebenso viele Möglichkeiten wahrnehmen wie ihre männlichen Kollegen. Als sie gegen diese Behandlung protestierte, rechtfertigte er sich unter anderem damit, daß er ihr entgegenhielt, sie verhielte sich ihm gegenüber nicht ihrer untergeordneten Stellung entsprechend. Und als sie um einen reservierten Parkplatz bat, warf man ihr vor, sie habe überzogene Ansprüche.

14. Sie sind nicht bereit, uns zuzuhören.

Ob Autoritätspersonen einem Klienten zuhören oder nicht, ist oft furchtbar schwer zu sagen, aber der Klient merkt es häufig an dem abwesenden Blick oder weil ihm die Erkenntnis dämmert, daß sein Gegenüber wichtige Informationen vergißt, die er ihm schon einmal gegeben hat. Maggie Kuhn, Gründerin und Vorsitzende der Grauen Panther, bezeichnet das als »schweren Machtmißbrauch«.[8] Eine Variation dieses Themas ist, daß man als Experte so tut, als würde man zuhören, dann aber ignoriert, was der Kunde gesagt hat.

> Bevor Kyle einen wirklich guten Automechaniker fand, erklärte er mehreren Mechanikern in verschiedenen Werkstätten, daß der Motor seines Wagens hin und wieder ein lautes Klopfgeräusch von sich gab. Das beunruhigte Kyle, denn er wollte mit dem Wagen eine längere Reise machen.

Ein Mechaniker nach dem anderen rief an und erklärte ihm ziemlich herablassend, er habe bei der fünfminütigen Testfahrt nicht den leisesten Ton gehört. Sie alle hatten eindeutig nicht mitbekommen, daß Kyle gesagt hatte, es passiere nur ab und zu.

Hätten die Fachleute in diesem Beispiel zugehört, hätten sie nicht nur Kyle helfen können, sondern auch etwas verdient, weil sie festgestellt hätten, daß der Wagen sehr wohl reparaturbedürftig war, und sie das hätten in Ordnung bringen können.
Beim nächsten Beispiel betrifft die überhörte Information nicht eine Maschine, sondern eine wichtige Familienbeziehung:

Ein Ehepaar wandte sich hilfesuchend an eine Elternberatungsstelle, als es dahintergekommen war, daß ihr halbwüchsiger Sohn schwer alkoholkrank war. Der Berater, der die Elterngruppe »unterstützte«, der sie zugeteilt worden waren, sagte ihnen, sie müßten mit ihrem Sohn »sehr streng und konsequent« sein. Sie entgegneten, daß sie das immer gewesen seien, weil sie beide fänden, daß Disziplin und klare Grenzen für Kinder und Jugendliche sehr wichtig seien. Darauf der Gruppenleiter: »Sie müssen wirklich absolut konsequent sein.« Die beiden fühlten sich schrecklich, weil der Kommentar des Beraters implizierte, daß sie nicht »wirklich« versucht hatten, was er empfohlen hatte. Da diese Methode ihrer Erfahrung nach nicht funktioniert hatte, saßen sie jetzt hilf- und hoffnungslos da und wußten nicht, was sie noch tun sollten. Und zu alledem kam noch das Gefühl, daß man ihnen weder zugehört noch geglaubt hatte.

Zu den Aufgaben eines Geistlichen gehört auch die seelsorgerische Fürsorge, und deshalb ist es oft besonders schwer (und schmerzlich) zu akzeptieren, wenn ein solcher uns nicht zuhört oder ignoriert, was wir sagen, wie die beiden folgenden Geschichten deutlich machen:

Ein Mann hatte sich einer bestimmten Synagoge angeschlossen, unter anderem weil er gehört hatte, es sei eine »herzliche, anteilnehmende Gemeinschaft«. Nachdem er viele Jahre lang Gemeindemitglied gewesen war, starb innerhalb von sechs Wochen ein Mensch, der ihm sehr nahegestanden war, und die Beziehung mit seiner langjährigen Lebenspartnerin ging in die Brüche, aber es meldete sich fast keiner aus der Gemeinde bei ihm, auch der Rabbi nicht. Da er dachte, daß die Leute, die er als gute Freunde betrachtete, vielleicht nichts von diesen Ereignissen gehört hatten, rief er einige von ihnen an und erfuhr zu seiner großen Bestürzung, daß sie es gewußt, aber es einfach nicht für nötig gehalten hatten, ihn anzurufen. Nur einer von ihnen unternahm daraufhin einen Versuch, ihn zu besuchen oder zu trösten, obwohl der Mann auf die von allen gestellte Frage, wie es ihm so ginge, geantwortet hatte, daß es ihm zur Zeit ziemlich schlecht ging. Als er dem Rabbi erzählte, wie sehr ihn dieses Verhalten gekränkt hatte, überging der Rabbi seine Bemerkung, daß er den anderen Gemeindemitgliedern seine Situation geschildert hatte und meinte nur: »Sie müssen ihnen zu verstehen gegeben haben, daß es Ihnen recht gut geht und Sie keine Unterstützung brauchen. Sie machen wirklich den Eindruck, als wären Sie ein Mensch, der niemand anderen braucht, wissen Sie.«

Er war ungeheuer enttäuscht und fühlte sich von seiner Gemeinde und seinem Rabbi im Stich gelassen.

Viele Frauen haben mir erzählt, daß sie in ihrer größten Not, wenn sie von ihrem Mann körperlich mißbraucht worden waren, zu einem Priester gegangen sind. In manchen Fällen war dieser Mißbrauch besonders schwerwiegend, wenn der Mann sie zum Beispiel zwang, vor seinen Augen mit anderen Männern zu schlafen. Manche Priester (unabhängig von Religion oder Konfession) ließen sie nicht einmal ihre Geschichte erzählen. Statt dessen unterbrachen sie die Frauen, sobald sie auf den Mißbrauch zu sprechen kamen, und sagten: »Sie sollten nicht so über Ihren Gatten reden. Schließlich haben Sie vor Gott gelobt, ihm treu zu sein, und Gott will, daß Sie ihm gehorchen, egal, was er tut.«

Solche Frauen fühlen sich dieser entwürdigenden Situation hilflos ausgeliefert, vor allem wenn sie sehr gläubig sind und deshalb glauben tun zu müssen, was ihre religiösen Führer ihnen vorschreiben. Sie müssen dann nicht nur damit fertig werden, daß sie von ihrem Mann sexuell mißbraucht werden, sondern auch damit, daß ihr Seelsorger sie im Stich gelassen hat.

15. Sie beantworten unsere Fragen einfach nicht oder weigern sich ganz offen, es zu tun.

Manche Experten und Autoritäten sind sehr geschickt darin, so zu tun, als würden sie zuhören und unsere Fragen beantworten. In der persönlichen Auseinandersetzung mit ihnen wird uns oft erst hinterher bewußt, daß sie uns gar keine Antwort gegeben haben. Bei einer schriftlichen Interaktion ist dieses Verhalten zwar auch nicht weniger frustrierend, aber leichter zu erkennen.

Ein sehr begabter Student wollte sich von zwei Hauptseminaren befreien lassen, weil der betreffende Lehrstoff während seiner vorherigen Studienzeit im Ausland schon sehr ausführlich behandelt worden war. Auf die vier Briefe, die er an seinen Fachbereichsleiter und an den Dekan des College geschrieben hatte, bekam er keine Antwort, und so stand er da und wußte nicht, ob er sich für fortgeschrittenere, anspruchsvollere Seminare einschreiben sollte – mit dem Risiko, seinen Abschluß nicht machen zu können, weil er die geforderten Scheine nicht vorweisen konnte –, oder ob er die vorgeschriebenen Seminare auf dem niedrigeren Niveau machen sollte.

Das ist ein besonders krasses Beispiel von Personen in verantwortlicher Stellung, die auf Fragen überhaupt keine Antwort geben.

Wenn ein geliebter Mensch ernsthaft erkrankt ist oder unsere Kinder in der Schule Probleme haben, stecken wir oft in einer Zwickmühle, ob wir die Leute, die die Macht haben, uns oder unserer Familie zu helfen – oder zu schaden – wirklich fragen sollen. Wir befürchten, daß, wenn wir Fragen stellen, der Arzt sie vielleicht nicht beantworten kann oder sich nicht die Zeit dafür nehmen will, oder daß die Lehrer, wenn sie denken, wir würden ihre pädagogische Arbeit in Frage stellen, ihren Ärger auf uns an den unschuldigen, schutzlosen Kindern auslassen könnten.

Marks Onkel lebte allein und mußte sich wegen seiner Krebserkrankung einer Chemotherapie unterziehen, wollte aber seinen Arzt nicht mit »zu vielen« Fragen »belästigen«. Als Mark ihn einmal zum Arzt begleitete, hätte er doch gerne verschiedenes gewußt, wollte aber den Wunsch seines Onkels respektieren, die Zeit des Arztes nicht allzusehr in Anspruch zu nehmen. Also formulierte er schriftlich ein paar Fragen und bat die Schwester, sie dem Arzt zu geben, bevor dieser seinen Onkel untersuchte. Als der Arzt zu seinem Onkel kam, untersuchte er ihn recht schnell und schickte sich an, wieder zu gehen. Da sagte Mark:

»Entschuldigen Sie, Herr Doktor, hatten Sie schon Gelegenheit, einen Blick auf meine Notiz zu werfen?« Er schaute ziemlich verärgert, gab einen kurzen Kommentar zu zwei von Marks Fragen ab und ging. Auf seine Fragen wegen der ständigen Kopfschmerzen seines Onkels oder daß ihm die Hand zitterte, wenn er etwas zu schreiben versuchte, bekam Mark nie eine Antwort von ihm.

In den Kapiteln 5, 6 und 7 geht es darum, wie wichtig es ist, Experten und anderen Autoritäten Fragen zu stellen, aber wie wir an diesem Beispiel sehen, gehen sie einer Antwort auch dann oft aus dem Weg, wenn wir unseren ganzen Mut zusammenraffen und es tun.

16. Sie schüchtern uns ein.

Die Androhung rechtlicher Konsequenzen und Beleidigungen sind zwei der häufigsten, aber sicher nicht die einzigen Formen von Einschüchterung.

Elaine, die durch die Arbeit in einem sehr stark wärmeisolierten Bürogebäude (siehe auch Methode 3) gesundheitliche Probleme hatte, erfuhr von einem Experten für schadstoffbelastete Gebäude, daß die Eigentümer ihm erzählt hatten, sie würden, wenn sie Laboranalysen der Luft in dem Haus machen lassen müßten, sie immer zuerst reinigen. Die Ergebnisse dieser Analysen verwendeten sie dann als »Beweis«, daß mit dem Gebäude alles in Ordnung wäre, daß die Leute, die über Beschwerden klagten, nur zuviel Streß in der Arbeit hätten. Als Elaine ihre Chefs in einem Memo davon informierte und sagte, sie mache sich Sorgen um die Gesundheit der Kollegen und wundere sich über die horrende Miete, die man an den Bauherrn und Eigentümer zahle, gingen ihre Chefs mit diesem Memo zu den Eigentümern und zeigten es ihnen. Die Eigentümer ließen ihr sofort über ihre Anwälte einen Brief schicken und drohten mit einer Anklage wegen Verleumdung. Saniert wurde das Gebäude im übrigen nie.

Marianne hatte in ihrer Firma für gleichen Lohn und einen gut ausgestatteten Kinderhort gekämpft und wurde von ihrem Arbeitgeber für ihre Bemühungen als »machthungrige Männerhasserin, die uns nur einen Haufen Geld aus der Tasche ziehen und keine Verantwortung für ihre Kinder übernehmen will«, beschimpft.

17. *Sie machen ein bißchen was, tun aber so, als hätten sie ungeheuer viel getan.*

Wenn wir uns hilfesuchend an irgendwelche Institutionen oder Experten wenden, wissen nur die wenigsten von uns viel darüber, welche finanziellen oder sonstigen Mittel ihnen zur Verfügung stehen und welche Befugnisse sie haben. Das hat zur Folge, daß wir es oft nicht wissen, wenn sie ihre Arbeit nicht wirklich gut machen, wie das Paar im folgenden Beispiel zu spät feststellte:

Der Psychologe Dr. Hart wurde gebeten, für einen strittigen Sorgerechtsfall ein umfassendes Gutachten zu erstellen. Nachdem er die entsprechenden Gespräche geführt hatte, empfahl er, daß die Kinder bei ihrem Vater und der Stiefmutter leben sollten, und eine seiner Begründungen dafür war, daß diese beiden intelligenter seien als die Mutter und der Stiefvater und deshalb besser für die ungewöhnlich aufgeweckten Kinder sorgen könnten. Nun hatte Dr. Hart zwar mit den vier Erwachsenen gesprochen, aber keine Intelligenztests in welcher Form auch immer durchgeführt, war also gar nicht in der Lage, irgend etwas darüber zu sagen, wer der Intelligentere sei. Die Mutter und der Stiefvater hatten gewußt, daß es Intelligenztests für Kinder gab, erfuhren aber erst nach der Anhörung bei Gericht, daß es auch Intelligenztests für Erwachsene gibt.

Daß wir selbst für kleine Hilfeleistungen dankbar sind und glauben, wir seien zu machtlos oder schwach, um für mehr zu kämpfen, ist besonders dann der Fall, wenn es uns finanziell oder gesundheitlich schlecht geht. Und das um so mehr, wenn die Person oder Gruppe, die uns gnädig ein paar Krümel überläßt, so tut, als wäre das ein ganzer Kuchen:

Manche ältere Amerikaner freuen sich zwar einfach darüber, daß verschiedene Geschäfte »Rabatte für ältere Mitbürger« eingeführt haben, manche haben aber eine andere Meinung dazu, wie unsere Gesellschaft ihre älteren Bürger behandeln soll: »Mit irgendwelchen Vergünstigungen für alte Leute können sie uns den Buckel runterrutschen. Manche Geschäfte geben uns Alten 15 bis 20 Prozent Rabatt. Für mich ist das wie Valium. Anstatt uns ein jährliches Mindesteinkommen zu garantieren und ein anständiges Rentensystem aufzubauen, geben sie uns ein paar Bonbons und wollen uns damit ruhigstellen.«[9] Eine vor kurzem in den Ruhestand gegangene, aber schon etwas gebrechliche Witwe war gerade in ein Seniorenheim gezogen, wo sie die meiste Zeit allein in einem kleinen Einzelzimmer verbringen mußte. Der zuständige Sozialarbeiter meinte, sie könne sich glücklich schätzen, weil sie doch jetzt als Rentnerin verbilligte Fahrkarten und Eintrittskarten fürs Kino bekäme. Allerdings hatte ihr niemand gesagt, daß, wenn die Pension ihres Mannes bei seinem Tod auf sie übertragen worden wäre oder eine der vielen staatlichen Stellen genügend Mittel zur Verfügung gestellt hätte, sie sich stundenweise einen Pfleger hätte leisten und in der Wohnung hätte bleiben können, in der sie jahrzehntelang gelebt hatte.

Diese Unfähigkeit, Dinge anzusprechen, über die man nichts Genaues weiß – Dinge, die »unmöglich« zu sein scheinen –, verweist solche Möglichkeiten erst wirklich in den Bereich des Unmöglichen.

18. Sie verhalten sich verantwortungslos, unmoralisch oder sogar skrupellos.

Verantwortungsloses oder unmoralisches Verhalten kann natürlich unabsichtlich sein, aber Skrupellosigkeit läßt sich schwerlich in dieser Weise rationalisieren. Der Service-mann von der Tankstelle, der mit gespieltem Entsetzen ausruft: »Sie werden doch nicht bei *diesem* Ölstand noch weiterfahren wollen!«, wenn er ganz genau weiß, daß der Ölstand *nicht* zu niedrig ist, bedient sich dieser Methode. Beim folgenden Beispiel, wie bei vielen anderen, ist nur schwer zu sagen, ob der Fachbereichsleiter, der den Mit-arbeiter einstellte, ihm wirklich einen guten Rat zu geben glaubte und ob er seine Äußerung später aus Angst oder aus dem bewußten Wunsch heraus, ihm Steine in den Weg zu legen, abgestritten hat oder nicht. Wie dem auch sei, die berufliche Karriere des Mannes wurde jedenfalls erheblich behindert:

> Scott befand sich im vorletzten Studienjahr und war an einer Fakultät als wissenschaftlicher Mitarbeiter mit einem Dreijahresvertrag eingestellt worden. Es hatte geheißen, daß sein Vertrag bei zufriedenstellender Leistung anschlie-ßend um weitere drei Jahre verlängert werden könnte. Als er eingestellt wurde, fragte er den Fachbereichsleiter, was man denn unter »zufriedenstellend« verstünde und bekam zur Antwort, er solle schwerpunktmäßig mit den Erstseme-stern arbeiten und »natürlich auch versuchen, ein bißchen Forschung zu betreiben«. Der Fachbereichsleiter hatte

aber ausdrücklich seine Lehrtätigkeit in den Vordergrund gestellt. Nach Ablauf der drei Jahre wurde Scotts Vertrag nicht verlängert, und der zuständige Ausschuß begründete seine Entscheidung damit, daß er nicht genug Forschungsarbeit geleistet und zu wenig veröffentlicht habe. Als er einwandte, er habe sich auf seine Lehrtätigkeit konzentriert, von seinen Studenten ausgezeichnete Beurteilungen bekommen und zwei neue Kurse eingerichtet, die sehr gut angekommen waren, erklärte der Ausschuß, das sei nicht annähernd so wichtig wie Forschung. Daraufhin berichtete Scott, was ihm der Fachbereichsleiter bei der Einstellung gesagt hatte, aber der leugnete rundheraus, jemals eine solche Äußerung getan zu haben.

Als ich die folgende Geschichte hörte, war ich zwar von der äußerst unmoralischen Haltung – ja sogar Skrupellosigkeit – des Psychiaters schockiert, von seiner Empfehlung an sich aber nicht sonderlich überrascht, weil ich von Therapeuten schon häufig solche und ähnliche Meinungen darüber gehört habe, wie eine geeignete »Behandlung« auszusehen hat oder was der Patient wirklich braucht.

Ein Psychiater hatte einen Termin mit einem heterosexuellen Paar vereinbart, das wegen Eheproblemen zu ihm kam. Er wollte zuerst mit beiden gemeinsam sprechen und dann mit jedem einzeln. Bei dem gemeinsamen Gespräch hörte er einfach zu, während die Frau erzählte, daß ihr Mann auf ihr Bedürfnis nach Zärtlichkeit und Wärme vor dem Sex keine Rücksicht nähme und sie manchmal hatte zwingen wollen, mit ihm zu schlafen, sie sogar fast schon vergewaltigt hatte. Der Mann sagte, er finde, daß seine Frau zu wenig Interesse an Sex habe. Als der Mann aus dem Sprechzimmer hinausgegangen war, riet der Psychiater der Frau, sie solle doch versuchen, mehr auf die sexuellen Bedürfnisse ihres Mannes einzugehen. Als die Frau dann

hinausging und der Psychiater mit dem Mann allein
sprach, riet er ihm, er solle doch »einfach eine andere
vögeln«.

Falls der Mann wirklich seine Ehe retten wollte, war ihm
dieser Ratschlag keine Hilfe; hielt er sich aber daran, wurde
seine Frau sowohl von ihrem Therapeuten wie von ihrem
Mann betrogen. Auf jeden Fall wurde das Verhalten des
Psychiaters eindeutig von seinen eigenen Bedürfnissen und
seiner seltsamen Einstellung bestimmt und nicht von dem
Wunsch, seinem Klienten zu helfen.

Um im medizinischen Bereich zu bleiben: Ein Chirurg
erzählte mir einmal, daß er grundsätzlich lieber eine Vollnarkose einleite als nur örtliche Betäubung, weil er beim
Operieren gerne »ein bißchen grob wird«. Er leugnete, das
gesagt zu haben, als ich Beschwerde gegen ihn eingereicht
hatte. Durch diese Erfahrung abgehärtet, war ich aber
nicht überrascht, als ich in Mark Kramers Buch las, wie ein
anderer Chirurg sich nach einer Operation benahm, bei
der er dem Patienten einen Tumor im Enddarm entfernt
hatte:

> Operation beendet. Er macht schnell fertig und vernäht
> die Wunde. Er hilft dem sehr guten Assistenten, die sterilen
> Tücher wegzunehmen. Als er zum Penis kommt, hält er
> inne und schaut ihn sich an. Er ist mit Klebeband am
> Bauch fixiert, aus der Spitze ragt ein Katheter.
>
> »Möchten Sie mal ein Beispiel von passiver Aggression
> sehen?« fragt er. Er reißt das Klebeband mit einem Ruck
> weg, vielleicht etwas gröber als notwendig.
>
> »So«, meint er. »Jetzt brauche ich meinem Hund daheim
> keinen Fußtritt mehr geben.«[10]

19. Sie unterstützen andere Leute in ihrem System, statt uns zu helfen.

Diese Praxis wird in Kapitel 4 ausführlicher besprochen, es sei aber schon an dieser Stelle angemerkt, daß manche Autoritäten sich bewußt dafür entscheiden, ihr Expertensystem zu unterstützen statt den Patienten oder Klienten, daß aber andere so in der Alltagsroutine des Systems verfangen sind, daß sie kein bißchen Abstand dazu haben und überlegen, wie sich das auf die Leute auswirkt, die bei ihnen Hilfe suchen. Gelegentlich verlieren sie vielleicht sogar die Tatsache aus den Augen, daß ihr System ja zum Wohle der Klienten eingerichtet wurde.

Als ich in einer mit öffentlichen Mitteln finanzierten Beratungsstelle für straffällig gewordene Jugendliche arbeitete, fiel mir auf, daß ziemlich viele Kleidung oder Make-up stahlen, die sie sich nicht leisten konnten, um nicht ausgelacht oder aus der Gemeinschaft ausgeschlossen zu werden. Ich brachte diesen Punkt einmal bei einer Teamsitzung zur Sprache, wies darauf hin, daß viele der Familien schrecklich verarmt seien und ihnen vielleicht am meisten geholfen wäre, wenn wir ihnen eine zusätzliche finanzielle Unterstützung verschaffen oder helfen könnten, eine Arbeit zu finden, die anständig bezahlt wird. Da wir für die psychologische Betreuung zuständig waren und keine Stelle, die direkt Geld an die Klienten vermittelte, sagte man mir, wir müßten uns auf die psychologische Beurteilung und Therapie beschränken, und es »gehöre nicht zu unseren Aufgaben«, uns um finanzielle Bedürfnisse zu kümmern. Um die herkömmlichen Grenzen psychologischer Arbeit zu wahren, mußten wir Scheuklappen anlegen und die wahren Bedürfnisse der Menschen, denen wir eigentlich helfen sollten, ignorieren. Ich war frustriert und traurig darüber, wie das Wohl unserer Klienten zugunsten papierener Vorschriften zurückstehen mußte.

In der nächsten Geschichte mußte eine Studentin zu ihrem großen Erstaunen feststellen, daß sich die Universitätsangestellte, die in erster Linie sie unterstützen sollte, einem Kollegen wesentlich mehr verpflichtet fühlte als ihr gegenüber:

> Eine Studentin der höheren Semester war von einem ihrer männlichen Professoren sexuell belästigt worden. Sie berichtete den Vorfall der Frauenbeauftragten an ihrem Institut, die anfangs sehr verständnisvoll und mitfühlend war und sogar sagte, sie habe von demselben Mann schon ähnliches erlebt. Am Ende des Gesprächs meinte sie jedoch: »Es tut mir wirklich sehr leid, was er Ihnen da angetan hat, aber wenn Sie irgend jemandem erzählen, was ich Ihnen gesagt habe, werde ich es abstreiten, denn ich brauche seine Unterstützung für etwas, das ich in einem anderen Bereich verwirklichen will, der mit meiner Arbeit als Frauenbeauftragte überhaupt nichts zu tun hat.«

Im folgenden Beispiel stellte sich ein Kriminalbeamter, der einen Fall von Körperverletzung verfolgen sollte, auf die Seite der Täterin beziehungsweise deren Anwalt, weil er mit diesem oft zu tun hatte und auch mit ihm zusammen in einem Ausschuß arbeitete:

> Eine psychisch schwer gestörte Frau mittleren Alters hatte eine Frau namens Burks angegriffen, die sie in keinster Weise provoziert hatte. Das Opfer und ein Zeuge meldeten den Vorfall bei Kommissar Mallon, der sich besorgt gab und ihnen versicherte, er würde der Täterin eine Anzeige wegen Körperverletzung zustellen. Etliche Wochen später rief Frau Burks Kommissar Mallon an und fragte, was inzwischen geschehen sei. Er sagte, er habe der Beschuldigten die Anzeige nicht aushändigen können, weil sie zu Hause die Tür nicht aufmache. Frau Burks gab ihm die Adresse der

Firma, in der die Frau arbeitete, aber sechs Wochen später war immer noch nichts passiert. Frau Burks' Anwalt erfuhr später, was der Grund für Kommissar Mallons »Übereifer« war: Er und der Anwalt der Täterin arbeiteten seit 25 Jahren bei vielen Fällen zusammen und saßen beide in einem vom Bürgermeister eingesetzten Ausschuß. Deshalb hatte Mallon ihre Beziehung nicht gefährden wollen.

Auch die Tatsache, daß das Opfer, das Hilfe oder Gerechtigkeit sucht, vielleicht noch sehr jung und verletzlich ist, hält manche einflußreiche Leute nicht davon ab, sich auf die Seite der Menschen in ihrem Expertensystem zu stellen, die ihm Schaden zugefügt haben:

> Dr. Wells, ein Psychiater, der viele Jahre lang eine Einrichtung zur Intensivbehandlung psychisch gestörter Jugendlicher geleitet hatte, mußte vor Gericht erscheinen, weil ihn eine frühere Patientin beschuldigte, sie wiederholt zum Geschlechtsverkehr gezwungen zu haben, als sie mit 14 Jahren bei ihm in Behandlung war. Im Verlauf des Prozesses gab Dr. Wells offen zu, daß er drogen- und alkoholabhängig gewesen war und der jungen Patientin während der Zeit seiner sexuellen Übergriffe gesagt hatte, daß dieser sexuelle Kontakt mit ihr die Beziehung zu seiner Frau verbessere. Trotz dieses eindeutig unmoralischen, unethischen und unprofessionellen Verhaltens bezeugte ein anderer Psychiater, der mit ihm zusammengearbeitet hatte, vor Gericht Dr. Wells' guten Charakter.

20. Sie ändern die Regeln nach Belieben, tun aber so, als wären sie absolut verbindlich und unveränderbar.

Manche Leute in verantwortlicher Position bedienen sich dieser Methode auch bewußt, anderen aber geht sie derart in Fleisch und Blut über, ganz nach ihrem eigenen Ermessen zu handeln, daß sie gar nicht mehr merken, daß sie die Regeln ändern oder nach Bedarf welche aufstellen.

> Ellens Erlebnis (in Kapitel 1 beschrieben) mit dem Berater des Arbeitsamts ist beispielhaft für diese Methode: Obwohl beide Beamte – der, mit dem sie sprach, und der, mit dem ihre Schwester gesprochen hatte – für dieselbe Behörde arbeiteten, stellte jeder seine persönlich bevorzugte Vorgehensweise als *einzig richtige* hin – als ob die hier Hilfesuchenden wissen müßten, wie sie sich zu verhalten haben. Der Mann, mit dem Ellen sprach, wollte, daß sie die ganze Geschichte von sich aus erzählte; der, mit dem ihre Schwester zu tun hatte, wollte aber, daß sie nur den Mund aufmachte, um seine Fragen zu beantworten.

Im folgenden Beispiel konnte Betty kaum glauben, wie willkürlich man die Regeln änderte, und zwar vor ihren Augen.

> Betty wurde an dem Universitätsinstitut, an dem sie arbeitete, zur Studentenvertreterin in einen wichtigen Ausschuß gewählt. Sie hatte sich bereit erklärt, dort mitzuarbeiten, weil sie hoffte, dadurch einige Verbesserungen für die Studenten und die Frauen im ganzen Institut mit in Gang bringen zu können. Aus irgendeinem Grund – warum, das blieb unklar – wurde sie in ihrem zweiten Jahr zur Vorsitzenden dieses Ausschusses gewählt und glaubte, damit einen gewissen Einfluß zu haben. Zu ihrer Überraschung änderten jedoch die meist männlichen Ausschußmitglieder, die wirklich Einfluß und einen höheren Status hatten, die Verfahrensregeln oft ganz spontan und verlangten, daß sie sich danach richtete. So hatte sie zum Beispiel in ihrem ersten Jahr im Ausschuß erlebt, daß der Mann, der damals den Vorsitz führte, häufig sagte: »Als Vorsitzender bin ich nicht stimmberechtigt, also bin ich jetzt für einen Moment nicht der Vorsitzende und stimme mit ab.« Dann setzte er

sich demonstrativ auf einen anderen Stuhl, gab seine Stimme ab – die oft die entscheidende war – und nahm dann wieder seinen ursprünglichen Platz ein. Als Betty den Vorsitz führte und etwas ähnliches zu machen versuchte, um eine Pattsituation zu beenden, wurde der Mann, der im Jahr vorher Vorsitzender gewesen war, sehr ungehalten und meinte, sie könne doch nicht auf diese Weise die Regeln verletzen!

Wie die meisten anderen Menschen unter diesen Umständen war auch Betty völlig entgeistert und verwirrt. Noch schlimmer wurde für sie das Ganze dadurch, daß die Leute, die diese Ungerechtigkeit billigten, so taten, als sei ihr Verhalten absolut in Ordnung und moralisch einwandfrei. Nachdem Sie jetzt die einzelnen Methoden kennen, werden Sie vielleicht gleich zu Kapitel 8 gehen wollen, um zu sehen, wie man sich möglichst gut vor ihren negativen Folgen schützt. Oder Sie lesen erst noch in Kapitel 4 nach, *warum* sich Autoritäten und Experten dieser Methoden bedienen.

Kapitel 4

Warum verhalten sich Experten, wie sie sich verhalten?

Manche Autoritäten, ebenso wie die Vertreter und Angestellten großer Institutionen, verhalten sich absichtlich so,
daß sich die Menschen, denen sie eigentlich helfen sollen,
dumm und hilflos vorkommen, andere hingegen tun es
unabsichtlich und aus den verschiedensten Gründen. Wer
sich absichtlich so verhält, fühlt sich stärker und klüger,
wenn er die anderen kleinmacht – und sorgt sich meist
nicht sonderlich darum, wie er diesen anderen damit scha-
det. Ob bewußt oder unbewußt, diese Leute genießen das
Wissen ihrer Macht und fühlen sich in diesem Wissen mit
jedem Mal, wo ein Hilfesuchender sich vor ihnen windet,
ein kleines bißchen sicherer. Jeder von uns hat schon
solche Menschen kennengelernt, und es mag einen überra-
schen oder auch nicht, daß gerade sie oft in Positionen
gelangen, in denen sie andere wissentlich schikanieren.
Die Gründe, warum andere, wohlmeinendere Menschen in
Machtpositionen sich der in Kapitel 2 und 3 beschriebenen
Methoden bedienen, sind recht unterschiedlich und auch
komplizierter. So schrieb zum Beispiel Glenna Atwood
1991: »Ich merkte, daß auch Ärzte Menschen sind: Manche
tun sich schwer zu sagen: ›Ich weiß es nicht‹, wenn sie eine
Krankheit nicht diagnostizieren können. Manche tun sich

111

schwer, es dem Patienten zu sagen, wenn sie die Diagnose kennen. Manche sind unsensibel. Jeder Arzt ist anders, so wie jeder Patient anders ist.«[1] Da ich selbst schon in vielen Institutionen eine verantwortliche Position innehatte, kann ich manche dieser Gründe aufgrund meiner eigenen Erfahrungen recht gut beschreiben. Erstens einmal glauben viele Leute in solchen Positionen, kein Recht darauf zu haben, auch wenn sie es vielleicht nicht so gerne zugeben. Sie glauben, nicht genug Erfahrung und Wissen zu besitzen, um zu tun, was von ihnen erwartet wird. Diese gefühlsmäßige Haltung ist so häufig, daß sie unter der Bezeichnung »Hochstaplersyndrom« bekannt wurde.[2] Ich habe während meines Praktikums zum Magister in Psychologie in einer Klinik gearbeitet, in der umfassende diagnostische Beurteilungen von Kindern mit Schulproblemen erstellt wurden. Ich war dreiundzwanzig, als ich mit dieser Arbeit anfing, und hatte in allen Fächern, auch in den Seminaren über Gesprächsführung, gute Noten gehabt, aber ich war plötzlich sehr irritiert, als man von mir erwartete, eine Autorität zu sein, anderen helfen zu können und mehr über sie zu wissen als sie selbst. Viele meiner Exkommilitonen erzählten mir, daß es ihnen genauso ging. Ähnlich empfinden die meisten Studienabgänger in den sogenannten Helferberufen und auch Leute, die in anderen Expertensystemen zu arbeiten beginnen – im juristischen Bereich, im pädagogischen, bei Banken, Behörden usw. Man hat vielleicht die besten Lehrer gehabt und sehr gute Noten bekommen. Man hat sich vielleicht ein umfangreiches Wissen in Bereichen erworben, die für das eigene Fachgebiet wichtig sind. Aber den Patienten oder Klienten plötzlich von Angesicht zu Angesicht gegenüberzustehen und zu wissen, daß sie von einem selbst und niemand anderem Hilfe erwarten, kann einem ganz schön angst machen. Um so mehr, als einem während der Ausbildung wahrscheinlich kein Lehrer oder Supervisor gesagt hat, wie unsicher man sich fühlen wird oder was man tun soll, wenn es einem so geht.

Viele von uns fühlen sich also in dieser Situation unsicher, haben Angst, nicht gut genug zu sein, eine schlechte Figur abzugeben oder den Menschen nicht helfen zu können, für deren Unterstützung wir bezahlt werden – und die wir ihnen auch geben wollen. In der Regel gehen wir, zumindest anfangs, mit diesem Konflikt so um, daß wir das tun, was wir von unseren Lehrern als die richtige Vorgehensweise, das professionelle Verhalten, die Methode, die laut ihrer Aussage erwiesenermaßen funktioniert, beigebracht bekommen haben. Im günstigsten Fall heißt das, daß wir hilfreiches Fachwissen praktisch umsetzen, im schlechteren Fall aber bedeutet es, daß wir blind und unkritisch Befehle ausführen oder immer wieder die alten Fehler und Ungerechtigkeiten wiederholen, um unsere eigene Unsicherheit zu kaschieren. Es heißt auch, im schlimmsten und gar nicht so seltenen Fall, daß wir uns unkritisch mit mächtigen und arroganten Vorbildern identifizieren.

Was andere vor uns getan haben, wird oft als erprobtes und bewährtes Vorgehen dargestellt, das Ergebnis einer langen Geschichte von angehäuftem Wissen und Weisheit. Kaum einer wird während der Ausbildung oder in den ersten Jahren im Beruf erleben, daß ein Lehrer zugibt, keine Antwort zu haben oder nicht zu wissen, wie denen zu helfen ist, die sich hilfesuchend an uns wenden. Der Sozialarbeiter Ben Carniol berichtet, was ihm ein Kollege erzählte:

Die Sache ist die, daß der Gruppenleiter manchmal auch keine Antwort weiß. Aber anstatt das zuzugeben, fertigt er den Sozialarbeiter barsch ab. Und der lernt, keine Fragen mehr zu stellen, wenn er so behandelt wird. Vor allem, weil ja der Gruppenleiter derjenige ist, der die Leistung des Sozialarbeiters an der Front beurteilt.[3]

Genauso ungewöhnlich ist es, daß Vorgesetzte zugeben, der Klient oder Patient könnte recht haben. Bedauerlicherweise setzen sich am ehesten die in der Praxis bewährten Methoden durch, die das Expertensystem schützen und seine Macht erhalten helfen. Was in den meisten Expertensystemen dazu beiträgt, sich gegen Veränderungen zu stemmen, ist der Glaube an die Allwissenheit und Omnipotenz derer, die die Macht haben. Und wenn diese Mächtigen, die alles wissen und alles tun können, etwas *nicht* wissen, kann das für sie sehr beschämend sein, und *nicht* alles unter Kontrolle zu haben, kann ein Zeichen von Gefahr und Versagen sein. Mächtige Menschen können mit einer hochgezogenen Augenbraue oder einem bestimmten Blick signalisieren, daß weniger wichtige Menschen im Expertensystem oder seine Klienten besser nicht in Frage stellen, was dieses System als die Wahrheit definiert. Da also das Expertensystem über beide Gruppen in verschiedener Weise Macht ausübt, werden seine Vertreter und seine Klienten dazu genötigt, diese Definition aufrechtzuerhalten, was Veränderungen im System wiederum ziemlich unwahrscheinlich macht.

Eine gängige und wirksame Methode, wie Autoritäten sich davor schützen, daß die Richtigkeit des Althergebrachten in Frage gestellt wird, ist, einen Sündenbock zu finden; machen sie mal einen Fehler, schieben sie die Schuld einem anderen in die Schuhe, und ihre Position bleibt unangetastet.[4] Zu den üblichen Belehrungen gehört auch die Warnung vor Klienten, die das Unmögliche erwarten, das System unbedingt kaputtmachen wollen und ein ständiges Ärgernis sind. Deshalb gehen unsichere »Helfer« oder Mitarbeiter, die sich ihrer Aufgabe nicht gewachsen fühlen, oft sehr schnell davon aus, daß der Klient ein solcher Problemfall sei. Wenn die Leute an der Spitze diese Sündenbockmasche oder all die anderen Kleinmachmethoden nicht mißbilligen (oder ihre Existenz nicht einmal zugeben), wird aller Wahrscheinlichkeit nach niemand diesen Kreislauf durchbrechen. Niemand wird fragen, was da wirklich abläuft und inwieweit das Expertensystem denen, die es unterstützen soll, tatsächlich hilft.

Außer der Gier nach Macht um ihrer selbst willen und dem eben beschriebenen allgemeinen Bild gibt es noch andere Gründe, warum sich Menschen mit Einfluß oder Autorität der verschiedenen Kleinmachmethoden bedienen. Ich möchte sie nun der Reihe nach erläutern, und zwar beginne ich grob gesagt mit denen, wo ziemlich egoistische Motive dahinterstecken, und komme dann zu den weniger eigennützigen, die eher Mitgefühl wecken. Am Schluß des Kapitels beschäftige ich mich mit der Frage, ob Leute mit einem bestimmten Motivationshintergrund auch bestimmte Methoden eher benützen als andere, möchte an dieser Stelle aber schon anmerken, daß es im allgemeinen nicht von der Motivation der Leute abhängt, welcher Methode sie sich bedienen.

Es wäre gut, wenn Sie bei der Lektüre dieses Kapitels im Auge behalten würden, daß Sie bei den Autoritäten, deren Motive mehr am positiven Ende des Spektrums angesiedelt sind, eher mit einer positiven Reaktion und Unterstützung rechnen können, wenn Sie darauf hinweisen, daß Sie nicht die Hilfe bekommen, die Sie brauchen, oder sie auf bestimmte Kleinmachmethoden aufmerksam machen, die sie benützt haben, oder sich an eine der anderen, in Kapitel 8 beschriebenen Strategien halten.

- *Manchen Leuten (oder ihren Chefs) geht es in erster Linie um
  Geld, eine möglichst rationelle Arbeitsweise oder darum, den
  Mächtigen bloß nicht auf den Schlips zu treten.*

Wenn Manager zu entscheiden haben, ob als gefährlich
bekannte Produkte vom Markt genommen werden oder
nicht, dann, so schreibt Pilisuk, »wird in vielen Fällen die
Gefahr für das Leben des einzelnen als vertretbar eingestuft und dem Nutzen für die ›Gesellschaft‹, die Firmen-
bilanz oder die Karriere der Verantwortlichen untergeord-
net«.[5] Wie ich schon in Kapitel 1 sagte, wußte ich erst, wie
destruktiv Menschen sein können, als ich erfuhr, daß der
Film *Class Action* wirklich auf der realen Praxis von Herstellern beruht, mangelhafte Produkte *nicht* vom Markt zu-
rückzurufen, wenn die geschätzten Kosten eines juristischen Vergleichs mit den Opfern niedriger sind als die
Kosten einer Rückrufaktion.

- *Manche Menschen müssen die totale Kontrolle haben.*[6] Sie
  genießen es, wenn sie andere völlig unter Kontrolle
  haben, und wenn das nicht der Fall ist, fühlen sie sich
  schrecklich oder haben sogar Angst. Ein bekannter amerikanischer Industrieller soll Besprechungen mit den
  Mitarbeitern immer auf seinem Schreibtisch stehend
  geleitet haben, um dieses enorme Machtgefühl zu spüren und seinen Untergebenen klarzumachen, wer das
  Heft in der Hand hat.[7] Und hier ein Vorfall aus dem
  Gesundheitswesen:

  Bei der folgenden Horrorgeschichte geht es um eine Frau,
  bei der einige Zeit zuvor die Parkinson-Krankheit diagnostiziert worden war und deren Arzt ihr zum ersten Mal
  Sinemet verschrieben hatte: eine Tablette morgens und
  eine abends. Da sich früher schon oft schlimme Nebenwir-

kungen bei Medikamenten gezeigt hatten, war sie vorsichtig geworden und nahm jeweils nur eine halbe Tablette, um zu sehen, wie sie darauf reagierte. Nach der ersten halben Tablette fühlte sie sich sehr schlecht, und so ging es ihr auch bei jeder folgenden Dosis. Sie rief ihren Arzt an und erklärte ihm, daß sie sich sogar nach einer halben Tablette jedesmal furchtbar elend fühlte. Er entgegnete: »Ich habe Ihnen gesagt, Sie sollen eine ganze nehmen. Sie tun, was ich sage; ich bin hier der Arzt.« Er verschwieg, daß einige wenige Menschen Sinemet überhaupt nicht vertragen, und daß sie eine dieser wenigen sein könnte. Schließlich setzte er das Sinemet bei der Patientin ab, aber erst nachdem er klargestellt hatte, wer der Boß ist.[8]

Manche Menschen mit einer enormen Machtfülle scheren sich schlicht den Teufel um den Patienten oder Klienten. Ann Landers bekam einen Brief von einer Frau, die schrieb, daß ihr Chef, ein Arzt, immer eine Stunde zu spät in die Praxis käme. Dann, erzählt sie ...

»... setzt er sich an seinen Schreibtisch, die Füße auf dem Tisch, und telefoniert eine Stunde lang mit seinem Finanzberater, seinen Kindern, seiner Mutter oder einem Freund aus dem Golfklub«, während das Wartezimmer immer voller wird. »Wenn sich jemand beschwert, weil er so lange warten muß, dann sollen wir sagen, daß er sich gerade mit einem Kollegen bespricht.« Zwischen den Untersuchungen »geht er manchmal zu seinem Schreibtisch und sortiert Belege für die Buchhaltung, während die Patienten dasitzen und warten. Wenn er zu spät in die Praxis kommt, weil er verschlafen hat, müssen wir sagen, daß er bei einer Operation aufgehalten worden ist.«[9]

Mark Kramer nennt diese Haltung ein »Wunder an Inseldenken«.[10]

- *Manche Menschen greifen zu Kleinmachmethoden, weil sie belohnt werden, wenn sie die Kundeninteressen ihren eigenen unterordnen.*

Allgemeines Aufsehen erregte der Fall einer großen Kette von Autowerkstätten, wo den Kunden eingeredet wurde, ihre Wagen seien reparaturbedürftig, obwohl sie in gutem Zustand waren. Es stellte sich heraus, daß man sich ein Anreizsystem für die Mechaniker ausgedacht hatte, nämlich Provisionen für die geleisteten Arbeiten – offensichtlich ohne Rücksicht darauf, ob sie notwendig waren oder nicht.

Pharmakonzerne sind bekannt dafür, daß sie die verschiedensten Vergünstigungen anbieten – in den USA belief sich der Gesamtwert in einem der letzten Jahre auf 165 Millionen Dollar –, seien es Geschenke, festliche Abendessen oder Urlaube, um Ärzte zum Verschreiben ihrer Produkte zu animieren. Senator Edward Kennedy, Vorsitzender des Human Resources Committee, bemerkte dazu einmal, daß »Patienten mit Recht erwarten dürften, daß das ihnen verordnete Arzneimittel medizinisch angezeigt ist ... und nicht Teil der Urlaubsfinanzierung ihres Arztes, der es deshalb möglichst oft verschreibt«.[11]

- *Viele Menschen halten sich vorsichtshalber lieber an das im Beruf oder der Firma übliche Schema.* Manchmal steckt dahinter die Angst, daß man sie dann entläßt oder ihnen eine Gehaltserhöhung oder Beförderung verweigert.

Ein Bekannter von mir hatte eine Stelle in einem großen Ölkonzern bekommen, angeblich um die Umweltschutzmaßnahmen auszubauen. Im Zuge seiner Arbeit stellte er fest, daß das Unternehmen Luft und Gewässer in der näheren Umgebung erheblich verunreinigte und daß er viel zuwenig Personal und ein viel zu kleines Budget hatte, um diese Umweltbelastung wesentlich zu reduzieren. Als die Anwohner von einer der Raffinerien eine öffentliche Versammlung abhielten, um auf die Luft- und Wasserverschmutzung aufmerksam zu machen, ging dieser Umweltschutzbeauftragte auf Wunsch seines Chefs hin und verteidigte die Maßnahmen seiner Firma. Hätte er das nicht getan, hätte es möglicherweise seine Entlassung bedeutet. Aus Sicht der Öffentlichkeit schien dieser Mann großen Einfluß zu haben, in Wahrheit aber waren seine Autorität und seine Möglichkeiten äußerst begrenzt. Statt selbst zu kündigen oder viel Wind um die Geschäftspolitik des Unternehmens zu machen, löste er die Situation so, daß er den Mund hielt und sein kleines Projekt weiterführte, auch wenn es nur Augenwischerei war und die Umweltschäden, die seine Firma verursachte, vertuschen half.

Manchmal haben die Menschen aber auch Angst, sich über ein vorgegebenes Schema hinwegzusetzen, weil sie fürchten, als Schwächling (und oft, das gilt für beide Geschlechter, nicht als »Manns« genug) angesehen zu werden. Und manchmal haben sie auch Angst vor dem, was ihr Chef oder ein Disziplinarorgan zu einem unkonventionellen Verhalten sagen würden. Therapeuten zum Beispiel befürchten oft, daß ihre Standesorganisation sie eher wegen unethischen Verhaltens bestraft, wenn sie in dem Versuch, ihren Klienten zu helfen, vom Herkömmlichen abweichen, als wenn sie sich an die gängigen Verfahrensweisen halten, selbst wenn diese sich zum Nachteil ihrer Klienten auswirken.

Eine Psychologin in der Ausbildung kam zu einer Besprechung mit ihrer Supervisorin und sagte: »Ich habe bei einer meiner Patientinnen einen furchtbaren Fehler begangen und fühle mich deswegen jetzt ganz schrecklich.«

Als die Supervisorin fragte, was denn Schlimmes passiert sei, erwiderte die angehende Therapeutin: »Erinnern Sie sich an das 18jährige Mädchen, mit dem ich ein Gespräch hatte? Sie wissen doch, wo die Eltern und alle Geschwister Alkoholiker sind? Jedenfalls hat sie sich fast ihr ganzes Leben lang nur um die Familie gekümmert. Sie möchte aufs College gehen, war aber immer so sehr mit den anderen beschäftigt, daß sie nicht gelernt hat, sich Zeit für sich und ihre eigenen Interessen zu nehmen. Also habe ich ihr einen Kalender gegeben und ihr geholfen, einen kleinen Terminplan zu machen: Montag – Bewerbungsunterlagen bei der einen Schule anfordern; Dienstag – eine andere Schule wegen der Unterlagen anschreiben, usw.« Die Supervisorin fragte, warum sie meine, daß das falsch gewesen sei, und die Praktikantin antwortete: »Die Psychologieprofessoren haben uns das ganze Studium über immer wieder gesagt, daß wir unsere Patienten nicht *bemuttern* sollen. Wir sollen wie eine leere Leinwand sein, ihnen nur zuhören und gelegentlich etwas interpretieren, was sie gesagt haben. Deshalb weiß ich, daß ich einen Fehler gemacht habe.« Zum Glück bestätigte ihr die Supervisorin, daß die Hilfe bei der Termingestaltung genau das gewesen war, was die Patientin brauchte, aber die junge Psychologin nahm völlig zu Recht an, daß viele ihrer Kollegen ihr das als Fehler angerechnet hätten.

Ein Grund für die Angst von Fachleuten der verschiedensten Berufe, mit unkonventionellem Verhalten ein Risiko einzugehen, sind die Entscheidungen vieler Standesorganisationen. In Anbetracht dessen ist es schon paradox, daß eben diese Organe ihre Angehörigen meist schützen, wenn es darauf ankommt. Ein befreundeter Anwalt hat mir erzählt, daß seine Kammer in der Regel nur relativ unbedeutende Anwälte disziplinarisch verfolgt (und das im allgemeinen nur bei geringfügigen Verstößen) und nur gerade so viele einflußreiche Anwälte mit Disziplinarmaßnahmen belegt, daß sie der Öffentlichkeit und der Regierung gegenüber »beweisen« kann, daß sie ihre Mitglieder zur Wahrung ethischer Normen anhält.

- *Menschen stehen oft unter dem Druck, alles wissen zu müssen.* Eine Folge davon ist, daß viele nicht wissen, daß sie nicht alles wissen. Pilisuk schreibt dazu: »Kein Mensch ist vorher auf den Gedanken gekommen, sagt Glendinning, daß mit einem Auto der Marke ›Pinto‹ oder dem IUP der Firma Dalkon Gefahren verbunden sein könnten.«[12] Also befinden sich viele Leute in großen Expertensystemen in dem Irrglauben, daß Experten auf ihrem Fachgebiet alles wissen.

Vor ein paar Jahren erlebte ich, wie eine sehr bekannte Schriftstellerin öffentlich erklärte, sie sei an den offenbar ernsten psychischen Problemen ihrer Tochter schuld. Ich empfand großes Mitgefühl für diese Frau, aber es ging mir sehr gegen den Strich, daß sie die ganze Verantwortung auf sich nahm, vor allem weil überhaupt nichts zur Sprache gekommen war, was diese Selbstvorwürfe gerechtfertigt hätte. Ich merkte deshalb während der allgemeinen Diskussion an (um zu zeigen, daß ich mich in sie einfühlen konnte), daß Mütter immer sehr schnell sich selbst und nur sich selbst die Schuld geben, daß es sich aber so angehört hätte, als ob andere Menschen im Leben der jungen Frau und möglicherweise irgendwelche körperliche Faktoren auch etwas mit ihren Problemen zu tun haben könnten. Offenbar aus dem Gefühl heraus, daß sie das Problem voll im Griff haben müsse und niemand anderer es besser durchblicken dürfe als sie, wurde die Schriftstellerin ungeheuer defensiv und ärgerlich und weigerte sich Jahre später, gemeinsam mit mir in einer Fernsehshow aufzutreten. Vor kurzem aber hat sie etwas über die physiologischen Hintergründe der psychischen Probleme ihrer Tochter veröffentlicht, auf die man irgendwann gekommen war, und inzwischen ist sie (keine große Überraschung) zu einer glühenden Verfechterin des physiologischen Ansatzes geworden.

Eine Unterkategorie der Vorstellung, Experten wüßten alles, ist der Irrglaube, daß Experten ihre eigenen Grenzen kennen, zumindest eine dunkle Ahnung davon haben, was sie *nicht* wissen, und einen zu jemand anderem schicken, wenn sie selbst nicht helfen können. Im allgemeinen tun sie das, was die anderen über ihnen und vor ihnen getan haben und fragen sich nicht ernsthaft, ob denn das, was sie anzubieten haben, auch wirklich das ist, was der Patient oder Klient braucht.

In den allermeisten Fällen wissen weder der Erbringer der Dienstleistung selbst noch sein Vorgesetzter, was ersterer nicht weiß. Dieses Phänomen ist so häufig und so wichtig, daß ich es in Kapitel 5 und 6 ausführlich behandeln werde, aber hier schon einmal ein Beispiel:

> Nazario berichtet – man mag es kaum glauben –, daß »Forschern zufolge die meisten Studenten eine der 126 medizinischen Fakultäten in Amerika mit dem Abschluß in der Tasche verlassen, ohne ein einziges Mal unter Aufsicht [durch jemanden von der Fakultät] eine Untersuchung am Patienten durchgeführt zu haben. Als die University of South Carolina vor ein paar Jahren solche Prüfungen vorzuschreiben begann, waren die Fakultätsmitglieder entsetzt, was sie zu sehen bekamen. Ein Student klopfte die Brust eines Herzpatienten mit einem Perkussionshammer ab, und andere erkannten weder eindeutige Herzgeräusche noch vergrößerte Lebern.«[13]

• *Manche Experten und andere Autoritäten greifen zu Klein-machmethoden, weil sie sich erdrückt fühlen.* Ein Expertensystem, das seinen Klienten wie ein riesiger Klotz vorkommt, ihnen unmenschlich und einschüchternd erscheint, wirkt oft genauso auf die Leute, die in ihm arbeiten.

> Ein Anwalt, der sich bei einem Freund über das haarsträubend unethische Verhalten eines sehr einflußreichen Kollegen beschwert hatte, wollte vor der Kammer nicht aussagen, was er wußte, als diese die von einem Mandanten dieses einflußreichen Anwalts vorgebrachte Beschwerde wegen unethischen Verhaltens prüfte. Der erste Anwalt war bereits Zielscheibe massiver Einschüchterungsversuche von seiten seines Kollegen gewesen und wußte, daß er seine Drohungen in die Tat umsetzen würde, wenn er ihm Schwierigkeiten machte. Er wußte auch, daß die Freunde dieses Mannes, die wichtige Ämter in der Anwaltskammer bekleideten, ihren Intimus nicht bloßgestellt sehen wollten.

So viele Menschen in einem Expertensystem fühlen sich – wie die Klienten, für die sie eigentlich dasein sollen – von ihm und von den »Experten« und den Mächtigen über ihnen erdrückt. Und manchmal hassen sie es vielleicht auch – ebenso wie die Klienten. Die folgende Beschreibung trifft heute schon auf ein breites Spektrum von Situationen zu, und solche Bedingungen werden immer häufiger:

> Jennifer Dale und Peggy Foster sehen in der begrenzten Unterstützung, die Sozialarbeiter geben, aus feministischer Sicht eine Fortschreibung der Ungleichheiten: »Indem sie als Verteiler der kärglichen Mittel auftreten, geben die Vertreter des Fürsorgesystems einen nützlichen Puffer zwischen den Forderungen der Frauen und einem Staat ab, der diesen Forderungen nicht nachkommen will. Sie rationieren die Mittel auf persönlicher und individueller Basis

und helfen damit die kollektive Unterdrückung der Frauen verschleiern.« Als professioneller Helfer zu wissen, daß man seinen Klienten eigentlich nicht dabei hilft, wirklich auf die Füße zu kommen, führt zu einer Art Demoralisierung – vor allem bei den Klienten, aber auch bei den Sozialarbeitern. Nach all ihrer Ausbildung müssen viele Sozialarbeiter feststellen, daß ihre Behörde den Klienten zwar eine gewisse Unterstützung gibt, das Problem aber bestenfalls an der Oberfläche ein bißchen ankratzt. Innerhalb solcher Behörden können sich Spannungen aufbauen, die zu Explosionen führen.[14]

Daß manche Leute in verantwortlicher Position sich von dem Expertensystem, in dem sie arbeiten, im Stich gelassen fühlen, liegt oft auch an den ständigen Frustrationen oder Schuldgefühlen, über nicht mehr Einfluß und Mittel zu verfügen als die Realität ihnen zuweist.

Als ich ein Frauenzentrum leitete, kamen viele Frauen mit echten, legitimen und wirklich dringenden Bedürfnissen zu mir – nach Wohnraum, Information, finanzieller oder moralischer Unterstützung. Obwohl ich liebend gerne all diese Bedürfnisse erfüllt oder zumindest dafür gesorgt hätte, daß sie erfüllt werden, stand dem Zentrum zu wenig Geld und Personal zur Verfügung, und es war bereits überfüllt. Aus Sicht mancher Frauen, die in unserem Haus Hilfe suchten, muß es so ausgesehen haben, als wollte ich ihnen nicht helfen, weil sie ja nicht wußten, wie wenig Mittel mir zur Verfügung standen und wie vielen damit geholfen werden sollte.

• Wie die Nürnberger Prozesse auf erschütternde Weise gezeigt haben, *richten viele Menschen ihr Verhalten nach dem, was ihnen von oben befohlen wird.* Es gibt eine ganze Reihe von Gründen, warum Menschen Befehle befolgen. Viele kommen in diesem Kapitel zur Sprache, zum Beispiel, daß man auf die Arbeit aus finanziellen Gründen angewiesen ist, daß man die Unterstützung des Expertensystems braucht usw. Ich habe selbst schon erlebt, wie man unter den Druck gerät, Anweisungen ausführen zu müssen, und diese Erfahrung hat mir damals deutlich gezeigt, wie verführerisch dies sein kann, um Problemen am Arbeitsplatz aus dem Weg zu gehen.

Ich war alleinerziehende Mutter, mußte zum größten Teil selbst für meine beiden Kinder sorgen, die bei mir lebten, und war ständig erschöpft, weil ich ganztags in einer Klinik arbeitete und dazu noch die Kinder hatte. Noch mehr psychisch belastende Dinge waren das letzte, was ich brauchen konnte. Ich versuchte meine Arbeit gut zu machen, sowohl der Patienten wegen als auch, um keine Probleme mit meinen Vorgesetzten zu bekommen. Eines Tages rief ich einen Psychiater an, der sich eine meiner Patientinnen angesehen und bei ihr eine »psychotische Depression« diagnostiziert hatte. Der Psychiater war nicht da, und deshalb bat ich um Rückruf. Als er sich dann meldete, fragte ich ihn, welches psychotische Verhalten er bei dieser Frau festgestellt habe. Da ich erst vor kurzem meinen Doktor gemacht hatte, glaubte ich, ich sei noch so unerfahren, daß ich die psychotischen Anzeichen bei ihr übersehen hätte, und das beunruhigte mich sehr. Der Psychiater schwieg einen Moment und meinte dann: »Nun ja, man hatte ihr doch die Gebärmutter entfernt, aber ich fand nicht, daß sie deswegen *dermaßen* depressiv hätte sein müssen.« In diesem Augenblick wurde mir klar, daß die Frau nicht wirklich psychotisch war. Der Psychiater rief den Direktor der Klinik an und beschwerte sich über zwei Dinge: Ich hätte ihn in die Enge getrieben, ihn »ins Verhör genommen« wegen dieses Psychosefalles, und ich hätte bei seiner Sekretärin die Nachricht hinterlassen, er möge »Dr. Caplan« zurückrufen, ohne zu sagen, daß ich »nur« Psychologin sei und nicht Psychiater wie er. Als mein Chef diesen Vorfall mit mir besprach, meinte er, daß ich das nächste Mal in einer solchen Situation spüren sollte, daß der Psychiater ein schwaches Ego habe, und »es aufbauen« helfen sollte. Ich war zwar nicht der Meinung, daß es meine Aufgabe sei, das schwache Ego eines Psychiaters aufzubauen, aber mein Chef hatte großen Einfluß darauf, wie schwer oder leicht meine Arbeit an der Klinik sein würde, und ich spürte einen ganz starken Druck in mir, seine Anweisungen zu befolgen.

• Manche Menschen greifen zu Kleinmachmethoden, wie zum Beispiel, nicht alle Fakten offenzulegen, weil *sie nicht erleben wollen, wie der Klient oder Patient sich aufregt, wenn er etwas Unangenehmes zu hören bekommt* (zum Beispiel: »Ich weiß leider nicht, wie wir Ihnen helfen können«).[15] Oder sie hören dem Klienten nicht zu, weil *sie so viel Leid und Not nicht ertragen können.*

Mein Arzt schien kürzlich eine Frage von mir geflissentlich zu überhören, und ich glaube, er wollte einfach nicht erleben, wie ich möglicherweise die Fassung verlor. Ich war zum ersten Mal bei der Mammographie gewesen, und er hatte mir mitgeteilt, dies sei reine Routine, nur um einen Basisbefund zu haben, falls wir ihn in Zukunft einmal bräuchten. Ein paar Tage später rief er mich zu Hause an und meinte sehr freundlich: »Der Radiologe hat da etwas Verdächtiges entdeckt, deshalb sollten Sie noch einmal kommen, aber es besteht wahrscheinlich kein Grund zur Sorge.« Ich sagte, es sei also offenbar nichts Schlimmes, wollte aber doch wissen, was dem Radiologen verdächtig erschiene. Mein Arzt erwiderte: »In den meisten Fällen stellt es sich wirklich als völlig harmlos heraus.« Ich wurde immer nervöser und fragte: »Nun gut, aber Sie sprechen ja

126

von ›verdächtig‹; ist es dann Krebs in den Fällen, in denen es sich nicht als harmlos herausstellt? Reden wir hier von einem Verdacht auf Krebs?« Er wiederholte noch einmal: »Es besteht wahrscheinlich kein Grund zur Sorge.« Das Paradoxe ist, daß er mich damit sicher beruhigen wollte, aber daß er meiner Frage auswich, machte mich viel nervöser, als wenn er einfach gesagt hätte: »Ja, es ist in solchen Fällen zwar selten Krebs, aber es könnte doch sein, und das macht uns Sorge.«

- *Sie wollen nicht den Ärger von Kunden abbekommen, die sie für eine nicht erbrachte Hilfe oder Dienstleistung verantwortlich machen.*

Resa war auf dem besten Weg, eine steile Karriere zu machen und Managerin in der Diätklinik zu werden, in der sie angestellt war. Sie arbeitete 70 Stunden in der Woche, versuchte ihre Chefs mit ihrem Einsatz zu beeindrucken und wollte keine Stolpersteine auf dem Weg zur nächsten Beförderung haben. Als sich ein Ehepaar, das dort eine Diät in der Hoffnung gemacht hatte, so viel abzunehmen, daß sich Diabetes und Bluthochdruck besserten, bei Resa beschwerte, daß der versprochene Erfolg ausgeblieben war, komplimentierte Resa die beiden höflich hinaus und meinte, sie hätten sich wahrscheinlich nicht konsequent an die Diät gehalten. Sie befürchtete, die Beschwerde des Ehepaares könnte ihrer Karriere schaden, und außerdem war es ihr einfach furchtbar unangenehm, wenn jemand verärgert war.

- *Sie verfangen sich immer mehr in ihrem eigenen Expertensystem und glauben irgendwann selbst an seine Mythen und Rechtfertigungen.* »Wem etwas Schlimmes passiert, der hat es auch verdient«, ist eine dieser Behauptungen, und eine andere lautet: »Die mächtigsten Leute wissen immer alles am

127

besten.« Im Laufe der Zeit glauben sie selbst daran und *meinen* die Wahrheit zu sagen, wenn sie solche Behauptungen wiederholen. Ein Grund, warum die Leute solche Mythen ihrer jeweiligen Institution glauben, basiert darauf, daß solche Überzeugungssysteme das Leben in der Tat erleichtern, weil sie uns nur eine begrenzte Auswahl an Alternativen lassen. Allerdings werden solche Überzeugungssysteme oft nicht zum Wohle der Klienten geschaffen beziehungsweise entwickeln sich nicht in deren Sinne.

Die Therapeuten in einer psychologischen Beratungsstelle erstellten umfangreiche Beurteilungen über Familien straffällig gewordener Jugendlicher und schickten den Gerichten ausführliche Empfehlungen, wie man weiter verfahren sollte. Diese Empfehlungen reichten von der Einweisung in Besserungsanstalten oder Pflegeheime bis zu Bewährungsstrafe oder der Anordnung einer Paartherapie für die Eltern. Bei einer Party in dieser Beratungsstelle bedachten sich die Mitarbeiter mit witzigen Geschenken, und dabei bekam einer ein Roulette, bei dem jedes Spielfeld eine mögliche Empfehlung darstellte. Als die anderen das sahen, begannen viele nervös zu lachen, weil ihnen klar wurde, wie willkürlich ihre Empfehlungen häufig waren. Außerdem war es ihnen plötzlich sehr bewußt, daß sie die einzelnen Fälle praktisch nie weiterverfolgten, um festzustellen, ob eine bestimmte Empfehlung in einer bestimmten Situation auch wirklich sinnvoll gewesen war; es wußte eigentlich keiner, ob das, was er befürwortete, richtig war oder nicht. Auch nach der Party wurde das zu keiner Zeit unter den Mitarbeitern der Beratungsstelle als Problem diskutiert. Sie waren viel zu sehr gewöhnt, sich an die dort übliche Vorgehensweise zu halten, und dazu gehörte, daß man nicht darüber sprach, inwieweit sich ihre Empfehlungen bei späterer Überprüfung als ungeeignet erweisen könnten. Alle waren der Überzeugung, daß das, was sie taten, hilfreich sei; das konnte zwar sein, aber überprüft hatte es noch niemand.

Ein solches Festhalten an allgemein üblichen Vorgehensweisen und Überzeugungssystemen macht das Leben einfacher für die, die in dem System arbeiten, hilft aber nicht unbedingt seinen Klienten.

- *Wer von anderen Hilfe oder eine Dienstleistung braucht, signalisiert im Verhalten oft eine gewisse Unterwürfigkeit, und diese löst bei dem anderen, sofern beide ansonsten auf der gleichen Ebene sind, ein dominantes Verhalten aus.*[16] Es muß mir nicht unbedingt bewußt sein, aber wenn mich jemand recht devot anspricht, antworte ich meistens in einem ziemlichen Befehlston (und umgekehrt), und daß dieses Muster sehr häufig ist, ist gut belegt. Die Wahrscheinlichkeit, daß der andere sich dominant verhält, ist natürlich größer, wenn er wirklich mehr Macht oder Möglichkeiten hat. Dominantes Verhalten drückt sich auch darin aus, wie man sitzt oder steht (der Mächtige nimmt sich mehr Raum, der Machtlose macht sich klein), oder daß er sich souverän einer der vielen Kleinmachmethoden bedient.[17]

- *Sie brauchen das Gefühl von Kompetenz und Professionalität.* Carniol schreibt dazu:

> Studenten [der Sozialpädagogik] werden nicht nur danach beurteilt, wie gut sie mit Klienten umgehen können, sondern auch, wie gut sie die Geschäftsordnung (und die Grenzen) ihrer Behörde respektieren und sich in ihre Arbeit einfügen. Die Beurteilung ihrer Leistung geht von den Theorien der Sozialarbeit aus, die unter »dem Klienten helfen«

seine Anpassung an die gegebenen Bedingungen verstehen. Das heißt nicht, daß von den Studenten erwartet würde, sie hätten Anweisungen zu erteilen, nach denen sich die Klienten zu richten haben. Der Prozeß ist viel subtiler. Die Studenten sollen fragen, was der Klient braucht, sich in seine Probleme einfühlen, erläutern, was die Behörde tun kann und was nicht, und Hilfe nur zu den Bedingungen anbieten, die der jeweiligen Behörde genehm sind.[18]

- *Sie sind noch nie in der Lage des Patienten oder Klienten gewesen.*

Selbst in der naturwissenschaftlich orientierten Welt der Medizin ist es so wichtig zu wissen, wie man sich als Patient fühlt, daß manche medizinischen Fakultäten ihren Studenten auch Übungsstunden anbieten, in denen sie sich in die Rolle des Patienten versetzen sollen. Ärzte berichten, daß sie dadurch nicht nur etwas über die emotionalen Aspekte des Patientseins erfahren, sondern die Patienten auch besser ermuntern können, ganz offen über ihre akuten Symptome und ihre Krankengeschichte zu reden, was dem Arzt wichtige Informationen für seine Diagnose und die anschließende Behandlung liefert. Auf diesem Konzept basiert auch der Film *The Doctor*. Ein Freund von mir bekam während des Medizinstudiums ein blutendes Magengeschwür und wurde in dem Krankenhaus behandelt, das gleichzeitig sein Lehrkrankenhaus war. Er erzählte, diese Erfahrung habe einen tiefen Eindruck bei ihm hinterlassen: »Ich mußte später bei jeder Blutuntersuchung oder Gastroskopie (Magenspiegelung), die ich bei einem Patienten anordnete, daran denken, wie ich mich bei diesen Untersuchungen gefühlt hatte, und deshalb überlegte ich es mir vorher sehr gut, ob sie wirklich notwendig waren.«

- *Sie müssen daran glauben können, daß sie nie in die Situation des Patienten oder Klienten kommen werden.* Wenn wir einem kranken, verzweifelten oder bedürftigen Menschen gegenüberstehen, ist es nur natürlich zu hoffen, daß wir nie in eine solche Lage geraten. Wir müssen daran glauben können, daß die Welt für uns sicher ist. Das ist aber schwer möglich, wenn wir nicht davon ausgehen, daß sie auch für die anderen sicher ist. Dieses Bedürfnis führt leicht dazu, daß man dem Opfer die Schuld zuschiebt: Leute, die in irgendwelchen Institutionen arbeiten, sind wie die Schaulustigen bei einem Unfall; sie müssen glauben, daß *Sie* gekündigt worden sind, daß *Sie* Ihr Kind verloren haben oder einen Kredit brauchen, weil *Sie* etwas falsch gemacht haben. Autoritäten, die glauben, daß Sie Ihre Schwierigkeiten selbst verursacht haben, können dann auch glauben, daß sie solche Probleme nicht haben werden, wenn *sie* sich anders verhalten.[19] Für diese Haltung gibt es ganz amüsante, aber auch fast bedenkliche Beispiele – vom Fernsehmechaniker, der mich (ganze 1,57 Meter groß, wahrlich kein athletischer Typ) fragte, ob ich denn das Gerät quer durchs Zimmer geworfen hätte, weil es nicht mehr funktionierte, bis zum Polizeibeamten, der einer vergewaltigten Frau erklärte, *seinen* Töchtern würde so etwas nie passieren, weil er ihnen nämlich beigebracht habe, sich anständig anzuziehen.

- *Sie sind überarbeitet und greifen, wenn Zeit und Energie begrenzt sind, leicht zu Methoden, mit denen sie die Leute verletzen, denen sie eigentlich helfen sollen.*[20] Patienten und Klienten kommen und gehen, aber mit den Kollegen arbeitet man Tag für Tag zusammen, und die Vorgesetzten entscheiden, ob man eine Gehaltserhöhung bekommt und befördert wird. Diese harten Fakten erhöhen die Wahrscheinlichkeit, daß Leute in verantwortlichen Positionen ihren Klienten entweder aggressiv oder gleichgültig begegnen.

Im Bereich der Sozialarbeit zum Beispiel sollen Werte wie die Würde des Menschen Grundlage der Arbeit sein, und der Klient soll sich »mit seinem Problem nicht mehr alleingelassen fühlen«. Aber, wie Ben Carniol anmerkt: »Wenn ein Sachbearbeiter über 160 Einzelpersonen und Familien zu betreuen hat, ist es unmöglich, die Klienten mehr als nur oberflächlich zu kennen.«

> Vom fürsorgerischen Standpunkt aus gesehen habe ich nicht einmal die Zeit, den Klienten zuzuhören. In einem der letzten Monate hatte ich über 215 Fälle zu bearbeiten! Letzten August war ich völlig fertig. Ich mußte in einer Stunde ganze fünf Zwangsräumungen veranlassen. Ich war so weit, daß ich den Klienten emotional nur noch so wenig wie möglich gab. Das spüren sie natürlich und sind dementsprechend verärgert.[21]

Und ein frustrierter Krankenhauspatient sagt:

> Die Schwestern sind arbeitsmäßig völlig überlastet ... Es gibt zu wenig Krankenschwestern. Sie wollen überhaupt nichts tun. Sie brauchen mehr Disziplin. Die Ärzte haben mehr Übersicht und sind nicht so pingelig ... Und dann werden die Schwestern noch von den Patienten und dem System angegriffen, nicht wahr?[22]

Wenn die Verantwortlichen an der Spitze, aus welchem Grund auch immer, ihren Untergebenen ein ungeheures Arbeitspensum abverlangen, das sie gar nicht schaffen können, lassen es die Leute an der Front oft an ihren Klienten aus, entweder durch aggressives oder abweisendes Verhalten, oder indem sie alles auf die schnelle erledigen.

132

- *Manche Leute benützen Kleinmachmethoden, weil sie das tun müssen, um ihren Job zu behalten, denn sie brauchen ihren Job.* Sie brauchen finanzielle Sicherheit. Der Job ist vielleicht ihre einzige Geldquelle, um sich selbst, den Partner, die Kinder oder die altgewordenen Eltern zu ernähren. Vielleicht haben sie einen Berg Schulden angehäuft. Selbst wenn man inzwischen die Arbeitsstelle gewechselt hat, kann es die neue Position gefährden, wenn man sich öffentlich gegen den früheren Arbeitgeber stellt.

> In einem Artikel über das amerikanische Justizministerium, in dem es hieß, daß zum Ende von Bushs Präsidentschaft potentiell belastende Dokumente beiseite geschafft wurden, bat ein früher dort tätiger Beamter, auf keinen Fall seinen Namen als Quelle für diese Information zu nennen: »›Es ist mir peinlich, daß ich nicht den Mut habe, zu meiner Aussage zu stehen‹, sagte er, ›aber ich habe noch eine Familie zu ernähren und weiß, welche Macht das Justizministerium hat und wie rücksichtslos man sie einsetzt.‹«[23]

Die erste Frau, der erste Schwarze, Jude oder Behinderte, der/die erste Homosexuelle, die in dieser Behörde oder Institution arbeiten, geraten wahrscheinlich unter einen enormen Druck, sich an die geltenden Spielregeln zu halten, sowohl um ihren Job nicht zu verlieren, als auch um anderen Angehörigen ihrer Gruppe nicht die Chancen auf einen zukünftigen Arbeitsplatz zu verderben.

So wie man sich ein Bein bei einem Autounfall, durch einen Sturz oder bei einer Prügelei in der Kneipe brechen kann, so unterschiedlich können auch die Motive der Menschen sein, die sich einer der vielen Kleinmachmethoden bedienen. So wie Therapeuten immer wieder betonen, daß die jeweilige *Ursache* des psychischen Problems nur selten bestimmt, welche *Art von Symptomen* ein Patient entwickelt, so können Menschen aus einer einzigen Motivation heraus auf die verschiedensten Methoden zurückgreifen, und eine einzige Methode kann aus den unterschiedlichsten Motiven heraus benützt werden. Als ich zum Beispiel meine Arbeit an einer psychologischen Beratungsstelle begann, wunderte ich mich sehr über die Buchstabensuppe, die mir da vorgesetzt wurde. Ein Kollege erklärte mir, mein neuer Klient »wohne in einem OHC-Haus und werde von einem PO- und einem CAS-Mitarbeiter betreut« (für Uneingeweihte: »Der Klient wohnt in einer Sozialwohnung und wird von einem Bewährungshelfer und einem Jugendfürsorger betreut.«). Als ich die Bedeutung dieser Kürzel kannte, wurde mir bewußt, daß ich mir bei Praktikanten, die ich einarbeitete, für solche Erklärungen eher die Zeit nahm, wenn sie mir persönlich sympathisch waren, als wenn das nicht der Fall war. Aber je länger ich dort arbeitete, um so mehr vergaß ich, wieviel man neuen Mitarbeitern zu solchen Kürzeln sagen muß. Auch ich selbst benütze den Fachjargon aus sehr unterschiedlichen Motiven heraus: manchmal als eine Art Freibrief, um einen weniger Mächtigen ein bißchen zu irritieren, manchmal aufgrund von Zeitdruck, weil noch zuviel Arbeit wartet, und der damit verbundenen Insensibilität für die Bedürfnisse anderer.

Gloria Steinem schreibt in ihrer Untersuchung über das Verhalten von Autoritäten: »Etablierte Hierarchien haben ein paar Leute an der Spitze, die ihre Macht schlecht nutzen, eine Menge Volk in der Mitte, das auf Befehle und Anerkennung wartet, und viele Menschen unten, die sich machtlos und voller Groll fühlen.«[24] Aber hinter den krassesten Methoden stehen die unterschiedlichsten Motive, zum Beispiel bei der Methode der Einschüchterung. Ein Freund von mir aus Collegetagen kam einmal in meine

Stadt, als er Verleger einer großen Zeitung geworden war. Beim Essen erzählte er mir, daß er gelernt habe, bei seinen Mitarbeitern mit Verbesserungsvorschlägen sehr vorsichtig zu sein. Er sagte: »Ich versuche, ein negatives Feedback oder Vorschläge so nett und positiv wie möglich anzubringen, weil ich festgestellt habe, daß Leute in untergeordneten Positionen mich als ungeheuer mächtig erleben; deshalb hat alles, was ich sage, eine viel stärkere Wirkung als von mir beabsichtigt. Was ich vielleicht als freundlichen Hinweis sehe, wird von einigen meiner Mitarbeiter als harsche Kritik empfunden.« Im Gegensatz dazu erzählte mir der Leiter einer städtischen Gesamtschule, wie froh er darüber ist, so viel Macht zu haben, denn: »Was ich sage, wird gemacht. Wenn ich meinen Leuten sage, sie sollen springen, dann springen sie – und das *genieße* ich!« Offenbar schüchtern beide, der Verleger und der Schulleiter, ihre Untergebenen ein, aber ihre Absichten und Motive sind doch recht unterschiedlich.

Bei den meisten hier angesprochenen Motiven, die autoritätsbehaftete Leute dazu bringen, ihre Klienten so zu behandeln, daß sie sich dumm und hilflos vorkommen, spielen psychische Faktoren eine Rolle – in erster Linie Ängste und Bedürfnisse. Beeinflußt werden viele dieser Motive durch den auf diesen Menschen lastenden Druck, die Arbeitsweise ihres Expertensystems möglichst nicht in Frage zu stellen. Mit diesem Druck und auch mit den Faktoren, die den Patienten oder Klienten eine kritische Betrachtung der Expertensysteme und Autoritäten sehr erschweren, wollen wir uns im nächsten Kapitel auseinandersetzen.

Kapitel 5:

Fragen stellen:
Warum wir es so selten tun

> Wenn man die Struktur *einer* Diktatur
> durchschaut, weiß man etwas Grundlegen-
> des über alle Formen von Unterdrückung.
> Sie ist totalitär. Wie andere autoritäre Sy-
> steme muß auch sie kritisches Denken
> nach Möglichkeit im Keim ersticken.
>
> *Jeffrey Moussaieff Masson*[1]

Dieses Buch soll in erster Linie dazu ermutigen, mehr
Fragen zu stellen, ganz besonders die: »Ist es wirklich ganz
allein meine Schuld, daß ich nicht die Hilfe bekommen
habe, die ich brauchte?« Aus dieser einen Frage ergeben
sich viele andere, bei denen es immer wieder darum geht,
zu verstehen, warum man diese Hilfe nicht bekommen hat,
und das verlangt sorgfältige Reflexion und kritisches Denken. Zum anderen soll es aber auch Experten und andere
Autoritäten dazu anregen, sich kritisch damit auseinanderzusetzen, was sie tun und warum.

In diesem Kapitel und dem nächsten geht es um die Gründe, warum Autoritäten und ihre Klienten oft so unkritisch
sind. Kapitel 5 beschäftigt sich mit den allgemeinen Gründen für diesen Mangel an kritischem Denken, und in

Kapitel 6 wagen wir sozusagen einen Blick hinter die Kulissen, um herauszufinden, was Leute in verantwortlichen Positionen am kritischen Denken hindert. In Kapitel 7 geht es vor allem um die Faktoren, die es uns als Klienten so schwermachen, Kritik zu üben an der Art, wie man uns behandelt, und Sie finden dort auch einige Tips, wie Sie dieses kritische Denken schrittweise entwickeln können. Es erschreckt mich immer wieder, wenn Leute behaupten, sie hätten überhaupt keine Vorstellung von kritischem Denken, oder daß sie Autoritäten nicht gerne Fragen stellen, weil sie nicht wüßten, wo sie anfangen sollen. Ich finde das sehr bedauerlich, denn meistens verlangt es einfach nur Logik oder gesunden Menschenverstand. Angenommen, Sie gehen gerade spazieren und sehen einen Hund *nach oben* »fallen«: Sie würden sich doch sofort fragen, was hier so stark wirkt, die Erdanziehungskraft zu überwinden. Oder Ihr Kind möchte einen Pilz essen, den es im Wald entdeckt: Dann werden Sie zuerst schauen, ob es nicht ein giftiger ist und nicht irgendwelcher Tierkot daran klebt. *Es gibt keinen entscheidenden Unterschied* zwischen dieser Art von forschender Haltung und dem kritischen Hinterfragen dessen, was Experten und andere Autoritäten tun und sagen. Worin sich beides unterscheidet, ist natürlich das damit verbundene Risiko und die Machtproblematik, wenn wir als Klienten Autoritäten in Frage stellen oder wenn wir dies als Menschen in verantwortlichen Positionen bei anderen Autoritäten tun. Mit diesen Aspekten wollen wir uns in diesem und den beiden folgenden Kapiteln auseinandersetzen.

Prinzipiell wird eine neugierige, forschende Haltung in unserer Gesellschaft akzeptiert und bewundert. Viele Eltern prahlen mit dem Forscherdrang ihrer Kinder, die ganz genau wissen wollen, wie was auf dieser Welt funktioniert. Erwachsene aber, ob als Autoritäten oder als Klienten, denken viel zu selten kritisch darüber nach, was sie selbst tun oder wie andere mit ihnen umgehen. Ich meine »kritisch« hier nicht im Sinne von »negativ«, sondern eher im Sinne von Hinterfragen dessen, was uns gesagt wird und wie wir behandelt werden, statt es unbesehen sofort zu akzeptieren. Aber viele Menschen macht es unruhig oder sogar ängstlich, kritisch zu sein, selbst wenn es *nicht* nur negativ gemeint ist. Ich halte seit fast 25 Jahren Kurse über kritisches Denken ab und bin immer wieder überrascht, wie unwohl sich manche Studenten fühlen, wenn ich sie auffordere, logisch zu denken und die Dinge zu hinterfragen. Einmal kam eine junge Akademikerin nach der zweiten Kursstunde zu mir und gestand mit zitterndem Kinn und Tränen in den Augen: »Ich kann nicht mehr in diesen Kurs kommen. Es ist zwar interessant, sich mit solchen Behauptungen auseinanderzusetzen wie: ›Männer sind durchsetzungsfähiger als Frauen‹, die ich schon mein ganzes Leben kenne und als wahr akzeptiert habe, aber der Gedanke, daß es vielleicht keine absolute, alleingültige Wahrheit gibt, nichts, worauf ich mich hundertprozentig verlassen kann, macht mir angst. Wenn ich einmal in Frage zu stellen beginne, was ich immer geglaubt habe, was ist, wenn dann nichts mehr übrigbleibt?«

Ich entgegnete ihr, daß es für mein Gefühl besser sei, herauszufinden, wann unsere Überzeugungen und Annahmen falsch sind, statt uns im Verhalten und Handeln nach Behauptungen zu richten, die durch nichts gerechtfertigt sind. Ja, fügte ich hinzu, das kann problematisch sein, denn wir haben dann weniger Sicherheit im Leben als vorher, aber ein *Gefühl* von Sicherheit, das auf Unwahrheiten beruht, ist langfristig bestimmt weder gesund noch hilfreich. Bei dieser Studentin saß die Angst davor, Autoritäten in Frage zu stellen, leider so tief, daß sie tatsächlich nicht mehr in den Kurs kam. Manchen Menschen bereitet das so viel Angst, weil es vom Gefühl her fast ist, als würden sie Gottes Wort anzweifeln, was ihnen von Kindesbeinen an verboten worden ist.

Die andere, ermutigendere Reaktion, die ich bei Studenten und dem Publikum bei meinen Vorträgen auch erlebe, sind große Erleichterung und ein richtiges Hochgefühl, wenn sie darin bestärkt werden, ihre passive Haltung gegenüber den Behauptungen von Autoritäten aufzugeben. Ich setze diese Methode sowohl bei öffentlichen Vorträgen als auch bei Kursen aller Semester und sogar bei der Arbeit mit Kindern ein, obwohl uns ein Lehrer für die dritte Klasse warnend darauf hinwies, daß »Kinder dieser Altersstufe für kritisches Denken nicht abstrakt genug denken können«, haben Margaret Secord-Gilbert und ich eine effiziente Methode entwickelt, um es auch Grundschulkindern zu vermitteln: Wir lassen sie ihre eigenen, leicht zu bewältigenden Forschungsaufgaben konzipieren (zum Beispiel: »Sind Jungen ruppiger als Mädchen?«) und üben dann, wie sie die Probleme und Fehler bei ihrer Untersuchung aufspüren.[2] Mein Sohn Jeremy und ich haben ein Buch geschrieben, in dem wir die Prinzipien des kritischen Denkens auf die geschlechtsspezifischen Unterschiede bei High-School- und Collegestudenten anwenden.[3] Wir haben bei all diesen Projekten festgestellt, daß kritisches Denken keine geheimnisvollen Techniken erfordert, sondern nur die Bereitschaft, Fragen zu stellen und logisch zu denken. Und Menschen jeden Alters, die, wenn auch vielleicht nur ganz kurz, in dieser Art zu denken bestärkt werden, erzählen uns hinterher oft, daß dieser Impuls ihr Leben verändert hat: Sie fühlen sich dann weniger wie ungebildete, den Behauptungen von Experten ausgelieferte Ignoranten, sondern eher wie aktiv beteiligte, wißbegierige Menschen, die sich informieren wollen. So wie sie vor dem Kauf herauszufinden versuchen, ob ein neues Müsli auch so nahrhaft ist, wie der Hersteller behauptet, so wollen sie jetzt nicht bloß wissen, ob Überschriften wie »Jungen aufgrund männlicher Hormone besser in Mathe« durch Untersuchungen belegt sind, sondern auch, ob diese Untersuchungen seriös sind und sorgfältig durchgeführt wurden, ehe sie entscheiden, ob sie sie glauben oder nicht. Die meisten Menschen sind sehr überrascht, wenn sie feststellen, wie wenig so manche gängige Ansicht wissenschaftlich belegt ist. Behauptungen wie: »daß Teenager rebellieren, ist unvermeidlich und gesund«, nicht zu hinterfragen, hat eine enorme Auswirkung auf den emotionalen und zwischenmenschlichen Bereich unseres Lebens, und eine Behauptung wie: »Chemotherapie heilt Krebs« nicht zu hinterfragen, kann über Leben oder Tod entscheiden.

In diesem Kapitel geht es darum, warum wir kritisches Denken brauchen und was so viele von uns – Experten und andere Autoritäten ebenso wie ihre Klienten – daran hindert, kritisch zu sein. Wie bei den vorangegangenen Kapiteln kommen viele der Beispiele entweder aus dem medizinischen Bereich, mit dem ja fast jeder irgendwann einmal zu tun hat, oder aus meinem eigenen Fachgebiet, der psychologischen Erforschung der geschlechtsspezifischen Unterschiede und der Psychologie der Frau, weil ich hier am meisten Einblick habe und die meisten Menschen auch sofort etwas damit anfangen können.

Kritisches Denken: Warum wir es brauchen

Wie *notwendig* kritisches Denken ist, wird besonders deutlich, wenn sich Experten widersprechen. Alexander Pope schrieb dazu: »Wer soll entscheiden, wenn Ärzte geteilter Meinung sind?«[4] Ein naher Verwandter von mir, der kürzlich wegen eines Magen-Darm-Problems ins Krankenhaus mußte, bekam plötzlich eine kurze Herzrhythmusstörung. Einer seiner Ärzte meinte lakonisch: »Ach, das ist eine Nebenwirkung des Medikaments, das ich Ihnen verordnet habe. Ich werde die Dosis verringern. Absolut kein Grund zur Sorge.« Ein anderer Arzt sagte: »Nein, es kann unmöglich an dem Medikament gelegen haben. Am besten geben wir Ihnen jetzt sofort ein Herzmittel, das Sie dann über längere Zeit einnehmen, und behalten Sie ein paar Tage zur Beobachtung hier.« Ein Patient, der sich nicht traut, den Ärzten in einer solchen Situation Fragen zu stellen, wird angesichts solcher sich widersprechender Behauptungen nicht nur große Angst bekommen, sondern vielleicht auch befürchten, daß die seine Behandlung betreffenden Entscheidungen eher davon abhängen, welcher Arzt in der Krankenhaushierarchie mehr Macht hat, als von einer fundierten medizinischen Beurteilung. Und da kann einem schon der Blutdruck steigen oder das Herz Kapriolen machen.

Auch unter weniger lebensbedrohlichen, aber dennoch angstauslösenden Umständen verzweifeln Eltern – insbesondere Mütter – daran, wie sie ihre Kinder erziehen sollen, weil die Ratschläge der Experten oft so sehr widersprüchlich sind.[5] Der eine Erziehungsberater wird sagen: »Beziehen Sie unbedingt alle Kinder in Familiengespräche mit ein, wenn Entscheidungen getroffen werden, denn es ist wichtig, daß sie sich nicht ausgeschlossen fühlen.« Der andere wird sagen: »Entscheidungen für die Familie sollten die Eltern treffen, *ohne* die Kinder miteinzubeziehen, denn es bringt Kinder durcheinander, wenn die Eltern nicht klarstellen, wer in der Familie das Sagen hat und die Regeln aufstellt.« Woher sollen wir wissen, wem wir glauben können, vor allem wenn jeder seine Meinung mit großer Überzeugung vertritt? Kein Mega-Experte wird uns sagen, *wann* wir den einen oder anderen Weg gehen sollen. Und ich habe ja schon an anderer Stelle gesagt, daß uns nur höchst selten einer dieser Experten darauf hinweist, daß keine Methode immer funktioniert. Wenn wir also eine ausprobieren und es klappt nicht, denken wir schnell, es sei unsere Schuld, weil wir es nicht richtig gemacht haben.[6]

Wie notwendig kritisches Denken ist, wird auch deutlich, wenn wir an die Folgen denken, die Nachlässigkeit oder Voreingenommenheit von Experten und anderen Autoritäten haben kann. Eine Frau, ich möchte sie Field nennen, verlor wegen der Nachlässigkeit oder Bequemlichkeit des Personalleiters der Firma, in der sie arbeitete, fast ihre Wohnung und ihr Auto. Frau Field erkrankte schwer und wurde vom Arzt einige Zeit krank geschrieben. Da sie sich nur sehr langsam erholte und wußte, daß sie eigentlich bald wieder arbeiten mußte, beantragte sie eine Verlängerung des Genesungsurlaubs. Ihr Arbeitgeber hatte gerade die Versicherungsgesellschaft gewechselt, und man teilte ihr mit, sie solle ihren Antrag auf Verlängerung der vorherigen Versicherung schicken, weil sie dort zum Zeitpunkt ihrer Erkrankung versichert war. Nach vielen Wochen wurde ihr Antrag von dieser Versicherung abgelehnt (vielleicht aus Ärger darüber, daß man ihren Arbeitgeber als Kunden verloren hatte). Frau Field fragte ihren Personalleiter, was sie jetzt tun solle, worauf er erwiderte, sie müsse entweder wieder in die Arbeit kommen (entgegen ärztlicher Anweisung) oder unbezahlten Urlaub nehmen. Die neue Versicherung lehnte ihren Antrag auf Verlängerung des Genesungsurlaubs ab, weil sie, wie man ihr offenbarte, zum Zeitpunkt ihrer Erkrankung dort nicht versichert gewesen war. Sehr in Sorge, weil die familiären Verpflichtungen ihre Ersparnisse aufgezehrt hatten und sie bei einem längeren unbezahlten Urlaub ihre Wohnung und ihr Auto nicht mehr hätte bezahlen können, informierte sich Frau Field eingehend und erfuhr, daß sie Anspruch auf einen zweiten Genesungsurlaub hatte. Als sie den Personalchef fragte, warum er ihr das vorenthalten hatte, meinte er: »Weil Sie nicht zweimal wegen derselben Krankheit einen Genesungsurlaub bekommen.« (Zur Nachlässigkeit des Personalchefs kam hier vielleicht noch der Wunsch, die Versicherungsprämien seines Arbeitgebers natürlich möglichst niedrig zu halten.) Hätte der Personalchef sich ein bißchen angestrengt, wäre er vielleicht auf die gleiche gute Idee gekommen wie später Frau Field im Gespräch mit einem Freund. Der erkannte nämlich, daß sie durch den Kampf gegen eine gleichgültige Bürokratie und die Aussicht, Heim und Auto zu verlieren, schwere Angstzustände und Depressionen bekommen hatte und es ihr so schlecht ging, daß sie nur im Bett lag und nicht einmal kleine Schreibarbeiten erledigen konnte. Das brachte die beiden auf den Gedanken, Frau Field könnte sich ihre psychischen Probleme von einem Therapeuten bestätigen lassen und dann aufgrund dieser Affektstörung einen zweiten Genesungsurlaub beantragen.

Durch ein ganz anderes Beispiel von Nachlässigkeit starb unlängst eine 89jährige Frau an AIDS, weil man erst kurz vor ihrem Tod erkannte, daß sie an AIDS erkrankt war, obwohl sie bei der Einlieferung ins Krankenhaus an drei häufigen AIDS-Symptomen litt: einer besonderen Form der Lungenentzündung, Demenz und Unterernährung.[7] Die meisten Ärzte dachten nicht im Traum daran, daß sie AIDS haben könne, und das aus zwei Gründen: (1) Alte Menschen leiden häufig an diesen Krankheiten, ohne AIDS zu haben (obwohl selten alle drei gleichzeitig auftreten), und (2) weil diese Patientin 89 Jahre alt war, fragten sie die Ärzte nur, ob sie eine Bluttransfusion bekommen habe oder sich Drogen spritze, doch keines von beidem war der Fall. Das sind zwar zwei der möglichen Infektionswege, aber außerdem eben auch der sexuelle Kontakt mit einem HIV-Positiven; wegen ihres hohen Alters sprach aber keiner diesen Punkt an. Als später das bei AIDS-Kranken häufige Kaposi-Sarkom hinzukam und sich auf dem Gesicht der Patientin die typischen dunklen Flecken zeigten, fragten die Ärzte doch nach und erfuhren, daß ihr Mann drogenabhängig gewesen war und gespritzt hatte und daß die beiden bis zu seinem Tod vor fünf Jahren miteinander geschlafen hatten. Untersuchungen belegen, daß die AIDS-Symptome oft erst bis zu sieben Jahre nach dem Kontakt mit dem HI-Virus auftreten. Mancher wird jetzt diese Ärzte in Schutz nehmen wollen und als Rechtfertigung anführen, daß AIDS-Fälle unter 89jährigen Frauen höchst selten sind, aber ist es nicht auch die Aufgabe eines Arztes, nicht nur die eindeutigen Erkrankungen zu diagnostizieren, sondern auch den Unwahrscheinlichkeiten nachzugehen?

Über einen anderen Fall von Voreingenommenheit und Nachlässigkeit im medizinischen Bereich berichtet die Ärztin Jean Hamilton.[8] Selbst als bekannt wurde, daß es durch den Gebrauch von Tampons zu einem lebensbedrohlichen toxischen Schock kommen kann, schreibt sie, brauchte die Food and Drug Administration sieben Jahre, ehe sie darüber *nachzudenken* begann, ob die dazu verwendeten Stoffe auf der Packung angegeben werden sollten. Mit Regelungen für die Samenbanken in bezug auf AIDS ließen sich die Beamten der Gesundheitsbehörde sogar noch mehr Zeit als bei den Blutkonserven. Da bei Bluttransfusionen Personen beiderlei Geschlechts infiziert werden können, Tampons und Samenspenden aber nur für Frauen ein potentielles Risiko darstellen, sieht Hamilton an diesen Beispielen nachgewiesen, wie stark Vorurteile – die in diesem Fall zur Vernachlässigung der Gesundheit von Frauen führen – die Gesundheitspolitik beeinflussen können. Hamilton stellt dazu fest, daß »das Problem zwei Ebenen hatte: Zum einen wurde versäumt, die ganze Bedeutung der bekannten Informationen zu integrieren und ausreichend zu würdigen; zum anderen wurde versäumt, unverzüglich und rechtzeitig und in angemessener Weise zu handeln.«[9]

Ähnlich ist es bei gesundheitlichen und sozialen Problemen, von denen hauptsächlich weniger einflußreiche oder vermögende Menschen betroffen sind, wie die Sichelzellenanämie bei Schwarzen oder die Obdachlosigkeit der Armen. Für diese Bereiche werden nur wenig Forschungsgelder bereitgestellt und die Politiker in der Regierung kümmern sich erst dann darum, wenn (wie bei den Schwulen und AIDS) durch oder für die betroffene Gruppe erheblich Druck auf sie ausgeübt wird und die Medien auf das Problem aufmerksam gemacht werden – oder wenn es sich auch auf die Bevölkerungsmehrheit auszuwirken beginnt. Nicht alle Probleme werden mit dem gleichen Maß an wissenschaftlichem Interesse und humanitärer Haltung bedacht, was zur Folge hat, daß Leute mit Schwierigkeiten, die eher einem niedrigen sozialen Status als einem hohen zugerechnet werden, häufiger leiden müssen oder sterben als andere.

Auch auf anderen Gebieten als den streng wissenschaftlichen können Nachlässigkeit und Gedankenlosigkeit weitreichende Folgen haben. Die Theorie, daß eine sofortige und totale emotionale »Bindung« zwischen Eltern (vor allem der Mutter) und Kind für die gesunde Entwicklung des Kindes unabdingbar ist, bereitet unzähligen Müttern und Vätern schwere Schuldgefühle, weil sie diese absolute Bindung nicht sofort spüren, noch bevor sie den Kreißsaal verlassen, und viele Mütter haben Angst, ihre Kinder zu seelischen Krüppeln zu machen, wenn sie nicht rund um die Uhr für sie da sind. Adoptiveltern und Eltern, deren frühgeborenes Kind die ersten Lebenswochen im Inkubator verbringen mußte, geben oft alle Hoffnung auf, jemals eine normale Beziehung zu ihrem Kind knüpfen zu können, weil sie in seinen ersten Lebenstagen nicht die Chance zu dieser seelischen Bindung hatten. Zum Glück belegen Forscher wie Beverly Birns[10], Stella Chess und Alexander Thomas[11] durch umfassende Untersuchungen, daß eine sofortige, totale Bindung für die psychische Gesundheit der Kinder nicht entscheidend ist – aber ihre Arbeit ist nur einem kleinen Teil der Eltern bekannt, denen die extremste Form der Bindung als absolute Wahrheit hingestellt wird.

Daß Fachwissen nur selten kritisch unter die Lupe genommen wird, hat ebensooft außerhalb der eigentlichen Wissenschaft große Auswirkungen, denn es werden ja auch andere Bereiche davon beeinflußt. Zum Beispiel: So soll zwar das Hauptanliegen eines Wissenschaftlers eben das Wissen sein, Richter aber sollen sich vor allem um Gerechtigkeit bemühen. Sie sollen, um Recht zu sprechen, weise sein und bei ihren Entscheidungen ihre persönliche Meinung außer acht lassen können. Die Menschen rufen in der Hoffnung auf ein gerechtes Urteil scharenweise die Gerichte an, nur um dann zu erleben, daß das Rechtssystem oft ungerecht ist und viele Richter sich bei ihren Entscheidungen nicht von einer vernünftigen, logischen Reflexion der Rechtsprinzipien, nicht von menschlichen Grundsätzen leiten lassen, sondern von ihren persönlichen, starken Vorurteilen. Die Ironie dabei ist, daß sie diese Vorurteile oft für Wahrheiten halten, weil sie sie von sogenannten Wissenschaftlern übernommen haben (oder von ihnen darin bestärkt werden). So sind die Medien zum Beispiel voll von Geschichten über Richter, die aufgrund der Theorie, solche Mädchen verhielten sich verführerisch oder promiskuitiv, erwachsene Männer für die Vergewaltigung von Mädchen im Vorschul- oder Grundschulalter sehr milde bestrafen. Diese Theorie wird von Psychoanalytikern regelmäßig als unanfechtbare Wahrheit hingestellt, obwohl ihr geistiger Vater Sigmund Freud seine Daten verfälschte, um diese Theorie zu rechtfertigen.[12] Und erst kürzlich hat ein einflußreicher Richter, der über die Ansprüche von Ureinwohnern auf ein großes Stück Land urteilen sollte, ihre Forderung abgelehnt und bei seiner Urteilsbegründung unter anderem gesagt, sie seien primitive Menschen und ihre Vorfahren wären »schmutzige, brutale und zu kurz geratene Barbaren« gewesen.[13] Die Einstufung nichtweißer Menschen als »primitiv« ist ein von vielen angesehenen Anthropologen verübter rassistischer Akt, und deshalb ist es ermutigend, daß heute doch einige Anthropologen lautstark dagegen protestieren, wie dieser Richter von Ureinwohnern spricht.[14]

Gehen wir noch einen Schritt über Nachlässigkeit und Voreingenommenheit hinaus, sind wir bei unredlichem Verhalten von Autoritäten (wie schon in Kapitel 3 kurz angesprochen). Kein Geringerer als ein früherer stellvertretender Inspektor des Eichamts sagt, daß er ein ganzes Buch darüber schreiben könnte, wie Händler mauscheln und mogeln. Der ahnungslose Kunde denkt, der Kassenausdruck müsse ganz genau sein, weil es automatische und elektronisch gesteuerte Waagen sind. Das stimmt aber nicht. Waagen sind mechanische Geräte, die sich verstellen können, was auch immer wieder passiert. Ein skrupelloser Händler kann eine Waage so einstellen, daß der Kunde schlecht wegkommt ... Meine Aufgabe war, darauf zu achten, daß jede Waage und jedes Meßgerät in der Stadt inspiziert und kontrolliert wurde. Wir haben jede Tankstelle, jeden Herstellungsbetrieb, jedes Lebensmittelgeschäft und Kaufhaus, jede Bäckerei und Metzgerei, jeden Güterbahnhof und Schrottplatz, jede Gießerei, jedes Stahlwerk besucht ... Auch Benzinpumpen lassen sich manipulieren.[15]

Aus all diesen Gründen – den sich widersprechenden Aussagen von Autoritäten, ihre Nachlässigkeit und Voreingenommenheit, und ihre aktive Verfälschung der Wahrheit – ergibt sich also die zwingende Notwendigkeit für jeden von uns, mehr kritisches Denken walten zu lassen.

Warum Experten und Laien so selten Zweifel äußern

Bewaffnet mit ihrem Fachjargon, Prestige und Geld im Rücken, selbstsicher Wahrheiten verkündend, *können Experten auf ihre Kollegen und die Öffentlichkeit sehr überzeugend wirken*. Ich war zwar konsterniert, in gewisser Weise aber auch beeindruckt, wie der ganze Saal voller Ernst nickte, als ein Psychiater vor versammeltem Kollegium erklärte: »Ich wußte, daß diese Patientin in ihrer Therapie bei mir keine Fortschritte machte, weil sie behauptete, in bezug auf meine Person überhaupt keine sexuellen Phantasien zu haben.« Die anwesenden Männer teilten eine bestimmte Überzeugung, wie sich ein Fortschritt in der Therapie zeigt, und keiner äußerte auch nur den leisesten Zweifel. Was Wunder, daß auch viele Laien kaum etwas dagegen einwenden würden, weil sie ja wissen, daß ihnen der theoretische Unterbau fehlt und sie den Fachjargon nicht kennen. Die Kollegen irgendeiner Kapazität bringt oft die Angst davor zum Schweigen, sie könnten von den anderen geächtet werden, wenn sie eine allgemein akzeptierte Doktrin anzweifeln, und Laien schweigen oft aus Angst, sie könnten ihre Kritik vielleicht nicht durch überzeugende Argumente untermauern oder weil sie das Gefühl haben, sie könnten sich blamieren, wenn sie den Mund aufmachen.

Es gibt so viele Gründe, warum wir unsere Zweifel nicht äußern oder keine Fragen stellen. Wir wollen uns zuerst mit den Aspekten beschäftigen, die Experten wie Laien verstummen lassen, dann mit einigen, die hauptsächlich die Experten betreffen und schließlich mit denen, die vor allem ihren Klienten zu schaffen machen.

Ein Faktor, der jeden von uns beeinflussen kann, hat seinen Ursprung in frühen Kindertagen, wenn nämlich unsere neugierigen Fragen – warum der Himmel blau ist, warum die Dinge nach unten statt nach oben fallen, und wieso sich die Erde um die Sonne dreht – die Nerven unserer Eltern dermaßen strapazieren, daß sie ungehalten oder wütend werden. *Wir möchten unsere Eltern nicht verärgern, und deshalb stellen wir nicht mehr so viele Fragen oder überhaupt keine mehr.* Ich bin mir ziemlich sicher, daß ich mich deshalb mit kritischem Denken relativ leicht tue, weil meine Eltern und mein Onkel Billy mich als Kind immer wieder zu Fragen ermuntert haben. Aus meiner späteren langjährigen Erfahrung als alleinerziehende Mutter weiß ich, wie schwer es ist, ein Kind in seinem Forscherdrang unermüdlich zu unterstützen. Allerdings können selbst noch so überarbeitete Eltern ihren Kindern deutlich machen, daß sie vielleicht nicht die Zeit haben, alle ihre Fragen zu beantworten, es aber gut ist, daß sie fragen.

Auch wenn Kinder theoretisch in der Schule lernen, Fragen zu stellen und ihren Wissensdurst zu befriedigen, geraten die Lehrer oft unter großen Druck, zum einen durch die Bedürfnisse von durchschnittlich dreißig Kindern pro Klasse, zum anderen durch den Lehrplan, der ihnen vorgibt, innerhalb welchen Zeitraums sie einen bestimmten Stoff durchzunehmen haben (und es *gibt* ja auch so viel Wissenswertes, was vermittelt werden sollte), und weil sie wollen, daß ihre Schüler bei den standardisierten Tests möglichst gut abschneiden, damit die Schule gut dasteht oder ihre Zöglinge ins College kommen. Die Folge davon ist, daß *Lehrer oft nicht die Zeit haben oder sie sich nicht nehmen, die Kinder zu kritischem Denken anzuregen.* Zudem sind die meisten Lehrer selbst nicht zur Kritikfähigkeit erzogen worden, und deshalb sehen sie auch keine Notwendigkeit, den von ihnen vermittelten Lehrstoff kritisch unter die Lupe zu nehmen. Eigentlich werden Schüler und Studenten überhaupt sehr selten dazu ermuntert, Fragen zu stellen. Ein Erlebnis aus meiner High-School-Zeit ist da wirklich die große Ausnahme. Ich habe mich im Unterricht meistens sehr schnell gemeldet, wenn ich nicht verstand, was der Lehrer erklärt hatte. Im Physikkurs an der High-School gab es außer mir nur noch ein anderes Mädchen, und immer wenn ich die Hand hob, weil ich etwas fragen wollte, machte mir einer der Jungen ein Zeichen, ich solle sie herunternehmen. Manchmal flüsterten sie mir auch zu: »Mensch, Caplan, stiehl uns nicht die Zeit!« Eines Tages bemerkte der Kursleiter Dr. »Heavy« Henderson (ein freundlicher, schlanker Mann, der seinen Spitznamen seit seiner Zeit als Footballspieler nicht losgeworden war), was sie machten, und schnauzte sie an: »Gewöhnt euch *bloß* ab, sie keine Fragen stellen zu lassen! *Sie* fragt wenigstens, wenn sie etwas nicht versteht.«

Selbst heute noch, das ist durch Untersuchungen belegt, wird kritisches Denken bei Jungen eher gefördert als bei Mädchen: Eine großangelegte Studie hat vor kurzem gezeigt, daß Lehrer Mädchen weniger oft aufrufen, wenn sie antworten wollen, und daß sie sie »häufiger fürs Bravsein als für kritisches Denken« belohnen.[16] Wen wundert's da noch, daß sich Frauen schwerer tun als Männer oder es überhaupt nicht schaffen, die Aussagen von Autoritäten in Frage zu stellen. Und da Ansätze zu kritischem Denken meistens durch Kritik abgeschmettert werden, ist es sehr bezeichnend, daß Lehrer im allgemeinen mit angloamerikanischen Schülern auf positivere Weise interagieren als mit Schülern mexikanischer Abstammung, und letztere auch häufiger kritisieren.[17]

Selbst intelligente, weiße männliche Studenten sind nicht davor gefeit, wenn sie zu viele Fragen stellen, und es ist besonders bedauerlich, wenn dieser Ärger von einem Lehrer kommt. Als Ed in der High-School war, interessierte er sich sehr für mathematische Formeln und in welchen Fällen man sie benützt. Ed wollte aber auch wissen, *warum* man eine bestimmte Formel in einem bestimmten Fall benützt. Da ihm nicht bewußt war, daß der Lehrer normalerweise andere Fächer unterrichtete und in Mathematik nicht sonderlich beschlagen war, fragte er ihn Verschiedenes. Erst viel später kam Eds Eltern der Gedanke, daß es dem Lehrer wohl sehr peinlich gewesen sein muß, Eds Fragen nicht beantworten zu können. Anstatt das aber zuzugeben oder ihm anzubieten, es gemeinsam mit ihm herauszufinden, wurde er sehr wütend, packte Ed am Hemd, riß ihn nach vorne aufs Pult und hielt ihn dort fest. Das ist zwar ein extremes Beispiel, traurige Tatsache aber ist, daß viele Lehrer, ebenso wie viele Autoritäten in anderen Bereichen, von der Annahme ausgehen, jeder würde von ihnen erwarten, daß sie in ihrem Sachbereich alles wissen. Ich finde das schlimm, denn als ich Lehrerin geworden war und erkannte, daß ich *nicht* alles wissen konnte, gab ich das meinen Schülern gegenüber sofort unumwunden zu und fühlte mich hinterher sehr erleichtert und befreit. Noch positiver war, daß es den Schülern genauso ging, denn sie wußten, daß ich – weil ich nicht so tat, als würde ich alles wissen – sie nicht für dumm halten würde, wenn sie Fragen stellten oder nicht alles verstanden.

Die Eltern und Lehrer, die kritisches Denken bei Kindern nicht bewußt fördern, gehen hier konform mit *einer ganzen Gesellschaft, die kritisches Denken möglichst unterbindet.* Diesen großen Widerständen gegen kritisches Denken und Hinterfragen liegen zwei Überzeugungen zugrunde:

1. Die Wissenschaft produziert Wahrheit.
2. Mächtige Menschen tun, was richtig ist.

Hier ist wichtig anzumerken, daß diese beiden Überzeugungen auf einer Sicht des Lebens beruhen, in der es nur Schwarz und Weiß gibt: Jede Sache, jedes Verhalten ist entweder richtig oder falsch, moralisch oder unmoralisch, höflich oder unhöflich. Um darauf hinzuweisen, wie widersinnig diese Haltung ist, bezeichnet man sie als »Dichotomanie«[18], ein wahnhaftes Beharren auf einer Entweder-Oder-Einordnung von Informationen und Erfahrungen. Als Forscherin erlebe ich dauernd, daß Dinge, die einmal für wahr und richtig gehalten wurden, sich später als teilweise oder völlig falsch herausstellen. Stehen wir aber unter dem inneren Zwang, das, was uns irgend jemand sagt, als entweder richtig oder falsch einordnen zu müssen, sind wir in der freien Beurteilung der Dinge doch erheblich eingeschränkt.

Durch diesen inneren Zwang kam ich einmal in eine ziemlich peinliche Situation, aus der ich viel gelernt habe. Bevor ich mit den Forschungsarbeiten für meine Dissertation begann, erstellte ich eine Prognose über die voraussichtlichen Resultate. Als ich meine empirischen Daten zusammen hatte, sahen die Ergebnisse um einiges anders aus. Es ging das Gerücht um, daß man seinen Doktorgrad nicht bekäme, wenn sich die Prognose als falsch erwies. Trotzdem erläuterte ich die Ergebnisse in meiner Dissertation und zog daraus ehrlich meine Schlußfolgerungen. Bei der mündlichen Doktorprüfung nahm sich der Professor jedoch den letzten Satz vor, den ich geschrieben hatte, las ihn laut vor und bat mich um einen Kommentar. Zu meiner Schande hörte ich ihn vorlesen, daß ich behauptete, meine Ergebnisse bestätigten meine Vorhersage.

Die Erfahrung, wie sich die Einflüsse in meinem eigenen Umfeld auf mich auswirkten, war mir eine Lektion, die ich nie vergessen habe. Ich weiß noch, daß ich beim Schreiben entschlossen war, meine Thesen auf das zu beschränken, was ich tatsächlich festgestellt hatte. Ich hatte mit Freunden über meine Angst gesprochen, den Doktorgrad nicht zu bekommen, weil sich meine Prognose nicht bestätigt hatte, und ich war sicher, diese Angst überwunden zu haben. Mit dem Wissen, daß ich – trotz meiner bewußten Vorsätze – meine Schlußfolgerung verfälscht hatte, als ich glaubte, mein Doktorgrad sei gefährdet, kann ich mir sehr gut vorstellen, daß Wissenschaftler die Wahrheit verfälschen, wenn Forschungsgelder in Millionenhöhe, eine Beförderung oder der akademische Ruf auf dem Spiel stehen. Natürlich habe ich meine Schlußfolgerung dann umgeschrieben, aber hätte ich mich von vornherein getraut zu schreiben, daß sich *einige* meiner Prognosen *zum Teil* bestätigt hätten, hätte ich meine Schlußfolgerung vielleicht überhaupt nicht verfälscht. In ganz ähnlicher Weise verhindert der Zwang, die Welt in ein Schwarzweißschema zu pressen, ein klares, kritisches Denken.

Was kritisches Denken ebenfalls erheblich erschwert, ist die Tatsache, daß Wissenschaft und Technik manche große Leistung vollbracht haben – Wunder, würden einige sagen, und deshalb *glauben sowohl Experten als auch die Öffentlichkeit gerne, es gäbe für alles ein Heilmittel oder eine Lösung.* Ob Wissenschaftler oder Laie: Das Wissen, daß sich zum Beispiel manche Infektionskrankheiten, die früher tödlich waren, durch Antibiotika schnell heilen lassen, läßt uns glauben, daß man alles heilen kann. Dieser Glaube setzt den Experten unter Druck, *immer* der Heiler oder Problemlöser zu sein, und mancher versucht mit diesem Druck so klarzukommen, daß er auf Fragen defensiv und verärgert reagiert. Der Glaube an die Fähigkeit der Experten, zu heilen und Lösungen zu finden, verleiht Wissenschaftlern und Technologen eine einschüchternde, ehrfurchtgebietende Aura, die es den Patienten und Klienten schwermachen kann, ihr Tun zu hinterfragen. Und weil die Sprache von Wissenschaft und Technik oft so schwer verständlich ist, verstummt der Durchschnittsbürger aus Angst, er *könnte* sich lächerlich machen oder Bedenken äußern, die für Eingeweihte *wirklich* unsinnig sind.

Eine Parallele dazu ist die Botschaft des Films *Feld der Träume*, in dem der Held eine Stimme hört, die zu ihm sagt: »Wenn du es [ein Baseballstadion] baust, werden sie kommen.« *Wenn du es Wissenschaft und Wahrheit nennst, werden es die Leute glauben.* Welche Überzeugungskraft das hat, ist wirklich erstaunlich. So schreibt zum Beispiel Jeri Wine, daß noch vor kurzem rund 70 Prozent aller bei psychologischen Studien untersuchten Personen Jungen und Männer waren und dennoch von diesen rein auf Männer bezogenen Daten Rückschlüsse auf die »wahre« Natur menschlichen Verhaltens gezogen wurden.[19] Lawrence Kohlberg untersuchte nur eine kleine Gruppe von (wahrscheinlich nur weißen) Männern, behauptete aber, daß der Mensch sich mit zunehmendem Alter moralisch weiterentwickle und auf eine höhere Stufe gelange, und daß der durchschnittliche Mann eine höhere Stufe erreiche als die durchschnittliche Frau.[20] Viele Jahre, nachdem dieses Forschungsergebnis allgemein akzeptiert worden war, machte Carol Gilligan auf seine rein männliche Stichprobe aufmerksam und unterstrich, wie schlecht jedes der beiden Geschlechter dastehen würde, nähme man das jeweils andere zum Maßstab für Normalität.[21] Bis zur Veröffentlichung von Gilligans Arbeit galten jedoch Kohlbergs Thesen allgemein als den Tatsachen entsprechend.

Wir neigen auch deshalb sehr dazu, den Aussagen der Autoritäten blind zu glauben, weil wir es als notwendig empfinden, daß die Menschen, an die wir uns um Hilfe wenden, uns auch tatsächlich helfen *können.* Wie Kramer in bezug auf Ärzte schreibt, »scheinen wir eingeschworene Feinde des Todes zu brauchen. Sie werden uns in jedem Fall enttäuschen, früher oder später, aber wir gestehen ihnen Macht, Privilegien und Vorurteile zu, vielleicht als Gegenleistung sowohl für ihre praktischen als auch ihre zeremoniellen Bemühungen.«[22] Zumindest was Ärzte angeht, wurde unser Bedürfnis, zu glauben, daß sie alles vermögen, durch einige medizinische Leistungen genährt, die wahren Wundern gleichkamen:

»Nach dem Zweiten Weltkrieg, als Dinge wie das Penicillin aufkamen, begannen die Leute zu glauben, der Arzt könne jede Krankheit ganz schnell diagnostizieren und heilen«, behauptet Dr. Bruce Squires, Pressesprecher der Canadian Medical Association in Ottawa. Und weiter: »Die Ärzte wußten zwar, daß das nicht stimmte, begannen aber ihrem eigenen Ruf zu glauben. Aber es zeigte sich, daß das nicht funktioniert. Ärzte können nicht alles heilen.«[23]

Wie in Wissenschaft und Technik gibt es auch bei manchen staatlichen Initiativen positive Resultate. So haben zum Beispiel die Menschen während der großen Wirtschaftskrise in den USA gesehen, daß sehr viele Leute durch die »Works Progress Administration« (Programm von 1939 bis 1943, bei dem bedürftige Arbeitslose vom Staat gegen Lohn für nützliche Arbeiten für die Allgemeinheit angestellt wurden; A. d. Ü.) wieder zu Brot und Arbeit kamen – und *man glaubt nur allzu gern, daß der Staat und staatliche Behörden alle möglichen Probleme lösen können.* Außerdem wissen wir alle, daß staatliche Organe oft über Informationen verfügen, die niemandem sonst zugänglich sind, und deshalb erheben viele Menschen, die dort Hilfe suchen, lieber keine Einwände, aus Angst, sie könnten sich lächerlich machen, wie es auch im Bereich von Wissenschaft und Technik der Fall ist. So behandeln Beamte beispielsweise amerikanische Soldaten, die im Golfkrieg eingesetzt waren und heute an seltsamen, chronischen körperlichen Erkrankungen leiden, in letzter Zeit häufig abweisend und verächtlich und behaupten zu Unrecht, ihre Krankheit könne unmöglich etwas mit dem Krieg zu tun haben. Die Patienten und Klienten sind sich oft nicht bewußt, daß der Grund für ihre Uninformiertheit darin zu suchen ist, daß ihnen Informationen bewußt oder unabsichtlich vorenthalten werden.

Man hält die medizinische und naturwissenschaftliche Forschung
im allgemeinen für weniger mit Vorurteilen und Verfälschungen
belastet als alle anderen Bereiche. Wir sind eher überrascht,
wenn wir in der Zeitung lesen, daß ein mit Staatsgeldern
unterstützter Krebsforscher seine Daten verfälscht hat (wie
es vor gar nicht langer Zeit passiert ist), als wenn ein
Psychologe Daten zum Thema, sagen wir mal Konkurrenz-
fähigkeit, verfälscht. Wir gehen irrigerweise davon aus, daß
sich Wissenschaftler in der medizinischen Forschung, weil
es hier um Leben oder Tod geht, keine Nachlässigkeiten
erlauben und nicht im Traum daran denken würden, ihre
Ergebnisse zu verfälschen oder zu manipulieren. Die meisten Menschen stellen sich Chemiker und Physiker als
Männer vor, die von absoluter Objektivität, Wahrheitsliebe
und völliger Hingabe an ihre Arbeit geprägt sind. Deshalb
glauben wir, es sei nicht notwendig, daß wir als Laien die
Behauptungen von Wissenschaftlern kritisch unter die
Lupe nehmen.

Es besteht jedoch sehr wohl Anlaß zu kritischem Denken.
Der fesselnde Film *Lorenzos Öl* ist die wahre Geschichte von
Michaela und Augusto Odone, beide keine Wissenschaftler,
die aber ein Heilmittel für einen seltenen genetischen
Defekt entdeckten, der ihrem Sohn das Leben kostete,
nachdem die Mediziner entgegen jeder Vernunft auf einer
Behandlung bestanden hatten, durch die sich sein Zustand
immer mehr verschlechterte. Gordon schreibt dazu: »Die
leistungsfähige Technik und die sehr konkreten Errungen-
schaften der Biomedizin bestärken viele Ärzte darin, sich
als Wissenschaftler zu betrachten, die experimentelle Nach-
weise sorgfältig überprüfen und hochrationalisierte, thera-
peutische Verfahren an gewissenhaft diagnostizierten, ein-
heitlichen Krankheitsbildern zum Einsatz bringen.« Allerdings, so führt Gordon weiter aus, weise eine vom amerika-

nischen Repräsentantenhaus unterstützte Studie darauf hin, daß »ein großer Prozentsatz der therapeutischen Verfahren unsachgemäß durchgeführt oder interpretiert wird [Brook, 1973]«, und eine Untersuchung des Congressional Office of Technology Assessment »zeige, daß nur ›10 bis 20 Prozent aller heute in der medizinischen Praxis angewandten Verfahren‹ durch kontrollierte Studien abgesichert sind«.[24]

Als Alan Lisook von der Food and Drug Administration die von seiner Behörde in den vergangenen zehn Jahren durchgeführten Untersuchungen analysierte, stellte er fest, daß »annähernd 200 Studien so viele Fehler enthielten, daß die Fähigkeit der getesteten Medikamente, die behauptete Wirkung zu erzielen, ernsthaft in Frage gestellt war. Bei rund 40 Studien lag Fahrlässigkeit oder glatter Betrug vor.«[25] In einem Beispiel veröffentlichte ein »vielversprechender junger Herzspezialist« erfundene Daten: »Slutsky produzierte in einem Zeitraum von sechs Jahren 161 wissenschaftliche Aufsätze, bisweilen sogar alle zehn Tage einen. Selbst bei dem heutigen Erfolgsdruck werden zwei Artikel pro Jahr als beachtliche Leistung angesehen.«[26]

Die Angst vor Strafe, wenn man »denen da oben« auf die Füße steigt, erschwert kritisches Denken ganz erheblich, sowohl bei Laien als auch bei den Menschen, die innerhalb repressiver Systeme arbeiten, jedoch nicht an deren Spitze stehen. Wir stellen unserer Meinung nach vielleicht die allereinfachste, unschuldigste Frage, aber die Leute in Machtpositionen wissen – oder fürchten – möglicherweise, daß eine ehrliche Antwort darauf ihre eigenen Fehler oder die ihres Expertensystems ans Tageslicht bringen würde. Deshalb haben sie oft Angst, wir würden sie oder ihr Expertensystem zu zerstören versuchen. In *Lorenzos Öl* fragen die Eltern des schwerkranken Jungen den Arzt, warum er bei ihrem Sohn weiterhin auf einer speziellen Ernährung bestünde, denn sein Zustand habe sich in den sechs Wochen mit der Diät verschlechtert. Wie der Film deutlich macht, ist es bei der herkömmlichen Form der Forschung so, daß *sich die Wissenschaftler gezwungen sehen, ihre Projekte wie ursprünglich geplant zu Ende zu bringen, ohne Rücksicht darauf, welche Auswirkungen sie auf die Menschen haben, die ihre Versuchskaninchen sind.* Es besteht auch wirklich die Gefahr, daß die staatlichen Stellen, die ein Projekt finanziell unterstützen, ihr Geld zurückverlangen, wenn die geplante Studie nicht zu Ende gebracht wird. Lorenzos Arzt steckte also in einer Zwickmühle, als Lorenzos Eltern ihm ihre Frage stellten. Er mußte sich entscheiden, ob er seine Forschungsarbeit aufs Spiel setzen wollte (er riskierte, daß ihm die Gelder gestrichen würden, und sein akademischer Ruf würde darunter leiden, wenn er das Projekt nicht zu Ende führte) oder den Kindern, die Gegenstand seiner Forschung waren, Leid zufügen würde.

Um Kollegen, Untergebene und Laien davon abzuhalten, daß sie Fragen stellen, *benützen Autoritäten manchmal die Methode, dem anderen einen bestimmten Stempel aufzudrücken* (behaupten zum Beispiel, wir seien unhöflich, Unruhestifter, unweiblich [wenn wir Frauen sind], aggressiv und streitsüchtig [wenn wir Männer sind]) *oder sie legen irgendein Drohverhalten an den Tag*, deuten zum Beispiel an, daß sie uns nicht weiterhelfen werden (oder dafür sorgen, daß kein anderer in ihrem Expertensystem uns hilft), oder sie nehmen eine bedrohliche Körperhaltung ein. Damit können sie uns natürlich leicht das Gefühl vermitteln, daß wir dumm und hilflos sind, letzteres vor allen Dingen dann, wenn wir Angst haben, die Hilfe oder Fürsorge zu verlieren, wegen der wir überhaupt erst zu der betreffenden Autorität gegangen sind.

Kritisches Denken stört natürlich die Arbeitsroutine. Deshalb wird es konkret als Widerstand oder Belästigung – oder sogar Auflehnung – empfunden, und das kann Menschen angst machen, die um ihre Macht und Autorität fürchten. Wer eine Veränderung seines Expertensystems oder seiner eigenen Machtstellung verhindern will, sieht sich dadurch bedroht und reagiert darauf, indem er den Störenfried in unterschiedlichster Weise schlechtmacht, in der Hoffnung, die Störung dadurch zu unterbinden. Sie bezeichnen Patienten als »zwanghaft«, wenn sie darauf bestehen, über die möglichen Nebenwirkungen informiert zu werden, bevor sie ein vom Arzt verschriebenes Medikament einnehmen; sie beschuldigen Schwarze, die eine faire Chance bei der Besetzung einer Stelle haben wollen, sie würden »das Arbeitsniveau drücken wollen«; und bis vor kurzem hat man Menschen, die von ihrem Präsidenten eine Rechtfertigung für einen Militäreinsatz verlangen, als »unpatriotische Kommunisten« bezeichnet. Die Funktion solcher Einschüchterungstaktiken wird gerade dann deutlich, wenn wir uns anschauen, *wann* sie eingesetzt werden. So wurden zum Beispiel Amerikaner, die ein sozialeres Gesundheitssystem wollten, aufgrund des starken Einflusses von Interessengruppen im medizinischen Bereich jahrzehntelang als Kommunisten bezeichnet. Seit kurzem ist das anders, denn zum einen existiert die Sowjetunion nicht mehr, und zum anderen haben immer mehr Menschen erkannt, daß unser derzeitiges Gesundheitssystem uns in den Ruin zu treiben droht. Einschüchterungstaktiken werden also am ehesten eingesetzt, wenn die Leute, die kritische Fragen stellen, zu einer Minderheit gehören, und man belegt sie mit den negativen Bezeichnungen, mit denen man sie am ehesten einschüchtern und zum Schweigen bringen kann.

Ein weiterer Aspekt, der kritischem Denken im Wege steht,

ist *die Angst, als dumm zu erscheinen.* Ich war, wie ich schon sagte, ein wißbegieriges Kind und bat die Lehrer oft um eine Erklärung, wenn ich im Unterricht etwas nicht verstanden hatte. Fast immer sagten mir andere Schüler nach der Stunde, wie froh sie seien, daß ich gefragt hätte, weil ihnen die Sache auch nicht klar gewesen war. »Und warum hast *du* nicht gefragt?« wollte ich dann wissen, und meistens kam als Antwort: »Ich dachte, es liegt an mir, daß ich es nicht verstanden habe, und die anderen halten mich für dumm, wenn ich frage.« Diese Angst, für dumm gehalten zu werden – und einfach nur anders zu sein, weil man als einziger fragt –, ist bei den meisten Menschen von frühester Kindheit an sehr groß, und nur wenige überwinden sie irgendwann ganz. Natürlich fördert sie bei Laien wie Experten nicht gerade die Neigung, Fragen zu stellen.

Das waren also einige der Faktoren, die bei uns allen den Impuls, nachzufragen und mehr wissen zu wollen, oft schon im Keim ersticken. Im nächsten Kapitel beschäftigen wir uns mit einigen Faktoren, die speziell bei Autoritätspersonen einem kritischen Denken entgegenstehen.

Kapitel 6

Warum Experten kritisches Denken so schwerfällt

Nicht alle Autoritäten oder Experten schlucken unkritisch irgendwelche Dogmen oder fügen sich Befehlen und Anordnungen, die den Menschen, denen sie eigentlich helfen sollen, schaden könnten. In diesem Kapitel geht es vor allem darum, was Autoritäten daran hindert, kritisch zu denken, aber zuerst möchte ich ein sehr beeindruckendes und aufschlußreiches Erlebnis mit einem Menschen erzählen, der ganz auf seine eigene Denkfähigkeit vertraute – und damit etwas Wundervolles erreichte, das uns alle ermutigten sollte.

Gleich nach dem Psychologiestudium wurden viele meiner Kommilitonen als Co-Therapeuten für eine Gruppe von Vietnam-Veteranen eingesetzt, die, alle in grauer Hospitalkleidung, lernen sollten, die verschiedensten Gefühle bei sich zu erkennen und auszudrücken. Die meisten waren depressiv, zornig oder sehr passiv, aber einer von ihnen, den ich Andy nennen möchte, fiel wegen seines äußerst seltsamen Verhaltens besonders auf. Andy war ein junger, ausgesprochen gutaussehender Schwarzer, bei dem Schizophrenie diagnostiziert worden war. Zur Gruppenarbeit gehörte unter anderem, daß die Teilnehmer abwechselnd Spielszenen »leiteten« und die anderen ihre Gefühle be-

nennen und auszudrücken versuchten. Nach jeder Spielszene sollte der Leiter dem Darsteller ein Feedback geben,
etwa in der Form: »Du hast deine Trauer sehr gut deutlich
gemacht, aber mir ist nicht ganz klar, worin du die Ursache
für dieses Gefühl siehst.« Manche Leute glauben zwar, daß
Therapeuten mit allen Arten von Patienten gut arbeiten
können, aber bei den meisten ist dies nicht der Fall. Fast
jeder von uns fühlte sich bei der Arbeit mit Andy ziemlich
hilflos, weil er sich so seltsam verhielt, daß der Leiter kaum
wußte, wo er bei ihm ansetzen sollte. Die anderen Männer
konnten ihre Gefühle unterschiedlich gut ausdrücken und
ihre Ursache erkennen, aber Andy saß immer nur kerzen-
gerade auf seinem Stuhl, mit starrem Blick in den Augen,
als würde er durch uns hindurchschauen. Oft schien er die
anderen gar nicht wahrzunehmen.

Da wir dazu angehalten waren, die Regeln für unsere
Gruppenarbeit einzuhalten, sprachen die meisten von uns
Andy recht unbeholfen an und sagten zum Beispiel: »Mir
ist nicht ganz klar, welches Gefühl du ausdrücken wolltest.«
Wir fühlten uns ziemlich hilflos, weil Andy Lichtjahre davon entfernt zu sein schien, seine Gefühle ausdrücken zu
können. Es schien sowieso unwichtig, welches Gefühl ihn
gerade bewegte, weil er den Eindruck machte, als wäre er
überhaupt in einer anderen Welt. Trotzdem hielten sich
alle außer Charles, einem Studenten im letzten Semester,
eisern und unkritisch an die Regeln, die uns vorgegeben
worden waren.

Eines Tages, als Charles und ich mit Andy eine Dreiergrup-
pe bildeten, sollte Charles der Leiter sein, Andy in einer
Spielszene seine Gefühle ausagieren, und meine Aufgabe
war es, mir als »Mitspieler« seine Äußerungen anzuhören.
Es war seltsam, diesem armen, geistig völlig abwesenden
Burschen aufmerksam zuzuhören, aber ich versuchte, mei-

ner Rolle gerecht zu werden und mich an die Regeln zu halten. Davon abzuweichen wäre mir anmaßend und unprofessionell vorgekommen, aber was wir taten, schien völlig umsonst zu sein. Dann war Charles an der Reihe, Andy sein Feedback zu geben. »Andy«, sagte er ganz sachlich, »du bist die ganze Zeit so stocksteif dagesessen, als würdest du dich sehr unwohl fühlen, und hast durch Paula hindurchgestarrt mit einem Blick, als würdest du gar nicht sehen, daß sie da ist!« Es war mir Andys wegen unangenehm, und ich fragte mich, warum Charles das wohl gesagt hatte. Hatte man uns nicht erklärt, daß Schizophrene massiv gestörte Menschen sind, und war es deshalb nicht sinnlos, Andy auf etwas aufmerksam zu machen, was er in seinem Zustand gar nicht unter Kontrolle hatte? Aber Andy entspannte sich auf einmal, schaute Charles direkt in die Augen und sagte: »Habe ich das getan? Im Ernst?« Nie im Leben habe ich so eine Verwandlung erlebt.

Ein paar Wochen später stand im Aufzug neben mir ein junger Mann mit einem schicken Sakko und Krawatte. Ich dachte: »Was für ein gutaussehender Geschäftsmann!« Dann erst erkannte ich, daß es Andy war. Ich grüßte und fragte ihn, wie es ihm gehe, und er antwortete, er komme gerade von einem Vorstellungsgespräch. Keiner von uns hätte je gedacht, daß er so weit kommen würde.

Ich weiß natürlich sehr gut, daß nicht jede Geschichte eines Menschen, bei dem Schizophrenie diagnostiziert wurde, so glücklich endet. Aber wenn jeder von uns Therapeuten sich bei der Arbeit mit Andy blind an das gehalten hätte, was uns beigebracht worden war, hätte er vielleicht nie eine Chance gehabt. Und so beschäftigt sich dieses Kapitel mit den vielen Kräften, die Autoritäten davon abhalten, Einstellungen und Verhaltensweisen kritisch zu hinterfragen.

Denken Sie beim Lesen auch daran, daß praktisch jeder

Faktor, der Autoritäten kritisches Denken so schwermachen kann, in nahezu jedem Expertensystem und Bereich zu finden ist.

- *Sie glauben, ihre Lehrer hätten ihnen »die Wahrheit« vermittelt, und diese haben sie nicht zu kritischem Denken angehalten.*

Ich habe über viele Jahre hinweg Kurse zur Durchführung psychologischer Tests abgehalten, und es waren unter den Teilnehmern auch Leute, die lange Zeit als Sonderschullehrer gearbeitet hatten. Zu meinen Übungen gehörte üblicherweise auch, daß ich die Teilnehmer untereinander die Tests durchführen ließ, die sie später mit den Kindern machen würden. Dann ließ ich sie sehr detailliert alle nur möglichen Faktoren auflisten – emotionale, kognitive, Motivation betreffende, körperliche –, die es einem Kind *möglicherweise* erleichtern oder erschweren könnten, bei den einzelnen Aufgaben gut abzuschneiden. Nach einer dieser Übungen kam eine Frau zu mir, die seit zehn Jahren mit lerngestörten Kindern arbeitete, und sagte: »Mir ist schon klar, warum Sie uns das machen lassen. Es ist absolut einleuchtend. Aber jetzt verstehe ich überhaupt nicht mehr, was ich die letzten zehn Jahre gemacht habe.« Sie erzählte, der oberste Grundsatz bei ihrer Ausbildung sei gewesen: »Wenn ein Kind bei dem und dem Test die und die Punktzahl erreicht, verwenden Sie das und das Lehrmaterial.« Keiner der Ausbilder bemühte sich, die Studenten zu kritischem, logischem Denken anzuhalten, mit dem Ziel, wirklich genau herauszufinden, wozu das einzelne Kind in der Lage war und wozu nicht. Und da ihre Lehrer auf ihrem Fachgebiet angesehene Kapazitäten waren, hatte diese Frau keinen Grund, die Richtigkeit oder Zweckmäßigkeit der von ihnen vermittelten Vorgehensweise anzuzweifeln. Da sie doch so erfahren und berühmt waren, dachte sie vielmehr, müsse es ein Zeichen für ihre eigene Unzulänglichkeit sein, wenn sie mit etwas nicht so ganz einverstanden war. Sie dachte, sie sei wohl nicht intelligent genug, um zu verstehen, warum sie so arbeiteten und nicht anders. Ein paar Jahre vorher hatte ich schon einmal ein ähnliches Erlebnis gehabt. Als ich mich mit meinem Abschluß in der Tasche mit Lernstörungen zu befassen begann, stellte ich fest, daß ausgebildete Psychologen Berichte schrieben, die ich nicht verstand. So schrieben sie zum Beispiel oft, ein lerngestörtes Kind könne »konkret denken, aber nicht verbal«. Ich brauchte eine ganze Weile, bis ich erkannte, daß das Problem in dem lag, was die Psychologen schrieben: So wie sie sich ausdrückten, waren »konkret« und »verbal« Gegensätze, aber das ist nicht der Fall. Ein Kind kann eine konkrete verbale Ausdrucksfähigkeit besitzen, also zum Beispiel »Tisch«, »Stuhl« und »Socken« benennen, und ein Kind kann eine abstrakte verbale Ausdrucksfähigkeit haben, also etwa den Unterschied zwischen »Freiheit« und »Gerechtigkeit« beschreiben. Die Begriffe »konkret« und »verbal« sind keine Gegensätze, und die Berichte dieser Experten waren verwirrend, weil sie es so darstellten, als wären sie es.

Daß Lehrer und Ausbilder oft so tun, als würden sie alles wissen, beschreibt Ben Carniol mit einer Szene, die ihm ein Sozialarbeiter erzählte:

> Dann wendet sich der Gruppenleiter mir zu und fragt: »Was ist los mit Ihnen? Wissen Sie nicht, was Sie in diesem Fall tun sollen?«
>
> Die Sache ist die, daß der Gruppenleiter manchmal auch keine Antwort weiß. Aber anstatt das zuzugeben, fertigt er

den Sozialarbeiter barsch ab. Und der lernt, keine Fragen mehr zu stellen, wenn er so behandelt wird. Vor allem weil ja der Gruppenleiter derjenige ist, der die Leistung des Sozialarbeiters an der Front beurteilt.[1]

- *Manche sind voreingenommen, geistig träge oder nicht besonders intelligent.*

Glenna Atwood, die an der Parkinson-Krankheit leidet, schreibt, daß ein Medizinstudent ...

> ... meinen Tremor bemerkte und mich bat, ein Stück zu gehen. Mein Gang war ziemlich unsicher, und ich bewegte meine Arme kaum dabei. Sein Kommentar war kalt und kurz: »Das ist kein Parkinson. Der Tremor ist zu schwach. Ich würde eher auf einen Gehirntumor tippen.« Mit diesen Worten ging er hinaus. Ich kenne seinen Namen nicht, aber wer immer er auch ist, wo immer er auch heute sein mag, ich hoffe, er hat noch viel über Parkinson und den Umgang mit Patienten gelernt.[2]

Wie bei allen Gruppen von Menschen ist es auch bei Autoritäten so, daß manche deshalb nicht kritisch denken, weil sie nicht sehr intelligent oder interessiert sind, oder weil sie sich von ihren Vorurteilen stark beeinflussen lassen – oder beides. Wie Grant[3] zum Beispiel aufführt, wurden beunruhigende Informationen über das Intrauterinpessar (IUP) der Firma Dalkon heruntergespielt und dieses Verhütungsmittel in der Werbung als »technologisches Wunder« gepriesen.[4] Im Jahr 1968 erschienen in derselben Ausgabe der Fachzeitschrift *Obstetrics and Gynecology* zwei Artikel. In dem einen wurde über eine junge Mutter von vier Kindern berichtet, der ein Dalkon-IUP eingesetzt worden war und die drei Tage später starb. In dem anderen wurden die Vorteile von IUPs erläutert. Es gab hier also eindeutig verschiedene Meinungen unter den Fachärzten, und wir müssen uns fragen, ob es intellektuelle Nachlässigkeit war, eine Voreingenommenheit zugunsten der Technik, oder ob andere Faktoren dazu führten, daß die möglichen Gefahren heruntergespielt wurden.

Ebenso kann man sich in dem nun folgenden Fall fragen, ob Nachlässigkeit, Vorurteile gegen Mütter oder etwas anderes dahintersteckten: In einem Artikel über Kinder, die möglicherweise psychische Probleme entwickeln könnten, beschrieben die Autoren den Vater eines solchen Kindes durch Angabe seines Alters, seines Berufes und die Aussage, daß er »gesund« sei. Von der Mutter dieses Kindes gaben sie ebenfalls das Alter an und beschrieben sie als »nervös«.[5] Später in dem Artikel erfahren wir jedoch, daß der Vater sein Kind mißbrauchte, daß er fürchterliche Angst vor ihm hatte und deshalb immer weinte, wenn es von ihm sprach. Trotz dieser schrecklichen Situation kamen die Autoren zu dem Schluß, daß Kinder wie dieses sich normal entwickeln können – *wenn* ihre *Mütter* sie richtig behandeln. Die Verfasser des Artikels scheinen zu kritischem Denken nicht in der Lage gewesen zu sein, denn das haarsträubende Verhalten dieses Vaters gegenüber seinem Kind war ihnen zum Zeitpunkt ihrer Schlußfolgerung offenbar völlig entfallen.

Handelt es sich bei den Autoritäten um Forscher, muß man überraschend oft feststellen, daß sie es bei ihrer Fragestellung an wissenschaftlicher Gründlichkeit fehlen lassen. Da zum Beispiel ein Baby neun Monate im Bauch der Mutter verbringt, erschien es durchaus sinnvoll zu untersuchen, ob der Fötus möglicherweise geschädigt wird, wenn die Mutter einer Schadstoffbelastung ausgesetzt ist. In diese Richtung ist bereits sehr viel geforscht worden. Aber erst jetzt beginnt sich die Wissenschaft damit zu beschäftigen, welche Auswirkungen es auf das ungeborene Baby hat, wenn beim *Vater* eine solche Belastung vorliegt. Vielleicht kommt es daher, daß wir in einer Gesellschaft leben, die eher den Müttern als den Vätern die Schuld für alles Schlimme gibt, was ihren Kindern passiert.[6] Vielleicht liegt es auch daran, daß der Vater an der Zeugung nur kurz, an der Schwangerschaft aber gar nicht beteiligt ist, oder wir als Gesellschaft nicht sehen wollen, daß wir uns am Arbeitsplatz (wo man immer noch weit eher die Väter zu sehen *erwartet* als die Mütter) gesundheitliche Schäden zuziehen könnten. Was immer der Grund oder die Gründe sein mögen, die wichtige Frage nach dem Einfluß der Männer haben die Forscher fast durchweg vernachlässigt. Und jetzt, da diese Frage konsequenter untersucht wird, »häufen sich die Anhaltspunkte, daß ein Zusammenhang besteht zwischen Alkohol- und Drogenkonsum, Rauchen und Schadstoffbelastung am Arbeitsplatz [bei den Vätern]« und »Geburtsfehlern, Krebs, Entwicklungs- und Verhaltensstörungen« bei ihren Kindern.[7]

Palter und D'Argo von Greenpeace berichten über einen anderen folgenschweren Fall, in dem die Forscher – aufgrund geistiger Trägheit oder einer Tendenz, nur bestimmten möglichen Krankheitsursachen nachzugehen – einige wichtige Fragen außer acht ließen.[8] Zwischen 1940 und 1993, so schreiben sie, hat sich die Brustkrebsrate bei Frauen dramatisch erhöht, von jeder zwanzigsten auf jede achte Frau. Obwohl sich die Ärzte hinsichtlich Vorbeugung und Ursachen von Brustkrebs fast ausschließlich auf Fragen der Vererbung, Ernährung und mit der Fortpflanzung zusammenhängende Aspekte konzentrieren, lassen sich weniger als ein Drittel der Fälle auf diese Faktoren zurückführen.[9] Als weiterer Forschungsansatz läge doch die Frage nahe: »Welche möglichen Ursachen haben sich zwischen 1940 und heute ebenso dramatisch verändert wie die gestiegene Brustkrebsrate?« Eine plausible Antwort ist die Zunahme von Chemikalien und Schadstoffen in unserer Nahrung, dem Wasser und der Umwelt, aber die konservativ arbeitenden medizinischen und Forschungsunternehmen schenken diesen Möglichkeiten nur wenig Aufmerksamkeit.[10] Das ist um so enttäuschender als – selbst wenn die Frauen sehr genau auf ihre Ernährung und die mit der Fortpflanzung zusammenhängenden Dinge achteten – weit weniger als ein Drittel aller für Brustkrebs anfälligen Frauen etwas zur Vorbeugung werden tun können, solange wir unsere Erbanlagen nicht entsprechend beeinflussen können und wir weiterhin den gleichen Mengen an Schadstoffen ausgesetzt sind.[11]

Experten können großen Schaden anrichten, wenn sie nicht gründlich nachdenken, bevor sie Aussagen darüber machen, was ihre Forschung beweist. Das zeigte sich zum Beispiel bei einer großangelegten Studie von Psychologen, Sozialarbeitern und Psychiatern, bei der das Wissen und die Einstellung von Therapeuten zu Vergewaltigungsopfern untersucht werden sollten, die bei ihnen in Therapie waren.[12] In der Zusammenfassung am Anfang der Studie – und das ist der einzige Teil, den viele ihrer Leser wirklich anschauen – heißt es: »Im Durchschnitt ... zeigten die Therapeuten eine positive Einstellung zu den Opfern.«[13] Zu einer solchen positiven Einstellung gehört, dem Opfer nicht die Schuld daran zu geben, daß es vergewaltigt worden ist. Wer sich allerdings bis zu Seite 12 der Studie durchkämpft, erfährt, daß rund 65 Prozent der Therapeuten im Zuge ihrer »Behandlung« der Klientin die Schuld an der Vergewaltigung zuschieben, und auf Seite 18 ist zu lesen, daß die in dieser Stichprobe erfaßten Vergewaltigungsopfer mit ebenso großer Wahrscheinlichkeit von Therapeuten behandelt wurden, die ihnen die Schuld zuschoben, wie von solchen, die das nicht taten.

Schon diese eine Studie offenbart intellektuelle Probleme sowohl bei den Forschern als auch bei den Experten, die sie untersuchten: Forscher sind bei dem, was sie mit ihren Untersuchungen beweisen wollen, nicht immer logisch und konsequent, und vielen sogenannten Experten sind die neuesten Erkenntnisse in ihrem Fachgebiet entweder nicht bekannt oder sie ziehen es vor, sie zu ignorieren. In dem oben erwähnten Fall waren sie sich entweder nicht bewußt, daß eine Schuldzuweisung das Opfer verletzt, oder sie wollten es trotzdem nicht unterlassen. So muß jedes Vergewaltigungsopfer, das bei einem Therapeuten Hilfe sucht, beunruhigend häufig damit rechnen, an einen zu geraten, der glaubt, die Vergewaltigung sei ihre oder seine eigene Schuld.

Eine weitere Variante unzulässiger wissenschaftlicher Fragestellung ist, wenn zu stark vereinfacht wird. Zum Beispiel wird seit vielen Jahren darüber diskutiert, ob Männer von Natur aus und zwangsläufig aggressiver seien als Frauen. Diese Diskussion ist von großer Tragweite, denn wenn männliche Gewalt naturgegeben und unvermeidbar ist, dann würden manche Leute das als Entschuldigung für Männer betrachten, die ihre Frauen schlagen oder ihre Schülerinnen vergewaltigen, und manche würden argumentieren, es sei sinnlos, Kriege verhindern zu wollen, weil Männer ihre Aggressionen ja irgendwie loswerden müssen. Die Forschung zu diesem Thema konzentriert sich vor allem auf die Frage: »Ist das ›männliche Hormon‹ Testosteron der *Auslöser* von Aggressionen?« Manche Studien kommen zu dem Schluß: »Ja, in gewisser Hinsicht, unter bestimmten Umständen, wenn man ›Aggression‹ auf bestimmte Weise definiert.« Wenn wir an Hormone denken, die das Verhalten beeinflussen, dann gehen die meisten Leute davon aus, daß man nicht sehr viel tun kann, um hormonell gesteuertes Verhalten zu kontrollieren. Hätte die Forschung also an diesem Punkt aufgehört, hätte sich der allgemeine Eindruck gefestigt, daß Männer nichts dafür können, wenn sie gewalttätig sind.

Was die meisten Wissenschaftler jedoch bis vor kurzem versäumt haben, war, die Frage umzukehren, also: »Kann aggressives Verhalten zu einem Anstieg von Testosteron führen?« Inzwischen haben Forscher, die diese Beziehung von Ursache und Wirkung untersuchen, festgestellt, daß aggressives Verhalten den Testosteronspiegel erhöhen kann. Auch Streß kann das bewirken (zum Beispiel der Streß durch den Nadelstich bei einer Blutabnahme, wenn der Hormonspiegel untersucht werden soll). Das läßt die Frage, ob Männer ihr aggressives Verhalten kontrollieren können, für viele von uns in einem ganz anderen Licht erscheinen, denn ein weniger dominantes und aggressives Verhalten kann möglicherweise die Produktion eines Hormons vermindern, das ein mitwirkender Faktor für aggressives Verhalten ist. Wir werden uns aber kaum über die subtileren Möglichkeiten Gedanken machen, solange die Experten ihrer Arbeit stark vereinfachte Denkschemata wie »Hormone produzieren Verhalten« zugrunde legen.

Ein dem Gewissen verpflichtetes, kritisches Denken bei Autoritäten bedeutet auch, daß wir unsere Vorurteile zu überwinden versuchen und uns fragen, ob unsere Vorurteile oder die Einstellung unseres Systems zu Geschlechts- oder Rassenzugehörigkeit, Alter, Behinderung, sexueller Orientierung, sozialer Schicht oder körperlicher Attraktivität unser Denkvermögen vielleicht trübt und uns daran hindert, als Dienstleister unser möglichstes für unsere Mitmenschen zu tun. Ein erschreckendes Beispiel für den immer noch weit verbreiteten Rassismus etwa ist jener weiße Arbeitsberater, der einem Schwarzen volle fünf Minuten eine Reihe von Jobs anbot, bei denen nur harte körperliche Arbeit gefragt war. Der Mann legte ihm schließlich seinen Lebenslauf vor und machte ihn darauf aufmerksam, daß er einen Magister in Betriebswirtschaftslehre hatte und zuletzt in einer Werbeagentur als Leiter der Buchhaltung tätig gewesen war. Der Arzt, der bei der 89jährigen Frau nicht erkannte, daß sie an AIDS erkrankt war, hatte eine sexistische Einstellung oder war durch Vorurteile gegen alte oder überhaupt Menschen beeinflußt, die der gängigen Idealvorstellung von Attraktivität nicht entsprechen. Als letztes Beispiel dafür, wie Vorurteile das Denken von Autoritäten beeinflussen, sei die Erfahrung einer Frau erzählt, die wegen starker Menstruationsbeschwerden zum Arzt ging. Er bombardierte sie gleich mit Fragen, was sie denn zur Verhütung tue: »Sie benützen doch ein Verhütungsmittel? Nein?! Warum nicht?! Sie sind doch schließlich *nicht* verheiratet, oder? Hat Ihnen noch nie jemand erklärt, welche Alternativen Sie hier haben?«, ohne einmal Atem zu holen. Bis sie ihn unterbrach und meinte: »Ich bin lesbisch, also kann ich doch wohl auf Verhütungsmittel verzichten.«

- *Sie lernen nicht, wie man richtig zuhört und nachfragt.*

In *vielen* Berufssparten – und dazu zählen auch die akademischen Berufe und der öffentliche Dienst – lernen die Leute *nicht*, wie man richtig zuhört und den Klienten hilft; oft versucht man das sogar zu unterbinden. Und weil Autoritäten kaum dazu angehalten werden, den Klienten *zuzuhören*, gehen oft die Informationen an ihnen vorbei, die wichtig wären, wenn sie wirklich helfen wollten. Meine Freundin Gillian arbeitete als Krankenschwester auf der psychiatrischen Station eines Krankenhauses, wo drogen- oder alkoholabhängige Jugendliche behandelt wurden. Sie ist ein warmherziger und offener Mensch, und deshalb rückten die Jugendlichen bei den Gruppengesprächen, die sie für diese Patienten organisierte, oft mit Dingen heraus, von denen sie noch nie jemandem erzählt hatten. Inhalt dieser Geständnisse war häufig, daß sie sexuell mißbraucht worden waren. Der Leiter der Psychiatrie wies sie deshalb zurecht und sagte: »In den Einzelsitzungen bei mir gehen diese Kinder überhaupt nicht an diesen Punkt heran, also werden Sie von Ihnen zum Reden gedrängt, bevor sie von sich aus dazu bereit sind!« Das war eine deutliche Botschaft an Gillian, daß sie besser kein so guter Zuhörer mehr sein sollte. Gillian bemerkte zwar, daß ihr Chef unangenehm berührt war, weil seine Patienten ihm diese Dinge nicht hatten anvertrauen wollen, merkte aber auch, daß sie sehr versucht war, den Jugendlichen nach dieser Zurechtweisung einfach nicht mehr zuzuhören. Natürlich hatte sie schon Jahre zuvor gelernt, daß man lästig, unhöflich, asozial und auf jeden Fall unweiblich ist, wenn man eine Autoritätsperson in Frage stellt. Trotz dieses großen Drucks änderte Gillian ihr Verhalten gegenüber den Patienten nicht, aber das erforderte eine ganze Menge Mut.

- *Sie wissen nicht, was sie nicht wissen.*

Wie schon in Kapitel 4 kurz angesprochen, ist es Experten aus verschiedenen Gründen manchmal nicht einmal bewußt, was sie nicht wissen. Wie bereits erwähnt, liegt das zum Teil daran, daß sie von Lehrern unterrichtet wurden, die so taten, als wäre der von ihnen präsentierte Stoff alles, was man zu wissen braucht. Und wenn ein Lehrer uns mit einer solchen Haltung gegenübertritt, kommen wir vielleicht gar nicht auf die Idee, daß es noch mehr geben könnte, oder wir haben Angst anzudeuten, daß es vielleicht mehr geben könnte, oder beides. Die Folge davon ist, daß Experten, wenn sie ein Problem mit dem ihnen zufällig zur Verfügung stehenden Wissen nicht klären können, oft davon ausgehen, daß es keine Lösung gibt, statt nach einer anderen Erklärung zu suchen.

Erinnern Sie sich noch an meinen Hausarzt, der meinte, der Grund für meine Erschöpfung seien meine 45 Jahre, und daß ich abnehmen könnte, wenn ich weniger essen würde, und mir dann auch mehr Energie zur Verfügung stünde. Ich protestierte und meinte, daß ich, wenn ich *weniger* esse, nur noch schlapper bin. Worauf er die Schultern zuckte. Vielleicht ist ihm nie in den Sinn gekommen zuzugeben: »Ich weiß nicht alles«, und »logisch gesehen macht das *keinen* Sinn, also muß es eine andere Erklärung dafür geben«. Vielleicht hat ihm noch nie jemand nahegelegt, einmal ganz unvoreingenommen zu überlegen und auch zuzugeben, daß es eine Erklärung außerhalb der ihm bekannten Optionen geben könnte. Ich nehme stark an, daß mein Arzt, wenn er zu Hause in aller Ruhe in der Zeitung einen Artikel darüber lesen und einmal vergessen würde, daß man von ihm als Arzt eine Antwort auf alle Fragen erwartet, die mit Krankheiten zu tun haben, ziemlich schnell erkennen würde, daß bei dem Puzzle ein Teil fehlt. Ich kenne ihn als intelligenten und fürsorglichen Menschen, und seine Unfähigkeit zu kritischem Denken und Hinterfragen meiner Situation scheint mir seine Tendenz widerzuspiegeln, *nur* innerhalb des Rahmens seines an der medizinischen Fakultät erworbenen Wissens nach Erklärungen zu suchen. Das ist deshalb besonders verwirrend, weil er seinen Patienten gegenüber nicht diese distanzierte, manchmal sogar herablassende Art an den Tag legt, wie man sie von vielen anderen Ärzten her kennt. Wie schade, daß er dieses andere Handikap nicht überwinden kann.

In meinem eigenen Beruf erlebe ich auch immer wieder Experten, die nicht wissen, daß sie nicht wissen. Wie oft höre ich Therapeuten behaupten, daß ein Kind Probleme hat, weil zu Hause der Vater, das »erwachsene männliche Rollenmodell« fehlt. Viele Forscher haben schon darüber nachgedacht, welche Schäden die »Abwesenheit des Vaters« zur Folge hat, und alleinerziehende Mütter erzählen mir oft, daß Experten immer wieder sagen, daß sie ohne erwachsenen Mann zu Hause keine psychisch gesunden Kinder großziehen könnten.[14] Sie behaupten, ihre Töchter würden dann zur Promiskuität neigen, weil sie verzweifelt nach einem Vaterersatz suchen, und ihre Söhne würden homosexuell werden, weil sie keine Vorstellung von »Männlichsein« haben. Aber die Forscher, die sich mit der Abwesenheit des Vaters beschäftigen, haben hauptsächlich Familien untersucht, in denen der Vater durch Scheidung fehlt oder die Familie verlassen hat, was unsere Gesellschaft mißbilligt. Deshalb ist es vielleicht nicht weiter überraschend, daß sie zu der »Erkenntnis« gelangen, daß die Abwesenheit des Vaters für die Kinder eine Verletzung bedeutet. Das liefert ihnen noch mehr Munition, um solche Väter oder die Frauen zu kritisieren, die den Männern wahrscheinlich derart zugesetzt haben, daß sie die Scheidung einreichten oder die Familie verließen. Die Forscher haben praktisch alle Familien ausgeschlossen, in denen die Väter aufgrund ihres Berufes körperlich abwesend sind, weil sie zum Beispiel bei der Marine arbeiten, oder einfach weil sie unzählige Stunden im Büro oder sonstwo verbringen. Da die Gesellschaft es nicht sonderlich beunruhigend findet, wenn die Arbeit den Kindern ihren Vater wegnimmt, sehen die Forscher, die sich mit diesem Thema beschäftigen, nur in bestimmten Formen der Abwesenheit des Vaters ein Problem. Sie kommen vielleicht gar nicht auf die Idee, daß es den »abwesenden Vater« auch in solchen Familien gibt, wo er wegen seiner Arbeit viele Stunden von zu Hause weg ist; also wissen sie nicht einmal, daß sie eine wichtige Gruppe ganz außer acht lassen. Vielen besorgten alleinerziehenden Müttern ginge es vielleicht besser, wenn sie wüßten, daß die Experten auch die psychischen Schäden nicht ignorieren, die bei Kindern entstehen können, wenn ihre Väter aufgrund ihrer Arbeit – oder weil sie exzessiv Sport treiben, ihre Zeit in Spielhallen verbringen usw. – nie zu Hause sind. Aber die Tatsache, daß Millionen von Frauen praktisch ganz allein gut angepaßte Kinder großziehen, fällt völlig unter den Tisch, weil die Forscher diese Familien mit einem im Prinzip »abwesenden Vater«, was die Gesellschaft stillschweigend akzeptiert, nicht zur Kenntnis nehmen.

• *Sie können sich so ziemlich alles erlauben.*

Manche Autoritäten und Experten tun oder lassen, was ihnen gefällt, ohne daß sie dafür zur Rechenschaft gezogen werden. Eben weil es den Klienten so sehr widerstrebt, Fragen zu stellen, genießen Autoritäten das Privileg, daß ihnen kaum einmal widersprochen wird. Und obwohl es manche Leute in einer solchen Position bedauern, daß ihre Klienten sich nicht den Mund aufzumachen trauen, sind andere doch froh, daß sie sich dadurch eventuellen Ärger ersparen. Ubelacker zitiert in einem Artikel über dieses Verhalten von Ärzten eine 64jährige Frau, die die Praxis ihres Hausarztes immer »verärgert, verwirrt und mit dem Gefühl der Hilflosigkeit« verläßt, weil »er mir nie etwas sagt«. Aber die Frau ist »entsetzt über den Vorschlag ihrer Tochter, sie solle doch darauf bestehen, daß er sie besser informiert. ›Er ist Arzt. Ärzte belästigt man nicht mit Fragen.‹«[15] Ubelacker schreibt, diese Haltung sei unter älteren Patienten häufiger zu finden als bei der jüngeren Generation, aber auch viele jüngere Leute hätten diese Einstellung; und selbst jenen, die sich zu fragen trauen und die auf Antworten bestehen, nehmen manche Ärzte mit ihrer Arroganz und ihrem ausweichenden Verhalten oft den Wind aus den Segeln.

Wir als Laien meinen oft, daß Autoritäten sich bestimmt keine großen Freiheiten herausnehmen können, weil es doch Vorgesetzte gibt, die ihre Leistung kontrollieren, sowie Gesetze und ethische Prinzipien zum Schutz der Klienten und bei bestimmten Berufen Disziplinarorgane, die ihre Mitglieder nötigenfalls zur Ordnung rufen. Es ist wahrscheinlich schon so, daß Autoritäten, wenn sie das Gefühl haben, daß der Große Bruder ein Auge auf sie hat, ihre Arbeit nicht einfach nach Schema F durchziehen und sich weniger Nachlässigkeiten erlauben als die, die wissen, daß es ohnehin niemand merkt. Wie Kate Rounds in einem Zeitschriftenbeitrag über Krankenschwestern schrieb, kann eine gewissenhafte Schwester, zumindest im Krankenhaus, den Fehler eines Arztes gerade noch ausbügeln, wenn er irrtümlich angeordnet hat, daß ein Patient zehn Milligramm von einem bestimmten Wirkstoff bekommen soll statt nur ein Milligramm.[16]

Allerdings gibt es in ganz vielen Dienstleistungsbereichen wenige oder gar keine Schutzmechanismen. Und oft hat es nicht viel Sinn, eine ordnungsgemäße Klage einzureichen, selbst wenn es einen offiziellen »Aufpasser« gibt. So leisten zum Beispiel die Verbraucherzentralen in manchen Städten sehr gute Arbeit; wenn Sie aber irgendwo anders der einzige Kunde sind, der eine Klage gegen eine bestimmte Firma anstrengen will, dann unternehmen sie erst etwas, wenn sie mehrere Beschwerden über diese Firma bekommen haben.

Vielleicht weil Anwälte innerhalb des »Rechts«-Systems tätig sind, überrascht es uns manchmal, wenn wir erfahren, daß die Anwaltskammern, die Beschwerden gegen Anwälte nachgehen sollen, manchmal eher die Anwälte schützen als die Klienten, denen sie Schaden zugefügt haben. Nehmen wir zum Beispiel den Anwalt, der bei einer öffentlichen Gerichtsverhandlung verkündete, die Mandantin der Gegenseite sei »in ihrer Heimatstadt als notorische Lügnerin bekannt«. Dieser Anwalt war der Frau vorher nie begegnet, noch hatte er irgendwelche Beweise dafür, daß das so war (es stimmte auch tatsächlich nicht), also kann man seine Behauptung entweder als oberflächliche Polemik oder aggressives Taktieren interpretieren, oder beides. Als die Frau bei der zuständigen Anwaltskammer Beschwerde erhob, ließ diese in keinster Weise erkennen, daß sie von dem Anwalt verlangen würde, irgendwelche Beweise für seine Verleumdung zu erbringen. Statt dessen teilte man der Frau einfach mit, man würde ihre Beschwerde abweisen und nichts gegen den Anwalt unternehmen.

Im folgenden Beispiel haben bei einem einzigen Fall gleich die Kontrollinstanzen für drei verschiedene Berufssparten kläglich versagt, als es darum ging, ihre Mitglieder für ihr Fehlverhalten zur Rechenschaft zu ziehen. Ein Mann, den ich Herbert nennen möchte, hatte bei Gericht das Sorgerecht für seine kleine Tochter beantragt, weil die Mutter sie schwer vernachlässigte und seelisch mißhandelte. Herberts

Anwalt, Herr Nurn, schlug dem Anwalt von Herberts Exfrau, Herrn Stone, mehrere Sachverständige für ein psychologisches Gutachten über die Familienmitglieder vor. Herr Stone lehnte jeden Gutachter ab, in einem Fall mit dem Hinweis, der Therapeut sei ein enger Freund von ihm. Statt dessen schlug Herr Stone wiederholt vor, das Gutachten solle von Dr. Martin erstellt werden, dem Psychiater, der im Scheidungsverfahren als Mittler zwischen Herbert und seiner Exfrau fungiert hatte. Dr. Martin hatte jedoch abfällige Bemerkungen über Herberts Kind gemacht, und mit dieser Begründung lehnte ihn Herr Nurn in einem Brief an Herrn Stone als Gutachter ab.

Als die Anwälte einen Richter baten, ein Gutachten zu veranlassen, fragte der Richter: »Wer soll das Gutachten erstellen?« Herr Stone darauf sofort: »Wie wäre es mit Louise Sludge? Da Frau Sludge eine in der Kinder- und Jugendfürsorge sehr erfahrene Sozialarbeiterin war und Herr Nurn fürchtete, der Richter würde ihn und seinen Mandanten als Querulanten ansehen, wenn sie sich weigerten, stimmte er zu. Nach einigen Gesprächen mit der Gutachterin erfuhr Herbert, daß der Anwalt seiner Exfrau und Dr. Martin die Klinik gegründet hatten, in der Frau Sludge angestellt war, dort im Vorstand saßen und mit Frau Sludge mehrmals eng zusammengearbeitet hatten. Herbert machte Frau Sludge deutlich, daß er Dr. Martin nicht in das Gutachterverfahren mit einbezogen sehen wolle, weil er ganz eindeutig befangen sei. Trotzdem besprach Frau Sludge den Fall mit Dr. Martin. Daß sie Herbert vor diesem Gespräch nicht einmal um seine Zustimmung bat, ist besonders bedenklich. Ihrem Berufsethos entsprechend müssen sowohl Dr. Martin als auch Frau Sludge von ihren Klienten eine schriftliche Einwilligung einholen, bevor sie *überhaupt* mit irgend jemanden über ihre Fälle sprechen.

Herbert reichte bei der örtlichen Anwaltskammer Beschwerde gegen Herrn Stone mit der Begründung ein, er habe dem Gericht den möglichen Interessenkonflikt verschwiegen, als er Frau Sludge als Gutachterin vorschlug. Die Kammer unternahm in dieser Sache nichts gegen Herrn Stone. Monate, nachdem seine Beschwerde abgewiesen worden war, erfuhr Herbert auch noch, daß die Anwaltskammer selbst sich vorschriftswidrig verhalten hatte: Offenbar war Herr Stone auch Mitglied im Vorstand der Anwaltskammer, und diese muß *gemäß ihren eigenen Vorschriften* (die Herbert nie zu Gesicht bekam) eine neutrale Person von außen hinzuziehen, die den Fall untersucht, wenn gegen eines der Vorstandsmitglieder Beschwerde erhoben wird. Das tat die Kammer nicht, sondern übertrug die Sache einem ihrer Angestellten – dem gegenüber Herr Stone eine gewisse Weisungsbefugnis hatte.

Herbert erhob bei der Psychiatrischen Vereinigung Klage gegen Dr. Martin und beim Verband der Sozialarbeiter gegen Frau Sludge. Der gravierendste Punkt dieser Klagen war, daß keiner der beiden Herberts Zustimmung eingeholt hatte, bevor sie den Fall miteinander besprachen. Beide »Kontrollorgane« wiesen die Klagen gegen ihre Mitglieder ab und unternahmen nichts. Kurze Zeit später wies der Verband der Sozialarbeiter seine Mitglieder in einem Rundschreiben darauf hin, daß ein Vorgehen wie das von Frau Sludge (ihr Name wurde allerdings nicht genannt) zu unterlassen sei, also wußte man sehr wohl, daß es falsch gewesen war.

In einem anderen Fall, so berichtet DiManno, gab der bei einer Anhörung vor dem Disziplinarausschuß der Polizei als Richter eingesetzte Mann zu, mit dem Angeklagten befreundet zu sein, als er seine äußerst milde Strafe verkündete. Diese milde Strafe bekam der Polizist dafür, daß er eine Prostituierte dazu gezwungen hatte, mit ihm zu verkehren, und gedroht hatte, er würde sie festnehmen, wenn sie nicht willig wäre.[17] DiManno bemerkt dazu: »Wie praktisch, wenn man einen Freund im Richterkollegium hat. Bei jedem anderen Quasi-Justizverfahren wäre das als Interessenkonflikt gewertet worden. Aber manche Polizisten machen sich offenbar ihre eigenen Regeln.« Wenn die Organe, die eigentlich als Kontrollinstanz fungieren sollen, nicht nur Nachlässigkeiten, sondern auch eindeutig unethisches Verhalten verteidigen, ist es kein Wunder, daß so viele Autoritäten tun, was ihnen paßt.

Selbst wenn es gute Aufsichtsorgane gibt, verzichten Klienten oft auf eine Beschwerde, weil sie wissen, daß sie einem schonungslosen Kreuzverhör unterzogen werden, falls eine Anhörung stattfindet.[18] Zudem ist es für Leute, die diesen Schritt wagen, oft sehr schwer, stichhaltige Beweise zu bringen. Kramer schreibt dazu:

> Würden [Arzt-]Protokolle unabhängig erstellt und Kollegen offen zugänglich gemacht, käme öfter ... die Wahrheit ans Tageslicht. Gäbe es ... in jedem Operationssaal ein Gerät wie einen Flugschreiber – etwa eine Videokamera und ein Mikrophon, die ständig laufen –, könnten diese internen Vorgänge im Bedarfsfall öffentlich rekonstruiert werden.[19]

Ähnliches habe ich für die Psychotherapie vorgeschlagen – nämlich daß die Klienten einen Kassettenrecorder zu ihren Sitzungen mitnehmen, später anderen Leuten die Bänder vorspielen und sie fragen, ob sie glauben, daß der Therapeut ihnen wirklich hilft, sie heruntermacht, kontrolliert oder ähnliches. Bis sich das jedoch in der Praxis durchsetzt, wird es weiterhin schwierig sein, eine Klage mit stichhaltigem Beweismaterial zu untermauern.

- *Macht definiert Wahrheit (Arroganz oft auch).*

> Rede erst einmal so, wie wir es für nötig
> erachten, und dann hören wir dir zu.
>
> *Robert Pirsig*[20]

Die Definition und Gleichschaltung von Wissenschaft und Wahrheit durch eine Elite hat eine lange Geschichte: Zur Zeit von Galileo vertraten einflußreiche Intellektuelle mit glühendem Eifer die Meinung, die Erde sei das Zentrum des Universums, aber Galileo wurde gezwungen, seine Aussage zu widerrufen, daß die Erde *nicht* das Zentrum ist, um das sich alles dreht. Obwohl dem Klienten oder Patienten eine Autorität gleich auf welcher Stufe der Hierarchie in einem Expertensystem als mächtig erscheint, werden die meisten Autoritäten doch von irgend jemand anderem kontrolliert, und die meisten Experten reagieren sensibel auf Zustimmung oder Ablehnung aus den eigenen Reihen. Da Autoritäten und Experten auch nur Menschen sind, werden sie nun mal von den Überzeugungen und Vorurteilen der Mächtigen in ihrem Bereich beeinflußt. Die Folge davon ist, daß Forscher sich bei ihren Entscheidungen, mit welchen Fragen sie sich beschäftigen, möglicherweise dadurch beeinflussen lassen, was die Elite als wichtige Fragen und den richtigen wissenschaftlichen Ansatz betrachtet.[21] Was die Forschung und ihren Anspruch auf Wahrheit außerdem stark beeinflußt, sind die Projekte, die staatliche Stellen und Stiftungen zu unterstützen gewillt sind, und die Themenbereiche und Theorien, die für wichtig genug gehalten werden, um Gehaltserhöhungen und Beförderungen zu rechtfertigen. Das ist auch der Grund, warum sich die psychologische Forschung bis vor einigen Jahren ausschließlich auf männliche Weiße konzentrierte: Frauen und

Farbige beider Geschlechter wurden einer Untersuchung einfach nicht für wert befunden.[22] Deshalb haben die Forschungsarbeiten über nichtdominante Gruppen auch meistens die These unterstützt, diese Gruppen seien in irgendeiner Hinsicht minderwertiger, wie etwa Studien zu der angeblich geringeren Intelligenz von Schwarzen oder der angeblichen psychischen Labilität von Frauen.

Robert Pirsig beschreibt sehr anschaulich, wie es ist, wenn man eine Meinung oder Interpretation äußert, die der von den Mächtigen vertretenen Doktrin widerspricht: »Das bedeutet immer, daß man gegen eine unsichtbare Mauer der Vorurteile rennt. Niemand an der Innenseite der Mauer wird dir je zuhören – nicht, weil das, was du sagst, nicht richtig ist, sondern einzig und allein, weil du jemand bist, der sich außerhalb der Mauer befindet«, eine Mauer, die er als »kulturelles Immunsystem« bezeichnet, eine Mauer, die Abweichlern nicht nur den Zugang zu den Schauplätzen der Macht verwehrt, sondern ihnen auch eine faire Anhörung verweigert.[23] Bei den Recherchen zu meinem neuen Buch über Frauen an den Universitäten mußte ich immer wieder überrascht feststellen, wie weit verbreitet es ist, daß sich einflußreiche Professoren das Recht herausnehmen zu entscheiden, welches Wissen legitim oder wichtig ist.[24] Als ich mich um eine Dozentenstelle an der psychologischen Fakultät einer Universität bewarb, fragte mich ein Mitglied des zuständigen Ausschusses: »Wann werden Sie mit Ihrer Forschung über Frauen aufhören und etwas wirklich *Wichtiges* tun?« Keiner der anderen protestierte bei dieser Frage. Und jüngere Kollegen haben mir von ganz ähnlichen, auch aktuellen Erfahrungen erzählt.

An keiner geringeren Institution als dem mit Staatsgeldern finanzierten National Institute of Mental Health (NIMH) informierte die Ärztin Dr. Jean Hamilton ihren Vorgesetz-

185

ten, daß sie deutliche Anhaltspunkte dafür gefunden habe, daß bestimmte Medikamente sich bei Frauen und Männern sehr unterschiedlich auswirken. Diese Feststellung war äußerst wichtig, denn oft untersuchte man die Wirkung von Arzneimitteln nur an Männern, und dann bekamen Frauen die Medikamente gemäß den für Männern geltenden Richtlinien verschrieben. Hamilton fand heraus, daß es bei hormonellen Unterschieden offenbar eine Wechselwirkung mit Medikamenten gibt, und sie war der Meinung, daß man diese möglichen Wechselwirkungen wissenschaftlich untersuchen sollte. Aber ihr Vorgesetzter dachte, er wäre bereits im Besitz der Wahrheit. Hamilton schreibt: »Man teilte mir mit, daß es keine signifikante klinische Wirkung geben könne, weil man das bereits wüßte, wenn es so wäre. Soviel zur wissenschaftlichen Arbeitsweise.« Als sie in dieser Sache bei ihm Druck ausübte, schreibt sie, »wurde mein Laborchef sichtlich nervös: Vielleicht hatten sie ja etwas übersehen.«[25] Er riet ihr jedoch ab, eine Arbeit zu diesem Thema zu veröffentlichen.

> Als die Verlängerung meines Forschungsstipendiums anstand ..., teilte man mir mit, solche Themen stünden auf der Prioritätenliste ziemlich weit unten. Ein männlicher Kollege in meinem Labor meinte, das, was ich mache (die Wirkung von Medikamenten bei Frauen untersuchen), sei nicht einmal Pharmakologie.[26]

Einige Zeit später, so Hamilton, drängte ein anderer NIMH-Mitarbeiter bei ihrem früheren Chef auf Veröffentlichung jener Daten, die ihre Erkenntnisse belegten. Sie aber wurde nie als Co-Autorin bei den Arbeiten genannt, die dieses Labor schließlich doch veröffentlichte und wozu sie maßgeblich beigetragen hatte.

Die Annahme, daß die Mächtigen im Besitz der Wahrheit sind, beeinflußt jeden Menschen, der sich auf den Stufen der Macht hocharbeitet. Die weniger Mächtigen vergessen, wenn sie mächtiger werden, nur leider allzuoft, daß sie fehlbar sind. Rounds schreibt in ihrem Artikel über Krankenhausschwestern:

> Es kommt zwischen Arzt und Schwester zu einer Meinungsverschiedenheit über die Dosierung eines Medikaments. »Es muß ein Milligramm sein, nicht zehn Milligramm«, versichert die Schwester. Die Schwester, stellt sich heraus, hat recht. »Manche Ärzte wollen einfach nicht zuhören«, sagt sie. . . . »Wenn neue Ärzte zu uns kommen, versuchen wir sie zu formen. Sie werden nervös und arrogant, wenn sie nicht genausoviel wissen.« Eine andere Schwester drückt es so aus: »Wir müssen die jungen Ärzte erziehen. Wenn sie einmal fester etabliert sind, kommt man nicht mehr an sie heran.«[27]

• *Sie verteidigen ihr Revier.*

Zu den speziellen Methoden, wie die Mächtigen die Definition von Wahrheit kontrollieren, gehört auch, daß sie ihr Revier verteidigen, oft indem sie schlecht über jeden reden, der nicht in demselben Bereich oder Beruf wie sie arbeitet oder nicht die gleiche Ausbildung genossen hat. Sie verhalten sich so, als hätte man, wenn man von außerhalb ihres Fachbereichs kommt, kein Recht, ihr Tun mit kritischen Augen zu betrachten. Im schlimmsten Fall lassen sie durchblicken, daß man nicht intelligent genug ist, um zu verstehen, was sie wissen und was sie tun. »Was *wir* nicht wissen oder glauben, ist falsch«, so ihr Credo. Manche Autoritäten verhalten sich so, weil sie Angst haben, daß sie ihren Job verlieren könnten, wenn es sich herumspricht, daß *jeder* ihre Arbeit begreifen kann: »Wenn ich *erkläre,* wie man das Computersystem, das ich ihnen hinstelle, zum Laufen bringt, dann werden die Leute erkennen, daß es eigentlich ganz einfach ist und mich dann vielleicht für überflüssig halten.« Wenn wir anderen aber diese Haltung akzeptieren, sind wir nicht besser als die, die sich auf *irgendwelche* Autoritäten verlassen und ihnen, ohne zu fragen, alles abnehmen, was sie erzählen. Eine Konsequenz dieser Haltung ist, daß technische Aufgaben in zunehmendem Maße höher bewertet werden als menschliche, die »jeder« ausführen kann: Die Krankenschwester Patricia Moore schildert, wie die Kolleginnen oft antworten, wenn sie gebeten werden, ihre Arbeit zu beschreiben.[28] »Ich habe die Nadel für die intravenöse Ernährung gesetzt. Dann habe ich den Tropf auf die richtige Dosierung eingestellt. Anschließend habe ich bei dem Patienten den Blutdruck gemessen und den Herzmonitor überprüft.« Da Moore die Schwestern bei ihrer Arbeit, die sie später beschrieben, beobachtet hatte, fiel ihr auf, daß sie kaum einmal erwähnten, daß sie den Patienten die einzelnen Vorgänge erklärt, sie beruhigt, ihnen die Hand gehalten oder sie gefragt hatten, ob sie etwas bräuchten. Als sie die Schwestern fragte, warum sie nicht auch das erwähnt hätten, antworteten sie sinngemäß: »Ich dachte, ich sollte meine Arbeit beschreiben.« Viele Krankenschwestern beziehen »Arbeit« mittlerweile immer häufiger nur auf die technischen Vorgänge, weil diese in höherem Ansehen stehen als menschliches Verhalten, Betreuung und Pflege des Patienten. Die ersteren sind eher die Dinge, die der Arzt macht.

Viele Spezialisten bestätigen sich gegenseitig in dem, was sie als Wahrheit definieren, was es dem Patienten oder Klienten unheimlich schwermacht, herauszufinden, was wirklich Sache ist.

Wenn für einen Kostenvoranschlag für die Versicherung eine zusätzliche Meinung [von Ärzten] eingeholt werden muß, wird einigen Untersuchungen zufolge die ursprüngliche Therapieempfehlung von fast einem Fünftel nicht bestätigt. Aber sobald Patienten den besten Heilungsweg suchen, wollen sie anscheinend unbedingt eine Operation, oder aber diese wird ihnen von Ratgebern dringend empfohlen; bei einer Studie wurden etwa 70 Prozent der negativen zweiten Meinungen noch einmal durch *dritte* Meinungen relativiert. Am Ende nahm die Zahl der operativen Eingriffe aufgrund zweiter Meinungen um rund acht Prozent ab.[29]

Eine weitere Konsequenz der Haltung, die Mächtigen die Wahrheit definieren zu lassen, ist, daß der Zugang zu Informationen über wichtige Fragen oft eingeschränkt ist, selbst für Experten, die in dem gleichen Bereich arbeiten. Während meines Psychologiestudiums las ich Bücher des brillanten Psychoanalytikers Erik Erikson, der die Theorie der Identitätskrise entwickelt und viele aufschlußreiche Beiträge für unser Verständnis des menschlichen Verhaltens geliefert hat. In einem seiner Bücher behauptet er, durch eine großangelegte Studie bewiesen zu haben, daß »Jungen Türme bauen und Mädchen Umfassungen« – also umschlossene Räume –, wenn man ihnen Spielzeug und Bauklötzchen in die Hand drückt. Aus dieser Studie zog er zwei wichtige und radikale Schlußfolgerungen. Zum einen beweise dies, sagte er, daß Frauen, weil sie einen Uterus und Männer einer erigierbaren Penis haben, Räume anders wahrnehmen und strukturieren als Männer. (Wenn er damit recht hat, dann, so möchte man meinen, wird keine Frau jemals ein Gebäude wie das Empire State Building entwerfen und kein Mann ein Fußballstadion.) Zum anderen kann eine Frau seiner Meinung nach ein stabiles Identitätsgefühl erst dann entwickeln, wenn sie eine Beziehung zu einem Mann eingegangen ist, der den Raum in ihr füllt. Diese Behauptung bringt natürlich tiefgreifende Implikationen mit sich für das weibliche Verständnis dessen, was uns glücklich macht.

Eriksons Schlüsse aus seiner Forschungsarbeit sind so bekannt und allgemein akzeptiert, daß ich schon Leute auf Cocktailpartys ganz überzeugt habe sagen hören: »Sie wissen doch, Jungen bauen Türme und Mädchen Umfassungen«, und manchmal wird dieser Satz auch als Tatsache in der populärwissenschaftlichen Literatur wie auch von ausgebildeten Therapeuten zitiert.[30] Und so unglaublich es in unserer heutigen Zeit auch scheinen mag, ich habe schon oft Therapeuten sagen hören, einige ihrer weiblichen Patienten seien deshalb unglücklich, weil sie nicht bereit seien, genug von ihrer Energie auf den Mann zu verwenden, der »den Raum in ihnen füllt«.

Jahre, nachdem ich Eriksons Buch gelesen hatte, kamen mir seine Aussagen wieder in den Sinn, und ich erkannte plötzlich die große Tragweite der Schlußfolgerungen, die er aus dieser einzigen Studie gezogen hatte.[31] Ich ging in die Bücherei, um in einer psychologischen Fachzeitschrift den vollständigen Bericht über seine Spielstudie nachzulesen, die er in seinem Buch nur in Auszügen beschreibt. Bis zu dem Zeitpunkt, als ich diesen Artikel las, hatte ich die Richtigkeit von Eriksons Erläuterung der Daten in seinem Buch nie angezweifelt und deshalb auch die Schlußfolgerungen über die geschlechtsspezifischen Unterschiede nie in Frage gestellt, die er darauf basierend zog. Da ich für Erikson große Hochachtung empfinde, war ich einigermaßen bestürzt, als ich den Artikel gelesen hatte. Seine Studie weist zu viele Schwachstellen auf, als daß ich hier näher darauf eingehen könnte, das habe ich bereits in einem anderen Buch getan[32], aber zwei besonders eklatante Beispiele möchte ich doch anführen. Zum einen kann jeder, ohne sich in Statistik auszukennen, aus seinem Artikel entnehmen, daß fast alle Kinder *beiderlei* Geschlechts Umfassungen bauten. Nur sehr wenige Kinder, Jungen wie Mädchen, bauten Türme, wenn auch von diesem winzigen Bruchteil etwas mehr Jungen als Mädchen. Trotzdem bezeichnet Erikson großzügig Türme als die männliche Struktur und Umfassungen als die weibliche. Zweitens hat sich Erikson bei den Schlußfolgerungen aus seinen (falsch interpretierten) Daten mit der Physiologie vertan. Der Uterus ist eigentlich kein innerer »Raum«. Er sieht die meiste Zeit wie ein zusammengeklappter Pfannkuchen aus. Zu guter Letzt bestätigten meine Ergebnisse, als ich Eriksons Experiment wiederholte, ganz sicher nicht seine Behauptung, daß kleine Jungen Türme bauen und kleine Mädchen Umfassungen.

Wenn Eriksons Untersuchung mit so vielen Fehlern behaftet ist, wie kam es dann, daß seine Behauptungen den Status einer unverrückbaren Wahrheit bekamen? Ich glaube, das liegt zum Teil daran, daß Erikson für seine teilweise sehr guten Arbeiten so hohe Achtung genießt und viele Leute deshalb nichts, was er tut, auch nur im geringsten in Frage stellen, oder sie kommen gar nicht auf die Idee, daß ein in manchen Dingen so kluger Kopf sich in anderen vielleicht irren könnte. Ein weiterer wichtiger Faktor ist, daß seine Arbeit ursprünglich in einer Zeitschrift veröffentlicht wurde, die von den besonders kritischen Wissenschaftlern, die seine Methoden und die Interpretation seiner Daten am ehesten in Frage stellen würden, nicht gelesen wird. Deshalb war es ziemlich unwahrscheinlich, daß die »Belege« für seine Behauptungen von den Leuten, die sie am ehesten anzweifeln würden, genau unter die Lupe genommen wurden.

- *Anerkannte Lehrmeinungen können in die falsche Richtung führen.*

Den Mächtigen die Definition von Wahrheit zu überlassen hindert Autoritäten oft daran, eine anerkannte Lehrmeinung kritisch zu überdenken. Sylvester weist darauf hin, daß ein Therapeut, der Anhänger einer bestimmten Theorie ist, sich möglicherweise »auf die Untersuchung irrelevanter oder unzutreffender Informationen« einläßt.[33] Stellen Sie sich vor, ein Mann, der gerade seinen Job verloren hat, erzählt seinem Therapeuten, daß er depressiv ist. Ein Therapeut, der überzeugt ist, daß Kastrationsangst einer der stärksten Motivationsfaktoren bei Männern ist, wie Freud lehrte, wird dem Klienten wahrscheinlich Fragen stellen wie: »Hat Ihr Vater Sie als Kind einmal beim Onanieren ertappt und gedroht, Ihnen den Penis abzuschneiden?«, anstatt sich, was konstruktiver wäre, auf Fragen zu konzentrieren wie: »Was macht Ihnen im Zusammenhang mit dem Arbeitsplatzverlust am meisten angst, und womit haben Sie im Moment am meisten Schwierigkeiten?« Und ein Therapeut, der überzeugt ist, daß Frauen gerne leiden, wird eine Frau in der gleichen Situation wahrscheinlich darauf hinführen wollen »zuzugeben«, daß sie eigentlich gekündigt werden wollte.

Vor ein paar Jahren habe ich in der Zeitung einmal einen Artikel über eine Krankenschwester gelesen, die Selbsthilfegruppen für Witwen leitete. Diese Gruppen erwiesen sich als äußerst hilfreich darin, die Depressionen der Frauen zu lindern und sie wieder ins Leben zu integrieren. Als sie jedoch Selbsthilfegruppen für Witwer einzurichten versuchte, stellte sie fest, daß sie ineffektiv waren. Dafür, verkündete sie hocherfreut, klappte es aber, daß die Männer unter den Witwen neue Partnerinnen fanden! Es ist zwar schön zu hören, daß sie den Männern auch wieder zu mehr Lebensfreude verhalf, aber wir sollten auch sehen, daß die Einstellung dieser Krankenschwester ihr vielleicht ein bißchen den Blick dafür getrübt hat, was diesen Männern auf lange Sicht am meisten helfen würde. Da Männer weder darin bestärkt werden, mit anderen Männern über ihre Probleme zu reden, noch ihre Gefühle zu erkennen und mit ihnen umzugehen, war der leichteste Ausweg aus der Situation der, sich mit einer Witwe zusammenzutun, die als Frau gelernt hat, Männern dabei zu helfen, mit ihren Gefühlen klarzukommen. Das hat den Männern für den Moment zwar vermutlich geholfen, aber damit hatten sie auch weniger Chancen, sich die für den Umgang mit Gefühlen wichtigen Fähigkeiten anzueignen, und außerdem wurde so das alte Muster weitergegeben, daß die Frauen für alles zuständig sind, was mit Gefühlen und Beziehungen zu tun hat. Hätte die wohlmeinende Krankenschwester kritisch über die Folgen dieses Festhaltens an dem stereotypen, erlernten Bewältigungsstil der Männer nachgedacht, hätte sie sich vielleicht dafür entschieden, ihnen dabei zu helfen, ihre Gefühle auszudrücken (sogar anderen Männern gegenüber). Das wäre für sie auf lange Sicht vielleicht besser gewesen als zu hoffen, daß sie eine Frau finden, die ihre Bedürfnisse erkennt und befriedigt, ohne daß sie sich jemals darüber klarwerden und sagen mußten, was sie empfinden.

- *Leute innerhalb eines Expertensystems, die aber nicht an der Spitze stehen, werden für kritisches Denken oft bestraft.*

Wie schon in Kapitel 4 geschildert, folgt oft die Strafe auf dem Fuße, wenn wir sehen, daß der Kaiser keine Kleider anhat, und das auch noch zu sagen wagen. Bei einem wichtigen Fall der jüngsten Vergangenheit geht es um eine hochqualifizierte Angestellte auf höherer Ebene, die ihre Fähigkeit zu kritischem Denken in ihrem Arbeitsumfeld einsetzte, erkannte, daß da etwas sehr im argen lag, und sich erlaubte, das zu äußern. Das hatte katastrophale Folgen für sie:

> Margot O'Toole ... sah sich großen Schikanen ausgesetzt, nachdem sie sich über ihren Vorgesetzten am MIT [Massachusetts Institute of Technology] beschwert hatte. Sie arbeitete dort in der wissenschaftlichen Forschung und stellte fest, daß es unmöglich war, bei der Wiederholung der vom Leiter des Labors durchgeführten Experimente auf dieselben Resultate zu kommen. Sie versuchte ihn dazu zu bewegen, seine unkorrekten wissenschaftlichen Aussagen zurückzuziehen, aber ihr Vorgesetzter weigerte sich. O'Toole wurde daraufhin als Verleumderin hingestellt, und man drohte ihr mit rechtlichen Schritten. Anderen Instituten, die sie gerne als Mitarbeiterin übernommen hätten, riet man davon ab, sie einzustellen. Zudem behauptete man, sie sei psychisch labil. Ihre Entscheidung, den Mund aufzumachen, hatte außerdem zur Folge, daß man sie beruflich völlig isolierte und kaltstellte.[34]

Es ist zwar im Prinzip schon möglich, sich auch angesichts einer solchen Behandlung eine kritische Haltung zu bewahren, aber es kann Jahre dauern, bis man damit etwas Positives bewirkt, und bis dahin ist man vielleicht ausgelaugt und hat – möglicherweise auch völlig umsonst – sehr viel Zeit investiert. In O'Tooles Fall war es so, daß »sie sich durch diese Schikanen nicht unterkriegen ließ«. Schließlich wurde die Sache untersucht und der Versuch, sie zu vertuschen, erwies sich als erfolglos. *Fünf Jahre später* wurde die Studie zurückgezogen.[35]

- *Zeitdruck, Arbeitsüberlastung und begrenzte Ressourcen er-*
  schweren kritisches Denken.

Viele Autoritäten kämpfen tagtäglich darum, mit dem ihnen zur Verfügung stehenden Personal und anderen Ressourcen das anstehende Arbeitspensum zu schaffen. Sie
sind oft schlicht überfordert, wenn sie nicht nur die Arbeit
selbst erledigen müssen, sondern *zusätzlich* auch noch Zeit
und Mühe dafür aufwenden sollen, sich Gedanken zu machen, ob sie ihren Job so gut und effizient wie möglich
machen, ob sie den Leuten, denen sie helfen sollen, auch
wirklich helfen, und ob die »Wahrheiten«, die sie als gege-
bene Tatsache hinnehmen, wirklich sachlich begründet
und logisch sind. Und weil sie kritisches Denken als zusätzliche Belastung empfinden, ist es nicht weiter verwunder-
lich, daß viele enorme innere Widerstände dagegen entwickeln. Atwood schreibt dazu in ihrem Buch über die
Parkinson-Krankheit: »Mein Hausarzt und der Neurologe
mußten sich mit so vielen anderen Krankheiten beschäftigen. Ich fragte mich immer wieder: Wieviel Zeit haben sie
wirklich, um sich über eine Krankheit – den Parkinsonis-
mus – auf dem laufenden zu halten?«[36]
Als Psychologin habe ich von Berufs wegen viel mit Ärzten
zu tun gehabt und kann nur bestätigen, daß es schon vom
Volumen her sehr schwierig ist, alles publizierte Material
über die unterschiedlichsten Krankheiten, die uns in der
Praxis begegnen könnten, zu lesen. Ich hatte mich zum
Beispiel eine Zeitlang auf Lernstörungen bei Kindern spe-
zialisiert, aber Ursache der Schulschwierigkeiten eines Kindes, über das ich ein Gutachten zu erstellen hatte, konnten
ebenso ein Gehirntumor, Übernervosität, leichte epilepti-
sche Anfälle oder Schizophrenie sein. Die Eltern konnten
liebevolle und fürsorgliche Menschen sein, oder vielleicht

mißbrauchten sie ihr Kind, überforderten es durch überzogene Erwartungen an seine Schulleistungen, oder konzentrierten sich so sehr auf die Lernschwierigkeiten des Kindes, um irgendwelche persönlichen Probleme nicht sehen zu müssen. Es ist einfach nicht möglich, alles an Literatur zu jedem dieser Themen zu lesen, und manche Fachleute versuchen es erst gar nicht. Aber selbst die, die sich Mühe geben, sind oft überfordert, wenn sie das ganze Material geistig verarbeiten und es dazu noch mit einer kritischen, analytischen Haltung lesen sollen. Und wenn wir selbst in der Forschung arbeiten, sind wir oft zu sehr davon eingenommen, als daß wir die Forschungsberichte von Kollegen noch sorgfältig lesen könnten.

Auch die vor kurzem um die Zweckmäßigkeit der Mammographie zur Früherkennung von Brustkrebs entbrannte Diskussion wurde überschattet durch den Mangel an kritischem Denken bei dem dazu durchgeführten Forschungsprojekt, und zumindest ein Arzt gibt zu, das habe daran gelegen, daß die Forscher ihre Ergebnisse möglichst schnell hätten veröffentlichen müssen, sowie an den zu geringen finanziellen Mitteln für ein solches Projekt.[37] Mit dem Verweis auf eine großangelegte Studie zu der Problematik, daß die Mammographie kein sehr effektiver Weg zur Früherkennung von Brustkrebs ist, erklärt Dr. Howard Seiden, daß Mängel an den Röntgengeräten sowie bei der Ausbildung der Ärzte und des Bedienungspersonals festzustellen waren, die in dieser Studie erfaßt wurden. Wie er meint, war das Personal zum Teil auch nicht bereit, konstruktive Kritik anzunehmen. Aber all das zu ändern,

hätte eine zusätzliche Investition von mehreren Millionen Dollar und eine vielleicht ein oder zwei oder drei Jahre längere Vorbereitungszeit erfordert. Nein, das hätte nicht einmal gereicht. Im Lande der Forschung gilt: Veröffentlichen oder verlieren. Deshalb denken alle, es ginge durch eine Verlängerung der Startphase nur kostbare Zeit verloren. Man hätte jahrelang nichts, was man veröffentlichen könnte.[38]

Wenn wir das Verhalten solcher Forscher zu ihren Gunsten auslegen, können wir uns vorstellen, daß es die Hoffnung darauf ist, schneller Heilmittel für kranke Menschen zu finden, die sie dazu treibt, ihre Forschungsprojekte möglichst rasch zum Abschluß zu bringen. Sind wir etwas zynischer, müssen wir uns fragen, ob manche Forscher nicht vielmehr der Wunsch nach einer möglichst langen Liste von Publikationen und damit besseren Aufstiegschancen und akademischem Ruhm antreibt und kritisches Denken verhindert.

Manchmal ist die zynische Haltung durchaus angebracht, zum Beispiel, wenn Geldgier den kritischen Verstand ausschaltet – vor allem wenn es um Menschenleben geht, wie in dem folgenden Fall:

> Bei der ständigen Weiterentwicklung der Herzschrittmacher schoben dreiste Geschäftemacher mit der »genau richtigen« nächsten Innovation dicke Gewinne ein, während konservativ geführte Unternehmen geschluckt wurden. Der Patientenkreis von potentiellen Kandidaten für Herzschrittmacher wurde immer größer. Anhörungen im Parlament haben vor einiger Zeit erbracht, daß dieses Gerät aufgrund seiner Popularität inzwischen weit öfter eingesetzt wird, als es medizinisch angezeigt ist – daß möglicherweise ein Fünftel der Patienten mit einem Herzschrittmacher genauso gut ohne ihn leben könnte.[39]

In diesem Fall war die Geldgier bei einigen Herstellern und Ärzten größer als die Neigung zu einer gesunden Skepsis.

Kramers Bericht wurde vor fast zehn Jahren veröffentlicht, und man kann nur hoffen, daß Herzschrittmacher inzwischen mit größerer Sorgfalt entwickelt, getestet und implantiert werden. Wichtig ist jedoch festzuhalten, daß Geldgier zur Definition des Wissensstandes beigetragen hat: Das neueste Schrittmachermodell, so dachte man, ist immer das beste.

Wie Autoritäten durch kritisches Denken profitieren können

Der Nutzen, den Autoritäten daraus ziehen können, wenn sie selbst Fragen stellen und auf die Fragen ihrer Klienten eingehen, ist die enorme Erleichterung, die man spürt, wenn man die Maske der Perfektion und Allwissenheit ablegt. Selbst die größten Autoritäten sind manchmal unsicher, wo ihre Grenzen sind: »Richter [Henry] Steinberg beschreibt ... das Gefühl der Unsicherheit, das einen überfällt, wenn man ins Richteramt berufen wird ... [und] die quälenden Zweifel, ob eine Entscheidung auch richtig war.«[40] Manchmal sind es gerade die klügsten Köpfe, die bereit sind, sich den Fragen anderer zu stellen, ohne in die Defensive zu gehen, weil sie sich ihres umfassenden Wissens sicher sind – aber das ist nicht immer der Fall, denn die besonders Klugen haben manchmal auch am meisten Macht und Einfluß zu verlieren und am meisten Angst davor, ihre Macht mit jemandem teilen zu müssen. Wenn Autoritäten jedoch bereit sind, selbst Fragen zu stellen und auf Fragen anderer einzugehen, können wir neuen Schwung in unsere Arbeitsroutine bringen und Abläufe neu gestalten, die, irgendwo wissen wir das auch, nicht so recht funktionieren. Ein wundervolles Beispiel für diese

Offenheit war mein Onkel William Karchmer, ein Anwalt, den seine Mandanten von ganzem Herzen liebten und schätzten, weil er ihnen alle Alternativen aufzeigte und dazu die Vor- und Nachteile jeder einzelnen, statt ihnen nur zu sagen, was sie tun sollten. Wenn sie seine Kanzlei verließen, nahmen sie ein Verständnis für die Gesamtsituation mit und hatten echten Einfluß auf die weitere Entwicklung. Das war eine echte, gut funktionierende Partnerschaft. Und so zu leben, verschafft uns wirkliche Befriedigung.

Kapitel 7

Warum uns als Klienten und Verbraucher kritisches Denken so schwerfällt

Da Klienten und Verbraucher außerhalb des jeweiligen Expertensystems stehen, sind sie oft frei von so manchen Denkbarrieren, mit denen Autoritäten geschlagen sind, etwa die Angst davor, den Job zu verlieren, weil man das *eigene* Expertensystem kritisiert. Es gibt jedoch viele Faktoren, die uns Laien verstummen lassen, obwohl wir sonst die Behauptungen von Autoritäten und Experten durchaus hinterfragen würden: das geht vom fehlenden selbstbewußten Auftreten bis hin zu Ängsten. Da Autoritäten immer als so viel intelligenter und klüger als der Durchschnittsmensch dargestellt werden, empfinden es viele Klienten und Verbraucher als normal, wenn sie sich in ihrer Gegenwart unwohl fühlen. Mit dieser Haltung kommen wir erst gar nicht auf den Gedanken, uns zu fragen, warum wir es widerstandslos hinnehmen, wie (schlecht) wir behandelt werden; denn wenn wir uns in ihrer Gegenwart unwohl fühlen, gehen wir davon aus, das müsse an uns liegen, anstatt zum Beispiel daran, daß sie einfach unsere direkten Fragen nicht beantworten.

Obwohl Selbsthilfegruppen sehr viel Gutes bewirken kön-

nen, habe ich doch den Eindruck, daß ihre Popularität zum
Teil die Tatsache widerspiegelt, daß die Leute sich lieber
bei Menschen in der gleichen Situation Rat holen, als bei
Autoritäten darauf zu bestehen, daß sie ihre Arbeit so
machen, wie sie sollen. Das wird zum Beispiel bei einer
Kapitelüberschrift in Glenna Atwoods Buch deutlich, die da
lautet: »Selbsthilfegruppen: Wo Sie erfahren, was Ihnen Ihr
Arzt aus Zeitmangel nicht sagt.«[1] Der offenbar immer viel-
beschäftigte Arzt wird damit von der Verpflichtung entbun-
den, den Patienten die Informationen zu geben, die für sie
wichtig sind.

Wir wollen uns jetzt anschauen, welche Faktoren speziell
bei Klienten und Patienten ein kritisches Denken erschweren.

- *Experten tun so, als wären ihre Aussagen unanfechtbar
  und jeder Zweifel absolut unangebracht.*

Daß Experten sich gerne eines Fachjargons bedienen, um
ihre Klienten einzuschüchtern, hat uns schon in Kapitel 2
beschäftigt, und das gleiche gilt für die respektgebietende
Art, wie sie reden. Sie signalisieren dadurch oft: »Wage es
nicht, mich auszufragen oder anzuzweifeln, was ich be-
haupte, sonst helfe ich dir noch weniger als jetzt!« Bei
dieser Haltung spüren wir als Klienten, daß es irgendwie
falsch wäre, ihnen Fragen zu stellen, und unsere Chancen
dann schlechter stünden, die von ihnen benötigte Dienstleistung zu bekommen. Und wir wissen auch aus Erfahrung, daß sie darauf oft sehr ärgerlich reagieren.

Wenn wir zum Arzt gehen, Ratgeberliteratur in die Hand
nehmen oder einen Antrag auf Betriebsunfallrente stellen,
gehen wir nicht davon aus, daß wir, um soviel Hilfe wie nur
möglich zu bekommen, zuerst selbst zu Experten auf dem

jeweiligen Gebiet werden müssen. Und natürlich *sollte* das auch nicht so sein müssen. Natürlich geben uns Experten kaum jemals Einblick in ihre Arbeit. Je ehrfurchtgebietender eine Autorität oder ein Expertensystem und je höher ihr Prestige sind, desto mehr sind wir überzeugt, daß die Mächtigen eben deshalb Macht haben, *weil* sie so viel wissen, und daß sie schon tun werden, was richtig und nötig ist, um uns zu helfen. Eine besonders nachhaltige Erfahrung im Beruf war für mich, daß Neuropsychologen – also Leute, die sich damit beschäftigen, wie das Gehirn unser Verhalten beeinflußt – nicht durch die Bank absolut brillante Wissenschaftler sind. Die meisten von uns glauben doch, daß Gehirnforscher bestimmt »viel im Kopf« *haben,* und das dachte ich anfangs auch. Ich mußte in einem Semester einmal eine Vorlesung über die geschlechtsspezifischen Unterschiede beim Gehirn halten, wußte aber sehr wenig über dieses Thema. Ich rief also einen Kollegen in einer anderen Stadt an, bat ihn um ein paar gute Literaturempfehlungen und setzte mich hin, um den sehr langen und höchst ausführlichen Artikel zu lesen, den er als »die beste Arbeit zu diesem Thema« bezeichnet hatte. Ich hatte tagelang das Gefühl, ich sei dieser Aufgabe überhaupt nicht gewachsen, denn der Autor schrieb mit einer unglaublichen Selbstsicherheit, weshalb ich große Schwierigkeiten hatte, der Logik seiner Interpretation von einer Studie nach der anderen zu folgen. Ich dachte, ich sei einfach zu dumm, um Gedankengänge auf einem derart hohen Niveau zu begreifen. Aber dann kam ich, Gott sei Dank, zu der Zeile, wo der Autor schreibt, es sei allgemein bekannt, daß Frauen allein schon deswegen ein schlechtes »räumliches Vorstellungsvermögen« haben, weil es keine weiblichen Schachmeister gibt. In diesem Moment machte es bei mir klick. Ich wußte, es gab eine Menge Gründe für diesen geschlechtsspezifischen Unterschied, etwa die gängige Meinung, daß Schach eher ein Spiel für Männer als für Frauen ist, und man sich lange Zeit nur auf diese eine Aufgabe konzentrieren muß, wenn man es gut lernen und spielen will – nur diese Zeit haben die wenigsten Frauen, solange vor allem sie es sind, die sich um andere kümmern müssen. Als ich erkannte, daß dieses Schachbeispiel kein stichhaltiger wissenschaftlicher Beweis war, entspannte ich mich, hatte wieder mehr Vertrauen in meine eigene Denkfähigkeit und begann noch einmal von vorne. Dieses Mal zog ich beim Lesen in Betracht, daß es auch an der falschen Argumentation des *Autors* liegen könnte, wenn ich seine Schlußfolgerungen manchmal nur schwer nachvollziehen konnte. In diesem Fall war es relativ einfach, dem Experten auf die Schliche zu kommen, weil er nicht körperlich anwesend war und mein Leben ja nicht in seinen Händen lag. Sehen wir uns aber Autoritäten ausgeliefert, die soviel Macht über uns haben, dann, so merkt Kramer an, müssen wir einfach glauben, daß sie sich hundertprozentig auskennen und uns helfen werden. Wir wissen, daß wir uns wahrscheinlich nicht selbst helfen können, also sind wir ganz auf sie angewiesen:

> Ihre [der Chirurgen] Erfolge sind mit Schmerzen genug verbunden, um selbst bei denen, die sie heilen, die seltsamsten Reaktionen hervorzurufen. Ihre Arbeit läßt derartige Abhängigkeitsgefühle entstehen, daß schwerkranke Patienten mit jemand ganz anderem zu sprechen glauben als dem Chirurgen, jemand, der sie vor allen schlimmen Dingen beschützt. Wie der Vater in der Kindheit. Der Papst. Oder eben diese typische Autoritätsfigur, der Arzt.[2]

Aus dieser Ehrfurcht und Abhängigkeit heraus und weil wir Angst haben, wenn wir krank oder verletzt sind, sind die

meisten bei der Wahl eines Arztes ziemlich unkritisch. Wir
geraten dann vielleicht in Panik (und das zu Recht, wenn
wir sofort Hilfe brauchen) und fürchten die Konsequenzen, falls wir mehrere Ärzte begutachten und dann doch zu
dem ersten gehen wollen, der daraufhin vielleicht verärgert
ist oder keine Zeit für uns hat.

> [Chirurgie-]Patienten fragen fast nie nach den Kosten,
> vergleichen kaum die Leistungen und holen kaum jemals
> eine zweite Meinung ein, ehe sie den Vorschlag ihres
> Chirurgen akzeptieren. Die Patienten gehen hin und ha-
> ben volles Vertrauen. [Und bei manchen Expertensyste-
> men *kann* man nirgendwo anders hingehen, warum also
> kritisch sein?] ... Nicht nur, daß die Patienten die Leistun-
> gen nicht vergleichen oder das Urteil ihres Chirurgen groß
> anzweifeln, sie wählen ihn sich oft auch nicht nach der
> fachlichen Qualität aus. Stearnes Patienten, egal, wann ich
> sie befragte, schienen ihn sich aufgrund eines gefühlsmäßi-
> gen Eindrucks ausgesucht zu haben, der viel mit Vertrauen
> und wenig mit Wissen zu tun hatte. Sie suchten ihn aus den
> Gelben Seiten heraus, ungelogen, und er war ihnen sympa-
> thisch, als sie ihn kennenlernten ... Oder er hatte einem
> Nachbarn das Leben gerettet, als es schlimm um ihn stand.
> Oder er versorgte sie, als sie verletzt auf die Intensivstation
> eingeliefert wurden, also warum jetzt zu einem anderen
> gehen?[3]

Außerdem könnte man als Antwort auf bestimmte Fragen
ja Dinge erfahren, die einen zwingen würden, etwas zu
unternehmen, wozu einem aber die Energie oder die Zeit
fehlt: Man müßte vielleicht zu einem anderen Anwalt gehen und ihm die ganze Geschichte von vorne erzählen, ihn
dafür bezahlen, daß er noch einmal alle Akten durchgeht,
und müßte dann vielleicht feststellen, daß der neue Anwalt
auch nicht besser ist als der alte.

Die gleiche Abhängigkeit, die es uns so schwermacht, herumzuschauen und Vergleiche zu ziehen, läßt uns auch eventuelle Fragen an den »Helfer«, den wir uns schließlich aussuchen, lieber hinunterschlucken. Wir spüren, daß wir bei vielen besser so tun, als würden wir ihre Sicht der Dinge uneingeschränkt teilen, wenn wir ihre Hilfe brauchen.

Manche Leute, die auf einem bestimmten Gebiet eine Autorität sind, halten das für einen Freibrief, um im Brustton der Überzeugung ihre Ansichten über alles mögliche zum besten zu geben. Über ein unrühmliches Beispiel hierfür informierte einmal ein Zeitungsartikel mit der Überschrift: »Warum veröffentlicht eine seriöse Zeitschrift Vorurteile unter dem Deckmantel der Wissenschaft?« Der Journalist Morris Wolfe schildert darin, mit welcher Selbstsicherheit sich manche Wissenschaftler äußern, selbst wenn das Thema von ihrem eigenen Fachgebiet Lichtjahre entfernt ist. Wolfe schreibt dazu: »Wenn Tante Klara oder Onkel Hermann irgendwelche dummen Bemerkungen über Schwarze oder Schwule oder wen auch immer machen, haben wir verschiedene Alternativen zur Wahl – mit ihnen streiten, sie auf den Arm nehmen, einfach gehen, das Thema wechseln und so weiter.«[4] Aber angenommen, so Wolfe weiter, Onkel Hermann wäre ein Universitätsprofessor, der schreibt, daß Marc Lepine in Montreal deswegen vierzehn Frauen ermordet hat, weil »Lepines Mutter eine karrieresüchtige Feministin war, die ihre Kinder kaputtgemacht hat«.[5] Genau das schrieb Gordon Freeman, Professor für Chemie an der University of Alberta, 1990 im *Canadian Journal of Physics.* Im selben Artikel sagt Freeman, er habe sich *gegen* die Durchführung einer systematischen, kontrollierten Studie entschieden, weil damit eine künstliche Situation geschaffen würde. Statt dessen, schreibt er, habe er selbst mit Studenten gesprochen, und aufgrund dieser Gespräche kam er zu dem Schluß, daß die Mütter schuld an den Mißständen in der Gesellschaft sind. Auf welche absurde Weise Freeman zu seiner »Wahrheit« kommt, zeigt sich daran, was er als »Nachweis« für die Schäden bringt, die Mütter anrichten. Sein »Nachweis« ist eine Anekdote über zwei Medizinstudenten im vorklinischen Semester, die erzählten, daß Ärzte bei der Krankenversicherung auch Leistungen für Patienten abrechnen können, die gar nicht existieren. Wo Freeman zufolge hier die Schuld der Mutter liegt? Nun, die Mütter dieser beiden angehenden Mediziner sind berufstätig!

In Freemans Fall haben sich kritisch denkende Menschen die Mühe gemacht und ihre Bedenken geäußert, worauf die Herausgeber der Zeitschrift eine Entschuldigung in ihrem Blatt abdruckten, aber oft gehen solche haarsträubenden »wissenschaftlichen« Erkenntnisse durch, ohne daß sie jemand hinterfragt. Diese Beispiele sollten uns daran erinnern, daß die selbstbewußten Behauptungen von Autoritäten manchmal jeder Grundlage entbehren, und daß wir selbst an Probleme vielleicht logischer herangehen als sie. Man sollte vielleicht auch öfter einmal an den folgenden Witz denken: »Wie nennt man einen Menschen, der das Medizinstudium mit Ach und Krach geschafft hat?« Antwort: »Arzt.« Mindestens die Hälfte aller Akademiker in allen Fachbereichen liegen mit ihren Abschlußnoten unter dem Durchschnitt, und das gleiche gilt wahrscheinlich für Forscher, die irgendwelche Wahrheiten verkünden, für Automechaniker, Computerverkäufer und so weiter. Das im Auge zu behalten könnte uns helfen, daß wir uns durch das selbstsichere Auftreten von Autoritäten weniger einschüchtern lassen.

- *Sie haben Angst vor unserer Stärke – und wir selbst auch.*

Daß wir als Klienten so selten kritisches Denken walten lassen, hat unter anderem auch den Grund, daß wir dem Expertensystem gefährlich werden könnten, wenn wir anfangen, Fragen zu stellen, und nicht mehr nur einfach hinnehmen, was man uns sagt. Wir könnten Irrtümer – oder Schlimmeres – im Denken oder Handeln von Autoritäten aufdecken. Und die, die uns nicht helfen wollen, werden Angst vor uns haben, wenn wir den Mund aufmachen. Indem wir höflich sind und deutlich machen, daß wir davon ausgehen, daß sie uns helfen möchten, können wir bei *einigen* Experten manchmal verhindern, daß sie sich allzusehr bedroht fühlen, wenn wir nachfragen; anderen hingegen erscheint der Umstand, daß sie durch unsere Fragen eine Machteinbuße erleiden, als weniger bedeutend und wichtig dastehen oder ihren Job verlieren könnten, so überaus real, daß sie nur aus dieser Angst heraus handeln. Und leider auch sehr real ist, daß manche uns aus dieser Angst heraus maßregeln oder bestrafen, indem sie uns die Dienstleistungen verweigern, die sie eigentlich erbringen sollen.

Viele Menschen, die diese Gefahr sehen oder spüren, halten verständlicherweise lieber den Mund, denn es ist ganz normal, daß wir die Leute, deren Hilfe wir brauchen, bei Laune zu halten versuchen. Aber wenn es so aussieht, als würden wir von dem einen Menschen, an den wir uns gewandt haben, diese Hilfe nicht bekommen, dann hilft vielleicht der Gedanke daran, daß wir nicht viel zu verlieren (außer ein bißchen Zeit und Energie) und vielleicht sogar etwas zu gewinnen haben, wenn wir das Tun solcher Autoritäten hinterfragen.

- *Wir möchten nicht unhöflich sein.*

Bei vielen Autoritäten gilt der eiserne Grundsatz, daß es unhöflich ist, sie in Frage zu stellen. Es ist zum Beispiel nicht nett zu denken, daß einem Arzt die Interessen des Patienten nicht am Herzen liegen. Schließlich wissen wir doch, daß sie den Eid des Hippokrates ablegen, mit dem sie schwören, stets »zum Nutzen des Kranken« zu handeln. Aber was haben wir davon, wenn wir von der enorm hohen Zahl von Krankheiten erfahren, die *durch Ärzte verursacht* werden (sogenannte »iatrogene Krankheiten«)[6]; oder von Lehrern, denen es wichtiger ist, unser Kind zu disziplinieren, als ihm etwas beizubringen; oder von Anwälten, denen mehr daran liegt, ihre guten Beziehungen zu ehemaligen Kommilitonen zu pflegen, als unsere Interessen zu wahren? Ich habe selbst schon erlebt, wie mächtig diese Vorstellung sein kann, daß es sich einfach nicht gehört, Autoritäten in Frage zu stellen, als ein naher Verwandter von mir im Krankenhaus lag und die Ärzte sich ziemlich viel Zeit ließen, bis sie ihn über die Ergebnisse wichtiger Tests informierten. Ich schrieb gerade an diesem Buch, mit dem ich andere ja ermutigen will, Autoritäten ruhig Fragen zu stellen, wo es wichtig erscheint. Aber obwohl ich wußte, daß ich jedes Recht dazu hatte, war mir doch auch klar, daß dieser Verwandte vielleicht weniger gut behandelt werden würde, wenn einer der Ärzte meine Fragen als unangebracht oder gar unverschämt empfand. Und wenn man dem Arzt zwar Fragen stellen möchte, er aber schon wieder weg ist, wenn man ihn diesbezüglich anrufen muß, riskiert man, als Nervensäge angesehen zu werden.

Egal, wie wir uns verhalten, es kann immer zu unseren Ungunsten ausgehen: Wenn wir den Experten nicht blind

alles glauben, ihnen Fragen stellen und ein gewisses Miß-
trauen zeigen, werden wir als paranoid und aggressiv angesehen und riskieren Repressalien (der Lehrer wird unser
Kind bestrafen, der Arzt wird irgendwann nicht mehr zurückrufen), und sind in einer noch *schlechteren* Position als
vorher. Fragen wir nicht nach, bleibt uns vieles rätselhaft,
wir stehen uninformiert und hilflos da – uns sind sozusagen
die Hände gebunden. Und sollten wir, was der Himmel
verhüten möge, mehr als eine Person oder Institution in
Frage stellen, tun sie sich vielleicht zusammen und stem-
peln uns als Verrückte ab, die nichts anderes wollen als
Unruhe stiften, und deren Forderungen man deshalb ignorieren sollte.

Faktoren wie Alter, Hautfarbe, Geschlecht und sozialer
Status des Fragenden spielen bei der Frage, was in solchen
Situationen als ungehörig angesehen wird, eine wichtige
Rolle. Ältere Menschen ziehen oft noch strengere Maßstäbe heran, was im Umgang mit Autoritäten höfliches und
angemessenes Verhalten ist: Atwood schreibt, daß sie, als
die Ärzte verschiedene Untersuchungen bei ihr vornah-
men, zwar wußte, daß sie

> genauere Informationen hätte verlangen sollen, aber mei-
> ne Generation wurde dazu erzogen, dem Arzt keine Fragen
> zu stellen; wir haben gelernt, stumm dazusitzen und allem
> zuzustimmen, was der Arzt uns zu tun vorschreibt ... Es
> gibt natürlich Patienten, die nicht mehr wissen wollen, als
> der Arzt ihnen von sich aus sagt, aber ich wollte unbedingt
> alles über diese Krankheit erfahren, die von meinem Kör-
> per Besitz ergriffen hatte.[7]

Obwohl sie also mehr wissen wollte, traute sich diese ältere
Frau den Mund nicht aufmachen, aus Angst, man könnte
sie für unverschämt halten. Mit zunehmendem Alter den-

ken wohl viele von uns daran, daß wir in Zukunft vielleicht immer öfter auf die Hilfe von Ärzten angewiesen sein werden, und um so mehr Grund haben wir vielleicht, uns mit Fragen sehr zurückzuhalten.

Tatsächlich haben Einzelpersonen oder Gruppen mit einem niedrigen Sozialstatus – zum Beispiel arme Menschen, Farbige und Frauen – eher Angst, als unverschämt angesehen zu werden, wenn sie Fragen stellen, und sie haben häufiger schwerwiegende Konsequenzen zu tragen, wenn sie sich das doch trauen. Das liegt daran, daß es im allgemeinen nur als legitim gilt, von Menschen mit dem gleichen oder einem niedrigeren Status als dem eigenen Erklärungen oder Informationen zu verlangen. Um so eher sehen Autoritäten Menschen mit niedrigerem Status als unverschämt oder ignorant an, wenn sie sich so verhalten. Und da man sich in unserer Gesellschaft so viel auf formelle Erziehung einbildet, haben Menschen ohne einen höheren Schulabschluß Angst, als Ignoranten dazustehen, wenn sie jemand in einer »höheren« Position kritische Fragen stellen. (Sie halten sich meistens auch für zu dumm oder ungebildet, um Einwände seitens der Autorität zu verstehen oder etwas darauf entgegnen zu können.)

Wir dürfen uns dadurch aber nicht davon abhalten lassen, Fragen zu stellen, denn, so schreibt Dr. Jean Hamilton:

> Ein Vergleich der Reaktionen auf die zwei größten Epidemien der 80er Jahre kann in dieser Hinsicht aufschlußreich sein. Die Zahl der HIV-Infizierten und AIDS-Kranken erreichte ein ebenso gewaltiges Ausmaß wie die Fälle von Brustkrebs. Frauen könnten eine ganze Menge davon lernen, wie schwule Männer und andere Leute in Amerika eine größere Öffentlichkeit zu schaffen und mehr private Mittel für die AIDS-Forschung zu mobilisieren versuchten.[8]

In Fällen wie diesen kann unser Leben auf dem Spiel stehen, wenn wir nicht lernen, eine angemessene Behandlung zu fordern – selbst wenn es unverschämt oder anmaßend erscheint.

- *Wir glauben, wir hätten kein Recht zu denken.*

Nur bestimmte Menschen werden als berechtigte Quelle eines bestimmten Wissensbereichs angesehen. In Nordamerika zum Beispiel herrscht die allgemeine Einstellung vor, daß Ernährungswissenschaftler im Vergleich zu Ärzten viel weniger über gesundheitliche Probleme Bescheid wissen. Bei ausgebildeten Psychotherapeuten geht man davon aus, daß sie wissen, wie emotionale Probleme und zwischenmenschliche Konflikte zu lösen sind, aber unsere Mütter hält man in dieser Beziehung oft für wenig kompetent. Als ich einmal den Kammerjäger holen mußte, um unerwünschte kleine Mitbewohner loszuwerden, die in den Zwischenräumen der Außen- und Innenwände nisteten, gab er mir sehr deutlich zu verstehen, daß er der Experte ist. Er sagte, wir bräuchten lediglich ein paar Stunden außerhalb des Hauses zu verbringen, wenn er seine Arbeit getan habe. Als wir wieder zu Hause waren, rief ich ihn an und beschwerte mich, daß das Gift – oder was immer er versprüht hatte – immer noch im Haus sein müsse, weil mir die Augen brannten und fürchterlich tränten. Er entgegnete, ich wüßte doch überhaupt nicht, wovon ich rede. Ob ich denn erkältet sei? Er behauptete steif und fest, es sei absolut unmöglich, daß noch so viel von dieser Chemikalie in der Luft sein könnte, daß ich deshalb Probleme hätte. Nachdem ich jede andere mögliche Ursache für meine Augenschmerzen ausgeschlossen hatte, rief ich noch einmal an und verlangte, sein Chef solle sich die Sache vor Ort ansehen. Bis der kam, war mir aber schon klargeworden, was passiert sein mußte. Ich fragte ihn, ob das Sprühmittel vielleicht in unsere Klimaanlage gekommen wäre, und er gab sofort zu, daß das durchaus möglich war. Da fragte ich ihn, was für ein Mittel sie denn versprüht hätten, und er antwortete: »Tränengas« – was ja bekanntermaßen die Augen angreift. Die Sache hatte sich zwar aufgeklärt, aber erst nachdem ich mich ganz schön lange gequält hatte und eigentlich nur deshalb, weil die Experten felsenfest überzeugt waren, daß, wenn *sie* keine Erklärung für meine Probleme hatten, ich als Laie mich doch wohl irren müsse. Die Überzeugung, daß nur bestimmte Menschen die richtigen Informationen über bestimmte Dinge haben, hat außerdem zur Folge, daß wir uns als Laien oft nicht »Fragen zu stellen« trauen, indem wir nach unkonventionellen Lösungen suchen. Wir haben Angst, die anderen könnten uns für verrückt halten, wenn wir etwa bei gesundheitlichen Problemen alternative Behandlungsformen ausprobieren, falls die Schulmedizin uns nicht geholfen hat. Und wir haben nicht nur Angst, wir könnten dann dumm dastehen, sondern auch tatsächlich die Dummen *sein*: Was ist, wenn an der Kräuter- oder Vitamintherapie überhaupt nichts dran ist, zum Beispiel? Ich denke, wir sollten uns ruhig überlegen, ob wir uns auf alternative Methoden einlassen, wenn (1) die herkömmlichen uns offenbar nicht helfen und (2) diese alternativen Methoden uns wenig oder gar nicht schaden können. Bei diesen Überlegungen könnte es hilfreich sein zu wissen, daß das National Institute of Health – bis vor kurzem eine Bastion der Schulmedizin – ein Projekt zur Erforschung alternativer Heilmethoden gestartet hat.

- *Wir haben Angst, wir könnten als dumm oder uninformiert dastehen.*

Das von Autoritäten häufig geübte arrogante Auftreten und Territorialverhalten vermittelt die Botschaft, daß wir nicht so klug oder sachkundig sind wie sie. Außerdem wissen wir ja, daß wir kein Medizinstudium, keine Lehrerausbildung, Automechanikerlehre oder was immer absolviert haben, welche die betreffende Autorität vorweisen kann, also fühlen wir uns verständlicherweise uninformiert. Oft sind wir nicht einmal sicher, ob wir halbwegs intelligente Fragen stellen können. Aber die Fähigkeit von Laien, logisch zu denken, wird erheblich unterschätzt. Sobald wir den Fachjargon und das geheimnisvolle Drumherum so vieler Expertensysteme einigermaßen durchschauen, bleibt nur noch wenig von dem übrig, was die meisten von uns nicht verstehen können. Und wenn wir eine Frage stellen und der Experte schaut uns an, als hätte er Idioten vor sich, dann sollten wir daran denken, daß er uns mit diesem indignierten Blick vielleicht nur zum Schweigen bringen will. Die Worte des Neurologen Oliver Sacks könnten uns hier ein kleiner Trost sein.

> So wie bei ihm [einem Mitpatienten] war es auch bei den anderen. Sie alle waren viel klüger als die Ärzte, die sie behandelten! Ärzte, jedenfalls solche in Krankenhäusern, in denen akute Fälle behandelt werden, gehen oft davon aus, daß ihre Patienten dumm sind. Aber *niemand* war »dumm«, niemand ist dumm, mit Ausnahme der Dummköpfe, die diese Leute für dumm halten.[9]

- *Wir glauben, wir lägen völlig falsch, wenn wir nie jemand die Fragen stellen hören, die uns durch den Kopf gehen.*

Die Öffentlichkeit erfährt im allgemeinen nur dann, daß eine Sachfrage oder Vorgehensweise unter den Fachleuten diskutiert wird, wenn

1. jede Seite einen berühmten, einflußreichen Befürworter hat oder
2. ein Journalist bei einem der Hunderten oder Tausenden von Referaten bei einem Kongreß zufällig darauf aufmerksam wird.

Wenn uns Fragen durch den Kopf gehen, die unter Experten anscheinend kein Thema sind, meinen wir oft, unsere Fragen wären unsinnig. Wir sollten aber daran denken, daß, wenn wir nichts von einer solchen Diskussion gehört oder gelesen haben, das nicht bedeutet, daß auch keine im Gange ist, denn es können jahrelang heftige Debatten unter Experten stattfinden, ehe die Öffentlichkeit davon erfährt. Und das führt uns direkt zum nächsten Aspekt, der uns als Laien am Fragen hindert.

- *Die Medien ermuntern nicht zu kritischem Denken.*

Maureen Gans und ich haben in einem Aufsatz unsere Bedenken darüber geäußert, wie häufig es in den Medien an journalistischer Ausgewogenheit fehlt:

> Journalisten, die ihre Artikel so schreiben, als wären Wissenschaftler in ihrem Erkenntnisprozeß objektiv, tun niemandem einen Gefallen. Wenn das Material für ihre Geschichte aus einem Wissenschaftsblatt stammt oder aus dem Mund eines Menschen mit einem Dr. med. oder Dr.

phil., lassen sich sonst kritische, mit allen Wassern gewaschene Reporter durch diese Aura der Gelehrsamkeit, diese imponierenden Titel nur allzuoft derart beeindrucken, daß sie leichtgläubig werden. Journalisten und Fernsehreporter gehen gemeinhin davon aus, daß Material aus solchen Quellen auf unwiderlegbaren Fakten beruht, die Worte des Wissenschaftlers oder Forschers sozusagen *die Wahrheit* darstellen.[10]

Ein Grundsatz guter Berichterstattung sollte sein, mit Menschen zu sprechen, die zu einem bestimmten Thema konträre Ansichten vertreten. Es ist aber gar nicht so selten, daß Reporter – die in mancher Hinsicht äußerst skeptische Menschen sind – meinen, wenn jemand mit einem Doktortitel eine wichtige Entdeckung gemacht zu haben behauptet, sage derjenige bestimmt die Wahrheit, und es könne deshalb keine »andere Seite« geben, die man prüfen sollte. Wieviel Sorgfalt die Medien bei der Berichterstattung über wissenschaftliche Erkenntnisse walten lassen, ist recht unterschiedlich. Als ein Forscher vor kurzem bekanntgab, er hätte bei den Gehirnen von homosexuellen und heterosexuellen Männern Unterschiede gefunden, ließ der Reporter des *Toronto Star* einen wichtigen Punkt unerwähnt, den der Nachrichtensprecher von CNN sehr wohl brachte: Die bei dieser Studie untersuchten Gehirne von Homosexuellen stammten von Männern, die an AIDS gestorben waren. Es ist sehr gut möglich, daß die Unterschiede bei den beiden Gruppen nicht auf ihrer sexuellen Orientierung beruhen, sondern vielmehr auf der Tatsache, daß die eine Gruppe von Gehirnen durch die Krankheit stark angegriffen war, und bei der anderen war das nicht der Fall. Keay Davidson, der für den *San Francisco Examiner* die Wissenschaftsseite betreut, hat einmal erläutert, wie es dazu

216

kommt, daß die über wissenschaftliche »Entdeckungen« schreibenden Journalisten bei ihrer Arbeit häufig wenig kritisches Denken beweisen. Artikel über wissenschaftliche Berichte würden zwar oft zugkräftige Schlagzeilen abgeben, jedoch würden spätere neue Studien, die diese wieder in Frage stellen, oft nicht ihren Weg in die Zeitung finden, in der der erste Artikel zu diesem Thema erschien.[11] Das gilt vor allem dann, wenn dieser erste Artikel das aussagt, was die Öffentlichkeit hören will oder zu hören erwartet, wie zum Beispiel »Beweise« dafür, daß Männer intelligenter sind. Wenn die erste Geschichte Schlagzeilen macht, würde man dann nicht meinen, daß eine Studie, die sie widerlegt, auch Schlagzeilen macht? Man muß sich schon fragen, wie Verleger zu ihrer Entscheidung kommen, was sie abdrucken, und was nicht. Trotz der Arbeit einiger exzellenter, gewissenhafter Journalisten und Fernsehreporter setzen Zeitungsartikel und Fernsehbeiträge nur allzu selten dem etwas entgegen, was die mächtigsten Leute in den verschiedenen Expertensystemen und wissenschaftlichen Bereichen vertreten. Davidson schreibt dazu:

Die Presse bevorzugt Studien, die angeblich mentale Unterschiede bei den Geschlechtern beweisen – und warum auch nicht? Solche Studien treiben die Auflage in die Höhe. Leider können sie auch dazu benützt werden, die sexistischen Vorurteile zu verstärken, von denen die amerikanische Gesellschaft zutiefst durchdrungen ist. Als Sandra Witelson von der McMaster University bei einer kleinen, versuchsweisen Studie Hinweise auf einen anatomischen Unterschied bei den Geschlechtern fand [in einem kleinen Bereich der dünnen Membran, die die beiden Gehirnhälften voneinander trennt] – konnte die *New York Times* ihre Begeisterung kaum mehr zügeln.[12]

Obwohl diese Studie von keinem anderen Forschungsinstitut öffentlich bestätigt worden war, beeilte sich die *Times* zu verlautbaren, daß dieser Umstand eine ganze Reihe von wichtigen Unterschieden zwischen den Geschlechtern erklären könnte und behauptete, Witelson habe gesagt, dieser anatomische Unterschied sei »wahrscheinlich nur die Spitze des Eisbergs ... Das männliche und weibliche Gehirn sind von der Anatomie her möglicherweise noch weit unterschiedlicher, als wir vermuten.«[13] Davidson meint dazu mahnend:

> Stop, halt! Angenommen, ein Forscher würde berichten, er habe einen winzigen anatomischen Unterschied bei den Gehirnen von Weißen und Schwarzen entdeckt. Würde die *Times* dann eiligst einen Artikel abdrucken, in dem es heißt: »Das könnte erklären, warum Schwarze so musikalisch sind und so gut beim Basketball«? Und hätte der Forscher verkündet: »Dieser anatomische Unterschied ist wahrscheinlich nur die Spitze des Eisbergs!« Leider ist Sexismus nicht so »uncool« wie Rassismus – selbst unter Frauen.[14]

Wie wir als Klienten und Verbraucher durch kritisches Denken profitieren können

So viele starke Kräfte hindern Autoritäten wie ihre Klienten daran, kritisch zu denken. Sich bewußt zu werden, welche das sind, und sie zu durchschauen, ist ein wichtiger Schritt, um sie zu überwinden und mit der Zeit mehr Fragen zu stellen. Wichtig ist aber auch zu erkennen, was wir dadurch gewinnen können.

Als Klienten und Verbraucher sollten wir uns hin und wieder bewußt machen, daß die Autoritäten, die am ehesten verärgert reagieren oder uns ihre Unterstützung verweigern, weil wir es gewagt haben, ihnen Fragen zu stellen, uns ohnehin nicht besonders viel helfen würden. Manche würden das aber zweifelsfrei dennoch tun, und wir müssen für uns selbst entscheiden, wann wir meinen, daß wir nicht viel zu verlieren haben, wenn wir den Mund aufmachen. Gewinnen können wir dadurch eine bessere Gesundheit, größere Zufriedenheit und Lösungen für welche Probleme auch immer, die uns überhaupt erst dazu gebracht haben, bei einem bestimmten Expertensystem oder Experten Hilfe zu suchen.

Die Autorin Joyce Maynard hat kürzlich ganz begeistert beschrieben, wie sie sich endlich von der weitverbreiteten Überzeugung befreite, daß wir zwangsläufig immer die Fehler unserer Eltern wiederholen. Diese Überzeugung wird von vielen Therapeuten wie auch den Medien lautstark propagiert und inzwischen als Wahrheit angesehen, die für *alle* Menschen und Situationen gilt. Maynard schreibt sehr mutig – und setzt sich damit über die landläufige Theorie hinweg –, daß ihre Eltern bei der Erziehung von ihr und ihrer Schwester zwar große Fehler gemacht hätten, aber:

> Ich bin nicht dazu verdammt, das Opfer der Fehler und Versäumnisse meiner Eltern zu sein ... Bin ich durch meine gestörte Herkunftsfamilie geprägt? Natürlich. Was für eine Mutter ich bin, hat in allem mit der Erfahrung zu tun, daß ich in einer Atmosphäre aufgewachsen bin, in der es keine solche Offenheit gab, und wo ich mich hilflos fühlte. Aber [ich bin] das Produkt jeder Erfahrung, die ich auf meinem Lebensweg gemacht habe.[15]

Ein paar Tips für Menschen, die in Zukunft kritischer sein wollen

Wie schon gesagt, braucht es für kritisches Denken kein geheimes oder magisches Wissen, denn es bedeutet in erster Linie, seinen gesunden Menschenverstand einzusetzen und in vernünftigen, logischen Schritten zu denken. Obwohl einige akademische Denker beeindruckende, von Fachausdrücken strotzende Bücher über kritisches Denken geschrieben haben, sollte inzwischen klar sein, daß das *nicht* bedeutet, man könnte das gleiche nicht auch in einfachen und unmißverständlichen Worten ausdrücken. Lassen Sie sich also nicht davon einschüchtern, was Sie vielleicht alles über »kritisches Denken« hören. Ein paar mir sehr liebe Menschen, die für mich zu den klügsten gehören, die ich kenne, zweifeln so sehr an ihren eigenen Fähigkeiten, daß, wenn sie einen Begriff wie *kritisches Denken* lesen, sofort denken, das ginge über ihren Horizont. Und sie denken, sie wären nie fähig zu tun, was immer dazu nötig sein mag. Aus diesem Grund und auch, um Ihnen wirklich verständlich zu machen, worauf ich hinaus will, wenn ich Ihnen rate, die Behauptungen und Vorgehensweisen von Experten zu hinterfragen, möchte ich Ihnen jetzt ein paar Tips für kritisches Denken geben. Und wenn Sie feststellen, daß sie ja gar nichts Besonderes sind – daß sie sich eigentlich alle nach gesundem Menschenverstand anhören –, dann liegen Sie absolut richtig. Es sind keine sensationellen oder hochkomplizierten Dinge, die ich Ihnen anzubieten habe. Ich möchte lediglich, daß Sie besser erkennen lernen, was Ihnen alles in die Quere kommen kann, wenn Sie diese einfachen, vernünftigen Dinge tun möchten.

Hier nun ein paar Tips, die Ihnen als Klient, Verbraucher

oder Patient ein kritisches Denken erleichtern oder Ihre Chancen verbessern, daß die Autoritäten, mit denen Sie zu tun haben, sich auch besser und genauer überlegen, was sie tun. Und denken Sie daran, wenn Sie diese Empfehlungen in die Tat umsetzen, daß jede einzelne von ihnen zumindest schon in einigen, wenn auch nicht in allen Fällen hilfreich war. Vergessen Sie vor allem eines nicht: Wenn Sie sie ausprobieren und damit nicht den gewünschten Erfolg haben, *bedeutet das nicht, daß Sie es nicht richtig gemacht haben.*

- *Wenn Sie das Gefühl haben, Sie hätten kein Recht, den Experten Fragen zu stellen, als bräuchten Sie dazu deren Erlaubnis, dann sollten Sie sich fragen: »Woher kommt dieses Gefühl? Empfinde ich es als moralisch richtig, ihnen die Macht zuzugestehen (oder daß sie diese Macht haben), mir dieses Gefühl zu geben? Würde ich wollen, daß sie so viel Macht über meinen besten Freund oder meine Familie haben?«*

Manchmal hilft es schon, wenn man sich nur diese Fragen stellt, und man hat weniger Angst und kann besser erkennen, was einen daran hindert, von den Experten Rechenschaft oder Erklärungen dazu zu verlangen, was sie sagen und tun.

- *Machen Sie, bevor Sie den nächsten Termin bei der betreffenden Autorität haben oder den nächsten Brief schreiben, eine Liste der Fragen, die Sie beantwortet haben wollen.*

»Welche verschiedenen Möglichkeiten gibt es, mein spezielles Problem zu lösen, was spricht für die jeweilige Alternative, was dagegen? Wie stehen die Chancen bei jeder, sie auch konkret umzusetzen – daß beispielsweise *Ihr* Chef auch damit einverstanden ist?« Durch das Aufschreiben solcher Fragen können Sie verhindern, daß Sie plötzlich einen Blackout haben, wenn Sie dem Experten mit all seinem Prestige und seinem Fachjargon gegenüberstehen. Wenn die Experten wissen, daß Sie eine solche Fragenliste haben, werden sie eher davon ausgehen, daß Sie sich über das jeweilige Problem Gedanken gemacht und informiert haben, und manche von ihnen werden deshalb auch kooperativer sein und mehr auf Sie eingehen. Mit einer solchen Liste in der Hand wird das Gespräch auch nicht so leicht in Nebensächlichkeiten abgleiten, weil Sie ja zwischendurch einen Blick darauf werfen und so beim Wesentlichen bleiben können. Sollte Ihr Experte abschweifen, können Sie ihn daran erinnern, daß Sie noch drei Fragen auf der Liste haben, die Sie beantwortet haben möchten. Eine solche Liste wird es Ihnen beiden auch leichter machen, die zur Verfügung stehende Zeit vernünftig einzuteilen, damit Sie alle Fragen unterbringen.

- *Sagen Sie der Autorität gleich am Anfang des Gesprächs oder des Briefes, wie viele Fragen Sie haben.*

Fragen Sie Ihren Gesprächspartner, auch wenn Sie nur anrufen, *wieviel Zeit er für Sie hat.* Wenn Sie den Eindruck haben, daß nicht genug Zeit sein wird, um alle Fragen zu besprechen, fragen Sie, ob Sie sich soviel Zeit nehmen können, wie Sie brauchen, oder wann Sie einen neuen Termin haben können, um die restlichen Fragen zu besprechen. Es kann in doppelter Hinsicht hilfreich sein, gleich zu Beginn eines Gespräches zu klären, wieviel Zeit dafür ist. Erstens haben Sie damit eine gewisse Kontrolle, wieviel Zeit Sie für jeden einzelnen Punkt brauchen. Es ist ziemlich frustrierend, wenn Sie sich sehr lange bei einer

Frage aufhalten, bei der Sie das Gefühl haben, daß dabei wirklich etwas herauskommt, und dann sagt Ihr Gesprächspartner: »Jetzt müssen wir leider Schluß machen!«, ohne daß Sie alle die anderen Fragen überhaupt angesprochen haben. Zweitens werden Autoritäten und Experten, die Ihnen wirklich helfen wollen, kaum sagen: »Wir haben nur sechs Minuten für dieses Gespräch«, wenn Sie gerade fünf eindeutig wichtige Fragen vorgetragen haben. So etwas sagen zu müssen, könnte manchen Autoritäten auch bewußt machen, wie unzumutbar solche Zeitlimits sind und sie dazu veranlassen, sich mehr Zeit für Sie zu nehmen.

- *Beginnen Sie nach Möglichkeit mit einer Frage, von der Sie wissen, daß die betreffende Autoritätsperson sie anstandslos beantworten wird.*

»Ist das Fieber meiner Mutter durch das Medikament heute gesunken, Doktor?« Damit können Sie bis zu einem gewissen Grad verhindern, daß der Angesprochene sofort in die Defensive geht. Wenn es Sie ärgert, daß Sie erst seinem Ego ein paar Streicheleinheiten verabreichen müssen, damit Sie eher die Information oder Hilfe bekommen, die Sie brauchen, dann werden Sie sich entscheiden müssen, ob Sie es lieber sein lassen oder sich doch überwinden, weil es wenig oder gar keine Alternativen gibt. Es ist jedoch ein großer Unterschied, ob Sie jemandes Ego aus Angst oder übermäßigem Respekt ein bißchen schmeicheln, oder ob Sie versuchen, eine freundliche, kooperative Atmosphäre zu schaffen, die sich zu Ihrem Vorteil auswirken kann und einfach angenehmer ist. Als die Arbeiter meine Haustreppe in Ordnung bringen sollten, wo sie die Stufen nicht richtig gesetzt hatten, begann ich das Ge-

spräch mit der Bemerkung, wie hübsch die Stufen aus-
sähen (obwohl mir, als ich das sagte, ein bißchen übel
wurde), bevor ich ihnen eröffnete, daß sich in der Mitte
große Wasserlachen bildeten.

• *Machen Sie sich während des Gesprächs genaue Notizen.*

Das kann sowohl bei der betreffenden Autoritätsperson als
auch bei Ihnen selbst das kritische Denken schärfen. Viele
Experten zeigen sich verantwortungsbewußter und überlegen sich besser, was sie sagen, wenn mitgeschrieben wird –
oder ein Band nebenher läuft (obwohl letzteres auch ein
Schuß nach hinten sein kann, weil manche dann äußerst
defensiv und unkooperativ werden). Daß Sie sich Notizen
machen, erinnert sie zumindest auf einer moralischen Ebene daran, daß sie eine Verantwortung Ihnen gegenüber
haben. Und entweder schon *während* oder *nach* dem Gespräch wird Ihnen der simple Akt des Mitschreibens helfen,
eventuelle unlogische Schlüsse zu erkennen oder bewußt
zu machen, auf welche Fragen der betreffende Experte
nicht eingegangen ist; seine manipulative *Gesprächsführung*
oder nonverbale Signale, die Ihnen zu verstehen geben:
»Sie haben alles zu akzeptieren, was ich sage«, haben weniger Erfolg, wenn Sie mitschreiben. Eine Freundin von mir,
deren Zahnarzt ihr letztens erklärte, bei ihr wären alle
möglichen Kronen und Füllungen fällig, sie bräuchte außerdem eine teure neue Zahnbürste und müsse viel öfter
und regelmäßig zum Nachschauen kommen, fühlte sich
zuerst völlig überrumpelt. Als der Zahnarzt sie aus der
Praxis hinauskomplimentieren wollte, sagte sie ganz ruhig:
»Also, ich werde mir das jetzt aufschreiben, nur um sicher-
zugehen, daß ich Sie auch richtig verstanden habe. Sie
haben zum Beispiel gesagt, daß ich mir eine elektrische

Zahnbürste kaufen muß, die 110 Dollar kostet. Aus welchem Grund? Ist sie wirklich um so viel besser als die normale?« Hätte sich der Zahnarzt geweigert, ihre Fragen zu beantworten, hätte sie seine Empfehlungen stark angezweifelt und sich lieber noch von einem anderen beraten lassen. Da er aber auf ihre Fragen einging, fühlte sie sich jetzt eher in der Lage abzuwägen, was für ihre Zahnpflege unbedingt notwendig war und was nicht. Sie bat ihn auch, ihr im einzelnen zu sagen, welche der empfohlenen Maßnahmen wirklich notwendig seien, welche wünschenswert, aber nicht so dringend, und welche vielleicht nur eine kleine Hilfe seien.

• *Wenn Experten im Fachjargon reden oder etwas sagen, was Sie nicht verstehen, schreiben Sie weiter mit und fragen: »Würden Sie mir das bitte so erklären, daß ich es verstehe?«*

Stoßen Sie mit Ihrer Bitte auf Widerstand, könnten Sie sagen: »Ich möchte es meinem [Kind, Vater, Chef usw.] erklären können, seien Sie also bitte so gut und erklären es mir auf einfachere Weise.«

• *Bitten Sie um Prospekte oder anderes Informationsmaterial, das Sie mitnehmen können, damit Sie sich die Sache zu Hause oder mit Freunden oder der Familie in Ruhe überlegen können.*

• *Bitten Sie um Bedenkzeit, wenn Sie sich von dem Experten zu einer Entscheidung gedrängt fühlen.*

In einer Notfallsituation wird das vielleicht nicht möglich sein, aber manchmal reichen schon ein paar Minuten – allein oder mit anderen –, in denen der Experte *nicht* anwesend ist, damit Sie den geistigen und emotionalen Freiraum bekommen, um unbelastet nachdenken zu können.

- *Erzählen Sie Freunden und Familienmitgliedern, was der Experte Ihnen gesagt hat, und überlegen Sie gemeinsam mit ihnen, was Sie noch fragen sollten und auf welche Fragen Sie noch keine befriedigende Antwort bekommen haben.*

Das kann überaus hilfreich sein, weil man solche Überlegungen leichter anstellen kann, wenn in diesem Moment *keine* Autorität da ist, die einen einschüchtert, ob absichtlich oder nicht.

- *Wenn Sie Ihrer Familie oder Freunden erzählen, wie das Gespräch mit einer Autorität gelaufen ist, fragen Sie sie, ob sie bei dem Betreffenden irgendeine Voreingenommenheit sehen.*

Will zum Beispiel der Klempner Sie dazu drängen, die Rohre im ganzen Haus erneuern zu lassen, ohne Sie überzeugt zu haben, daß das wirklich notwendig ist? Will Ihr Therapeut Sie dazu bringen, daß Sie Ihrer Mutter die Schuld für alle Ihre Probleme geben, obwohl Sie Ihrer Meinung nach eine gute Beziehung zu ihr haben?

- *Informieren Sie sich bei Freunden, bei anderen Menschen, die schon mit demselben Expertensystem zu tun hatten, sowie in Bibliotheken über alle in Frage kommenden Alternativen.*

Waren Sie zum Beispiel mit einem teuren Anwalt gar nicht zufrieden, sollten Sie sich erkundigen, was einer zu bieten hat, der ein niedrigeres Honorar verlangt. Oder probieren

Sie alternative Behandlungsmethoden aus, wenn Sie gesundheitliche Probleme haben und Ihnen die Ärzte nicht helfen konnten. Nehmen wir nur einmal das Beispiel Tai Chi, eine fernöstliche Bewegungstherapie, bei der Parkinson-Krankheit.

Obwohl das sicher keine herkömmliche »Behandlung« ist, konnte inzwischen offenbar medizinisch nachgewiesen werden, daß

> die durch Tai Chi verbesserte Durchblutung die Resorption der Wirkstoffe [in den zur Behandlung eingesetzten Medikamenten] fördert und schädliche Nebenwirkungen minimiert. Außerdem sind manche Ärzte inzwischen der Ansicht, daß viele der mit der Parkinson-Krankheit in Zusammenhang gebrachten negativen Veränderungen zum Teil eher der reduzierten körperlichen Aktivität zuzuschreiben sind als der Krankheit selbst.[16]

- *Prüfen Sie die Behauptung oder Empfehlung eines Experten ganz genau und fragen Sie sich: »Wenn ich an seiner Stelle wäre, welche Umstände müßten dann für mich gegeben sein, damit ich das gleiche sage?«*

Wenn der Arzt beispielsweise sagt: »Wir müssen Ihrem Vater auf jeden Fall eine Vollnarkose geben, wenn wir ihn operieren«, sollten Sie sich fragen: »Wenn ich dieser Arzt wäre, was müßte ich wissen, bevor ich so etwas sage? Ich müßte wissen, daß der Patient bei nur örtlicher Betäubung während der Beinoperation das Geräusch der Säge hören würde, und das würde ihn wahrscheinlich sehr aufregen. Oder ich müßte wissen, daß die Operation extrem lange dauert und dieser Patient viel zu unruhig wird, wenn er die ganze Prozedur im Wachzustand mitbekommt. Oder ich müßte wissen, daß die Risiken einer Vollnarkose im Gegensatz zu einer örtlichen Betäubung in Anbetracht des Alters und der körperlichen Verfassung dieses Patienten minimal sind.« Da Sie in diesem Fall nicht der Experte sind, geht es Ihnen weniger darum, eine bestimmte Meinung zu verteidigen, sondern Sie sorgen sich eher um den Patienten. Damit können Sie sich ganz auf die Punkte konzentrieren, die der Arzt Ihrer Meinung nach klären müßte, ehe Sie und Ihr Vater dem vorgeschlagenen Weg zustimmen. Anschließend können Sie den Arzt zu den verschiedenen Punkten befragen, in Erfahrung bringen, wie er Ihren Vater einschätzt – und worauf diese Einschätzung beruht (Sie selbst könnten zum Beispiel wissen, daß er bei Gefahr oder Streß eigentlich immer sehr ruhig bleibt), und außerdem *fragen, wo Sie weitere Informationen zu seinen Empfehlungen nachlesen können.* Durch solches Nachfragen können Sie dazu beitragen, daß der Experte keine unüberlegten, nicht ausreichend begründeten Aussagen trifft.

- *Wenn Sie selbst die Hilfe eines Expertensystems brauchen, sollten Sie sich immer fragen: »Würde man mit meinen Eltern, meinem Kind oder meinem besten Freund so umgehen, würde ich das unfair oder rücksichtslos oder voreingenommen finden? In welcher Hinsicht? Steht der Betreffende einfach zu sehr unter Zeitdruck, um mir alles genau zu erklären, und würde ich mich aufregen, wenn er einen mir lieben Menschen so behandeln würde? Würde ich sein Verhalten, wenn es gegen jemand anders gerichtet ist, als rassistisch, sexistisch und dergleichen betrachten?«*

Das ist eine ganz wichtige Übung, denn es fällt, wie schon gesagt, den meisten Menschen bei anderen viel leichter zu erkennen, wann sie ungerecht oder schlecht behandelt werden, als bei sich selbst.

- *Achten Sie auf ganz offensichtlich falsche Aussagen.*

Als ich mich mit der Studie zu den geschlechtsspezifischen Unterschieden beim räumlichen Vorstellungsvermögen befaßte und die Behauptung eines »Experten« las, die Tatsache, daß es keine weiblichen Schachmeister gibt, sei ein Beweis dafür, daß Frauen in dieser Hinsicht nicht so gut seien, hat mich das so auf die Palme gebracht, daß ich daraufhin auch seine anderen, noch schwerer nachzuvollziehenden Aussagen in Frage stellte.

- *Wenn der Experte, mit dem Sie gerade zu tun haben, Ihnen nicht hilft oder Sie ernsthaft verärgert, sollten Sie überlegen, wo Sie vielleicht eher Hilfe bekommen.*

Manchmal bedeutet das, daß man sozusagen einen Schritt zur Seite macht, zum Beispiel einen anderen Arzt hinzuzieht. Manchmal bedeutet es, daß man eine Stufe höher oder gleich zum Chef geht, weil die Leute an der Spitze oft mehr bewegen können, um Ihnen zu helfen, und weniger Leute über sich haben, die unorthodoxe Lösungen vielleicht mißbilligen könnten. In meinem ersten Jahr am Radcliffe College fiel einmal mitten im Winter die Heizung im Wohnheim aus. Daraufhin riefen mehrere Mädchen bei der Verwaltung an und beschwerten sich, und wir alle saßen stundenlang frierend im Zimmer, Hände und Füße in diese aufblasbaren Trockenhauben der 60er Jahre gesteckt, um uns wenigstens ein bißchen zu wärmen. Als sich nichts tat und wir immer stärker zu zittern begannen, folgte ich dem Grundsatz meiner Großmutter mütterlicherseits, Esther Milner Karcher, und meiner Mutter, Tac Karchmer Caplan, und wandte mich gleich an die oberste Etage. Ich rief im Rektorat an und bat, mich mit der Rektorin des College zu verbinden. Man sagte mir, sie sei beschäftigt, und fragte mich, was ich auf dem Herzen habe. Daraufhin informierte ich die Sekretärin, daß die Heizung in Daniels Hall ausgefallen war, was die Rektorin vermutlich nicht wisse, und daß sie doch sicher nicht wolle, daß die Studentinnen frieren. In der gleichen Stunde noch wurde die Heizung repariert, und ich habe natürlich nie erfahren, ob mein Anruf den Ausschlag gab oder nicht. In jedem Fall aber kann so etwas zumindest sehr hilfreich sein.

- *Machen Sie sich keine Gedanken, daß Autoritäten Sie penetrant oder unhöflich oder einfach nicht sonderlich sympathisch finden könnten, weil Sie Fragen stellen.*

Denken Sie daran, daß es nicht darum geht, sie davon zu überzeugen, daß Sie ein netter und entgegenkommender Mensch sind, sondern daß Sie die Information oder Hilfe bekommen, die Sie brauchen. Es ist zwar eine gute Idee, so freundlich und geduldig zu sein, wie die Situation es eben zuläßt (wenn Ihr Kind in der Notaufnahme liegt, ist vielleicht wenig Zeit für gute Manieren), aber machen Sie ruhig den Mund auf, wenn Ihnen die benötigte Hilfe nicht gewährt wird. Denken Sie auch daran, daß es ganz normal ist, sich aufzuregen, wenn man Hilfe braucht und sie nicht bekommt. Durch den Kontrast zwischen unserer eigenen Aufgeregtheit auf der einen Seite und der wahrscheinlich ruhigen und beherrschten Haltung der Autorität auf der anderen Seite kommen wir uns leicht dumm oder überemotional vor. Und das kann uns daran hindern, Fragen zu stellen. Wenn wir uns aber diesen Aspekt bewußtmachen, merken wir es eher, wenn wir uns so fühlen, können dieses Gefühl bewußt beiseite schieben und unsere Fragen trotzdem vorbringen.

- *Wenn Sie zu sehr verunsichert sind, um Fragen zu stellen oder auf Antworten zu bestehen, stellen Sie sich vor (in Gedanken), Sie wären jemand anderer.*

Ich tue in solchen Situationen oft so, als wäre ich meine Mutter oder meine Großmutter. Und wenn ich sehr aufgebracht bin, mich aber so verhalten muß, als wäre ich ganz ruhig, stelle ich mir immer vor, ich wäre eine Freundin von mir, die immer ganz gelassen und beherrscht wirkt. Und ich bin angenehm überrascht, wie oft das bei mir funktioniert.

Ich kann zwar keine Wunder versprechen, aber solche einfachen Vorübungen zum kritischen Denken haben manchmal eine wunderbare Wirkung. Die beiden folgenden Buchauszüge zeigen zum Beispiel, wie zwei verschiedene Menschen sehr viel dadurch erreichten, daß sie sich an eine höhere Stelle wandten oder einfach an jemand anderen in demselben Expertensystem:

[Ein Mann hatte zehn Jahre lang über Symptome geklagt, die nach Ansicht seines Arzt auf andere Probleme zurückzuführen waren.] Eines Tages sah seine Frau, während sie am Flughafen saß und wartete, von hinten einen Mann in vornübergebeugter Haltung dahinschlurfen. Sie dachte: »Dieser Mann ist krank.« Als er sich umdrehte, war sie ganz entsetzt – es war ihr Mann! Ein Besuch bei einem anderen Arzt erbrachte schnell die Diagnose Parkinson-Krankheit. Es hatte einen anderen Blickwinkel gebraucht ...

... [In einem anderen Fall] lernten Blaine und ich im Wartezimmer von Dr. Feldman einen älteren Patienten kennen, der fast normal gehen und sprechen konnte. [Er] hatte im Rollstuhl gesessen, war sehr schwach gewesen und hatte nur noch undeutlich sprechen können (typische Parkinson-Symptome im Spätstadium der Krankheit), und das noch vor einem Jahr! Seit einiger Zeit bei Dr. Feldman in Behandlung, war er an dem Tag zu einer Kontrolluntersuchung gekommen, bevor er allein nach Florida fuhr, um dort die Wintermonate zu verbringen! Nachdem ihm sein erster Arzt nicht hatte helfen können, war er zu einem anderen in Behandlung gegangen und genoß sichtlich, daß es ihm jetzt viel besser ging.[17]

Diese Vorschläge sollen Ihnen helfen, Ihre Erfahrungen mit den verschiedensten Experten etwas kritischer zu sehen. Um kritisches Denken in irgendeiner Form geht es auch in Kapitel 8 bei allen Tips und Strategien, wie Sie besser damit umgehen können, wenn Sie sich dumm und hilflos fühlen.

Kapitel 8

Wie Sie sich zur Wehr setzen können

In diesem Kapitel geht es um einige Strategien, auf die ich – durch andere Menschen oder eigene Erfahrung – gekommen bin und die uns helfen können, wenn wir einem einschüchternden Expertensystem oder Experten gegenüberstehen und uns dumm, hilflos und schuldig fühlen. Diese Strategien sollen solche Gefühle abbauen helfen.

Welche der hier empfohlenen Strategien Ihnen persönlich am meisten bringen, müssen Sie selbst entscheiden. Ich schlage vor, Sie schauen zuerst, welche Ihnen spontan am meisten zusagen, also solche, von denen Sie glauben, daß Sie sie ohne große Anstrengung in die Tat umsetzen können. Überlegen Sie dann aber auch, auf welche Sie von selbst vielleicht nie gekommen wären. Sie können manche angenehme Überraschung erleben, wenn Sie Strategien ausprobieren, die so gar nicht in Ihr gewohntes Verhaltensrepertoire passen – oder an die Sie einfach nie gedacht hätten. Ganz wichtig ist, sich bewußt zu sein, daß nicht jede dieser Strategien in jeder Situation hilfreich ist, manchmal nicht einmal möglich, und diesen Aspekt sollten Sie immer im Auge behalten. Und vergessen Sie nicht, daß das Expertensystem Ihnen manchmal nicht helfen wird, ganz gleich, was Sie tun, und machen Sie sich bewußt, daß das nicht Ihre Schuld ist.

Uns mit einem gleichgültigen Expertensystem herumzu-
schlagen, dessen Unterstützung wir brauchen, kostet oft
soviel Energie und erfordert soviel Umsicht, daß wir an
vieles, was wir sonst noch tun könnten, gar nicht denken.
Die Psychologin Nikki Gerrard weist auf den Unterschied
zwischen »wählen« und »bewältigen« hin[1]: Wenn alles im
Leben ziemlich gut läuft, können wir relativ frei *wählen*, was
wir tun wollen; werden wir aber schlecht behandelt oder
unterdrückt, können wir nur sehen, wie wir die Situation
bewältigen, weil wir weniger Energie und kaum Alternativen
haben. Sehen wir uns in einer schwierigen Situation mit
starren, gleichgültigen Expertensystemen konfrontiert, die
nichts für uns tun wollen, sind unsere Energiereserven
ohnehin schon erschöpft und nur die wenigsten von uns
können sich den Luxus erlauben, sich mit nichts anderem
zu beschäftigen, als irgendwelche Expertensysteme dazu zu
bringen, ihren Job zu machen. Außerdem haben wir allein
schon durch die Natur und Machtfülle vieler Expertensysteme und Autoritäten nur begrenzte Möglichkeiten: Das
Rechtssystem und die Strukturen zum Schutz der Arbeit-
nehmer werden sich kaum unseren persönlichen Wünschen und Erfordernissen entsprechend verändern, und
irgendwelche abgehobene Experten, die Erklärungen dazu
abgeben, wie wir unsere Kinder zu erziehen haben oder
unsere Ehe retten können, brauchen gar nicht darauf zu
reagieren, wenn wir sie wissen lassen, daß ihre Ratschläge in
der Praxis nicht funktioniert haben.
Die Grenzen dessen zu erkennen, was Sie allein und sofort
tun können, sollte Ihnen nicht den Mut nehmen, denn Sie
können vielleicht mehr verändern, wenn Sie mit anderen
und über längere Zeit hinweg zusammenarbeiten. Dieses
Buch soll Ihnen aber in erster Linie helfen, kurzfristig
möglichst viel Kraft und Selbstvertrauen aufzubauen, damit

Sie und die Menschen, die Sie lieben, die momentane Krise möglichst gut bewältigen. Haben Sie diese Krise einmal überwunden, werden Sie sich vielleicht einer Gruppe anschließen wollen, die längerfristig darauf hinarbeitet, Institutionen oder das Verhalten einzelner Autoritäten zu verändern, damit andere nicht ebenso darunter leiden müssen wie Sie.

Denken Sie also daran, daß diese Strategien Ihnen vor allem helfen sollen, die Situation klar zu erkennen, unangebrachte Selbstvorwürfe abzubauen und sich nicht mehr so unzulänglich und dumm vorzukommen. Sich von einem Expertensystem nicht fertigmachen zu lassen ist doch auch eine Art Sieg. Sie werden mit Hilfe dieser Strategien zwar ein solches System oder einen Experten nicht unbedingt immer dazu bringen, das zu tun, was Sie möchten, aber in manchen Fällen kann Ihnen das durchaus gelingen. Wie schon in Kapitel 4 gesagt, sollten Sie sich hin und wieder bewußt machen, daß manchen Leuten in diesen Systemen wirklich daran liegt, Ihnen zu helfen, und daß, wenn Sie sie auf ihre Kleinmachmethoden aufmerksam machen, sie vielleicht ihr Verhalten in einer Weise ändern werden, die letztlich Ihnen zugute kommt. Sie werden sich beim Lesen meiner Tips vielleicht wieder fragen, ob ich denn alle Autoritäten durch die Bank nur negativ beurteile. Nein, das tue ich nicht. Aber bei denen, die sich ohnehin hilfsbereit zeigen, brauchen Sie keine solchen Strategien. Dieses Kapitel soll Ihnen lediglich verschiedene Möglichkeiten im Umgang mit solchen Autoritäten aufzeigen, die Ihnen ihre Unterstützung verweigern und Sie dumm und hilflos dastehen lassen.

Hier nun meine Vorschläge, wie Sie besser damit klarkommen können.

Die Zusammenhänge erkennen

- Machen Sie sich klar, daß wir (oder unsere Steuern) die Autoritäten oder Experten größtenteils dafür bezahlen, daß sie uns Informationen geben.

- Machen Sie sich klar, daß man mit Daten und Fakten nicht nur *eine* Seite eines Problems begründen kann. Zum Beispiel behaupten manche Forscher, irgendeine (meistens nicht sehr gewissenhaft durchgeführte) Untersuchung habe gezeigt, daß manche Frauen in den Tagen vor der Menstruation nicht so fit sind wie an einem anderen x-beliebigen Tag im Monat und deshalb keine Frau Pilotin werden dürfe. Man könnte aber ebensogut argumentieren, daß Frauen ja ziemlich genau wissen, wann sie ihre Periode bekommen und dann eben nicht zu fliegen bräuchten, wenn sie sich an diesen Tagen schlecht fühlen, sich solche Leistungsschwächen bei Männern aber nicht so einfach vorhersagen lassen und man deshalb keinem Mann erlauben dürfte, ein Flugzeug zu fliegen. Halten Sie sich also an den Grundsatz von der Gegenthese:[2] Suchen Sie lange und gründlich nach anderen möglichen Erklärungen für die Sache, die jemand als einzig richtig oder wahr hinstellt. Wenn Sie häufig erkältet sind und Ihr Arzt Ihnen sagt, Sie könnten nichts anderes dagegen tun, als Antihistaminika und Nasentropfen nehmen, dann könnten Sie (1) sich selbst, andere Ärzte und Heilpraktiker fragen, ob es eventuell eine tieferliegende Ursache (etwa ein geschwächtes Immunsystem) gibt, die man herausfinden und angehen müßte, statt immer nur die Symptome zu behandeln; und (2) andere Ärzte, Heilpraktiker und Freunde fragen sowie sich Bücher über andere Behandlungsmethoden besorgen, die vielleicht helfen könnten.

- Machen Sie sich klar, daß die Experten es vielleicht selbst leid sind, daß sie oft nicht wirklich helfen können. Das hilft manchmal schon, um nicht so sehr darunter zu leiden. Elaine, die eine Betriebsrente beantragt hatte, weil sie durch die Arbeit in einem schadstoffbelasteten Gebäude krank geworden war, war ziemlich frustriert, als ihr Antrag abgelehnt wurde. Sie rief den für ihren Fall zuständigen Sachbearbeiter in der Versicherung an und sagte: »Ich bin zwar ziemlich verärgert, daß mein Rentenantrag abgelehnt wurde, aber mir ist klar, daß Sie in einer schwierigen Lage waren, weil man erst jetzt allmählich erkennt, wie gesundheitsschädigend manche Baustoffe sind, und da konnten Sie wahrscheinlich nicht groß etwas tun. Es wäre sicher leichter gewesen, wenn Ihre Ärzte über diese Problematik besser informiert gewesen wären, aber ohne ihre Unterstützung waren Ihnen wohl die Hände gebunden.« Elaine konnte mit diesem Anruf zwar nichts an der Entscheidung über ihre Rente ändern, fühlte sich hinterher aber trotzdem besser, weil sie deutlich gemacht hatte, was Sache war, und weil sie über den bürokratischen Vorgang hinaus einen kurzen, menschlichen Kontakt zu dem Sachbearbeiter hatte herstellen können, der tatsächlich nicht mehr hatte tun können.

- Machen Sie sich klar, daß manche Experten fürchten, Sie würden den Respekt vor ihnen verlieren, wenn sie nicht auf alles eine Antwort haben. Geben Sie also dem Experten die Chance zu sagen: »Ich weiß es nicht.« Sie können ja einfließen lassen, daß Sie wissen, daß auf diesem Gebiet noch einiges unklar ist und Sie sich fragen, ob das vielleicht auch in Ihrem speziellen Fall so ist. Für mich selbst war zum Beispiel einmal ein solcher Moment der Wahrheit gekommen, als ich den Eltern eines dreijährigen Kindes, über das ich ein Gutachten erstellen sollte, sagen mußte, daß ich einfach nicht wußte, was mit ihm los war. Ich wußte, der

Junge war nicht autistisch oder zurückgeblieben und war offenbar auch nicht schizophren, aber irgend etwas stimmte mit ihm nicht; allerdings hatte ich diesen speziellen Symptomenkomplex und ein solches Verhalten noch bei keinem Kind erlebt und auch nicht darüber gelesen. Ich wußte nicht, welche Prognose ich stellen sollte, sondern legte den Eltern nahe, sich hinsichtlich der Bedürfnisse ihres Kindes auf ihr eigenes Gefühl zu verlassen und bot ihnen an, mir den Jungen ein halbes Jahr später, oder wann immer die Eltern es wünschten, noch einmal anzuschauen. Die Eltern seufzten hörbar erleichtert auf und erzählten, sie wären mit ihrem Sohn schon bei fünf verschiedenen Fachärzten gewesen, von denen sie jeder mit Fremdwörtern bombardiert hatte, bis sie ganz durcheinander waren und allmählich den Eindruck hatten, daß keiner wirklich wußte, was mit ihrem Kind los war. Das machte ihnen aber weniger zu schaffen als die ständigen Versuche, aus den Experten herauszubekommen, *ob* man irgend etwas tun konnte. Die anderen fünf Fachärzte speisten sie hauptsächlich mit sehr professionell klingendem Kauderwelsch ab und gaben ihnen überhaupt keine praktischen Ratschläge, so daß sie das Gefühl hatten, es sei ihre eigene Schuld, daß sie nicht begriffen hätten, was man ihnen sagte.

- Machen Sie sich klar, welche Motive hinter ihrem Fachjargon oder den beleidigenden Äußerungen stecken könnten (siehe auch Kapitel 4).
- Machen Sie sich klar, daß sie sich, wenn sie Ihnen die Schuld zuschieben oder Sie abkanzeln, aus welchem Grund auch immer, ihren Job einfach leichter zu machen versuchen, weil sie Sie dadurch zum Schweigen bringen und gefügiger machen.
- Machen Sie sich klar, daß Sie bei manchen Autoritäten in jedem Fall die schlechteren Karten haben: Wenn Sie nicht

dagegen protestieren, wie Sie behandelt werden, erfahren Sie nichts von ihnen und werden hilflos stehengelassen. Wenn Sie die Experten mit Fragen konfrontieren oder ihnen auf den Zahn fühlen, zeigen sie sich vielleicht hilfsbereiter, werfen Ihnen dann aber möglicherweise vor, Sie seien paranoid, unvernünftig oder reichlich anspruchsvoll und rächen sich an Ihnen oder Ihnen nahestehenden Menschen mit irgendwelchen Repressalien (wie zum Beispiel ein Schuldirektor, der Ihr Kind in die Klasse von einem schrecklichen Lehrer versetzt). Wenn Sie sich gegen ein Expertensystem auflehnen, sollten Sie sich besser schon vorher überlegen, was Sie eventuell damit riskieren, aber wenn Sie einmal erkannt haben, daß die Alternative darin besteht, in dem bekannten Zustand der Frustration hängenzubleiben, fällt Ihnen die Entscheidung vielleicht leichter. Und zumindest sind Sie dann bei Ihrer Entscheidung gut informiert.

Je nachdem, wie wohlgesonnen Ihnen die betreffende Autorität ist und welche Stufe sie in der Hierarchie des Expertensystems einnimmt, können Sie mehr oder auch weniger dagegen tun, als paranoid abgestempelt zu werden. Wenn Autoritäten wenig oder gar kein Interesse daran haben, Ihnen zu helfen, müssen sie einfach Wege finden, wie sie Ihre ganz legitimen Fragen abschmettern können, um sich selbst zu schützen und ihren Arbeitsaufwand möglichst gering zu halten. Es kann sich aber durchaus lohnen, wenn Sie erst einmal davon ausgehen, daß man Ihnen helfen will, denn manche wollen es tatsächlich, und in diesem Fall kann Ihnen ein kleines »Ausdruckstraining« helfen, Ihre Fragen und Bedenken so zu äußern, daß Sie möglichst gute Chancen haben, daß man Ihnen zuhört und auf Sie eingeht.[3] (Wenn das nicht funktioniert, können Sie natürlich eine andere Strategie ausprobieren.) Entscheidend beim »Ausdruckstraining« ist folgendes:

1. Vermeiden Sie Drohungen, Forderungen oder Kritik. Das heißt, keine Beleidigungen oder Sätze wie: »Wenn Sie dies oder jenes nicht tun, dann werde ich ...« oder: »Mein Kind ist Ihnen doch völlig egal!«

2. Sagen Sie klar und deutlich, was Sie wollen und warum. Statt zum Beispiel zu sagen: »Ich verstehe wirklich nicht, warum Sie unsere Fragen nicht beantworten«, sollten Sie lieber sagen: »Erklären Sie es uns doch bitte so, daß wir es auch verstehen, welche Möglichkeiten der Behandlung es für Tante Ernestine gibt und mit welchen Nebenwirkungen bei der jeweiligen Behandlung zu rechnen ist. Oder gibt es vielleicht irgendwelches gut verständliches Informationsmaterial darüber?«

- Machen Sie sich klar, daß Fachjargon den Zweck hat, Sie zu beeindrucken. Wenn Sie nicht verstehen, was der Experte sagt, dann glauben Sie bitte nicht, das sei *Ihr* Fehler. Experten unter sich reden oft im Fachjargon, weil sie damit Zeit zu sparen meinen, im Gespräch mit Klienten oder Patienten aber ist er alles andere als dem Verständnis förderlich. Ein Psychologe im Sozialdienst, der ausschließlich mit Landwirtsfamilien arbeitet, hat mir erzählt, daß viele von ihnen mit der Sprache der Banker und Anwälte überhaupt nichts anfangen können. Flattert ihnen dann ein Räumungsbescheid ins Haus, packen sie einfach ihre Sachen zusammen und gehen, weil sie sich nicht vorstellen können, wie sie mit dem Banker klären könnten, was ein solcher Räumungsbescheid wirklich bedeutet, ob der Landwirt seinen Grund und Boden tatsächlich verlassen muß oder nicht, oder wie sie dahinterkommen sollen, was die einzelnen Fachausdrücke in solchen Schriftstücken wirklich bedeuten.

- Machen Sie sich klar, daß selbst Fachleuten mit langjähriger Erfahrung grobe Fehler unterlaufen können. Ein Freund von mir, der an Bluthochdruck litt, mußte regelmäßig ein blutdrucksenkendes Mittel einnehmen. Dann erkrankte er an Krebs, mußte operiert werden und bekam im Krankenhaus anfangs auch Schmerzmittel verordnet. Als er nach Hause entlassen wurde, klagte er oft über Schmerzen und große Müdigkeit und verlangte häufiger nach Schmerztabletten, die er nach Aussage seines Arztes je nach Bedarf nehmen sollte. Seine Frau und seine Schwestern lagen ihm ständig in den Ohren, er solle sich doch »eine positivere Einstellung angewöhnen und nicht so viel jammern«. Er könne doch nicht erwarten, daß es ihm so kurz nach der Operation schon wieder blendend ginge. Wochen später, als er wieder Medikamente brauchte, entdeckte seine Frau, daß der Apotheker beim ersten Mal versehentlich die Etiketten auf den Döschen vertauscht hatte. Der arme Mann hatte also, ohne es zu wissen, eine Überdosis seines Blutdruckmittels eingenommen, in dem Glauben, es sei das Schmerzmittel, so daß er nicht nur ständig Schmerzen gehabt hatte, sondern dazu auch noch die Nebenwirkungen von zu vielen blutdrucksenkenden Tabletten.

Eine neue Ausgangsbasis schaffen

- Gehen Sie davon aus, daß andere Leute im gleichen Boot sitzen wie Sie, die gleichen Enttäuschungen und Demütigungen erleben, selbst wenn Sie es anfangs vielleicht nur schwer glauben können. Ich kann das aus meiner eigenen

Erfahrung nur bestätigen und sagen, daß Ihnen diese Vorstellung Kraft gibt: Sie werden sich nicht mehr so absonderlich oder allein vorkommen, selbst wenn Sie noch niemanden kennen, dem es genauso geht. Es wird Ihnen leichter fallen, mit anderen über Ihre Probleme zu sprechen, und Sie werden mit Sicherheit auf Gleichgesinnte stoßen.

Eine Frau, die sich von ihrem Anwalt ungerecht und respektlos behandelt glaubte, weil sie Schwarze war – insgeheim aber befürchtete, sie wäre paranoid –, erzählte davon bei einem Treffen ihrer Kirchengemeinde. Sie schilderte ihre Erlebnisse aber so, als wäre das Ganze einer »engen Freundin« passiert, weil sie glaubte, sie sei die einzige, die solche Erfahrungen macht. Schon als sie das erste Gespräch mit dem Anwalt beschrieb, sah sie einige der Zuhörer zustimmend nicken, die schon ähnliches erlebt hatten. Schließlich gab sie zu, daß sie von sich selbst erzählte und sagte, sie sehe das Verhalten des Anwalts als Zeichen für seine rassistische Einstellung. Danach stellte sie mit Genugtuung fest, daß viele ihrer Freunde ihre Meinung teilten.

Ein sicheres Indiz dafür, daß Leute in irgendwelchen Institutionen es Ihnen möglichst schwermachen wollen zu erkennen, daß viele andere Menschen davon genauso betroffen sind, ist der Satz: »Sie sind der erste, der … [sich je beschwert hat, so etwas verlangt hat, usw.].« Manchmal werden sie sogar versuchen, einen Keil zwischen Sie und andere Menschen zu treiben, die sie genauso schlecht behandeln, werden darüber hinaus versuchen, Sie auf *ihre* Seite zu ziehen. In Kapitel 2 habe ich erzählt, wie meine Fakultät sich weigerte, mich an zwei psychotherapeutischen Fallbesprechungen teilnehmen zu lassen statt an einer, wie es üblich war. Sie äußerten Bedenken, daß, wenn sie es mir erlaubten, sie es ja allen anderen auch gestatten müßten.

Sie wollten mich dazu bringen, daß ich mich mit ihnen statt mit den anderen Studenten solidarisierte, indem sie von mir Verständnis für ihre Angst forderten, daß sie damit solchen Ansinnen angeblich Tür und Tor öffnen würden. Wichtig ist in einer solchen Situation, daß wir uns fragen, auf welcher Seite wir wirklich stehen. In dem oben geschilderten Fall stellte ich mir die Frage: »Wenn andere Studenten *tatsächlich* den gleichen Wunsch äußerten und die Fakultät es ihnen gestatten müßte, wäre das dann schlecht für die Studenten?« Die Antwort war natürlich nein. Es wäre für die Fakultät nicht einmal ein größerer Aufwand gewesen, weil die Studenten für diesen Kurs keine Arbeiten schreiben mußten, die die Professoren dann lesen und benoten hätten müssen. Wenn Sie Sätze zu hören bekommen wie: »Wenn wir Ihnen das erlauben, müssen wir es jedem erlauben«, dann ist es auch hilfreich, sich zu fragen, wie groß denn die Wahrscheinlichkeit ist, daß alle Welt mit solchen Forderungen kommt. Als ich damals hartnäckig blieb, durfte ich an beiden Fallbesprechungen teilnehmen, und es hat kein einziger Student sonst diesen Wunsch geäußert. Sie alle hatten auch ohne den zusätzlichen Kurs noch genug zu tun.

Der Neurologe Oliver Sacks schildert aus eigener Erfahrung, wie schlimm es sein kann, wenn man das Gefühl hat, völlig allein dazustehen. Sacks hatte sich bei einem Unfall eine schwere Beinverletzung zugezogen und sagte seinem Arzt, daß er die Muskeln nicht mehr anspannen könne und nachschauen müsse, ob sein Bein da sei, weil er es nicht mehr spüre. Sacks schreibt:

> Es kam mir so vor, als mache Swan [der Arzt] einen Augenblick lang ein besorgtes Gesicht, aber dieser Eindruck war so vorübergehend, so flüchtig, daß ich mir nicht sicher war.

»Unsinn, Sacks«, sagte er schroff und entschlossen. »Es ist gar nichts. Überhaupt nichts. Es besteht kein Grund zur Sorge. Überhaupt kein Grund!«

»Aber ...«

Wie ein Polizist, der den Verkehr anhält, hob er die Hand. »Sie irren sich vollkommen«, sagte er mit Entschiedenheit. »Ihrem Bein fehlt überhaupt nichts. Das verstehen Sie doch, oder?«[4]

Jahre später ergab eine Untersuchung, daß die Nerven damals erheblich verletzt wurden und zum Teil immer noch waren, was bei Sacks zu den Symptomen geführt hatte, die sein Arzt für unmöglich hielt. Sacks schreibt über die Gefühle, die in ihm tobten:

> Dies wäre erträglich oder erträglicher, wenn man es anderen mitteilen und es so – wie zum Beispiel Kummer – zum Gegenstand von Verständnis und Sympathie machen könnte. Aber das wurde mir verwehrt, als der Chirurg »nichts« sagte, und so wurde ich in den fernsten Winkel der Hölle verbannt: die Hölle der Unmöglichkeit der Kommunikation, [die] (höchst elementaren) Wahrnehmungen widersprach, sie in Frage stellte und anzweifelte – Wahrnehmungen, auf die sich mein höchst elementares Ich-Gefühl, das Gefühl meiner Ganzheit, gründete.[5]

- Gehen Sie davon aus, daß Sie eine ganze Menge wissen. Gehen Sie davon aus, daß Sie genauso klug und intelligent sind wie die »Experten«. Sich Sachen aufzuschreiben, vielleicht ein Tagebuch zu führen, und sie wieder nachzulesen kann äußerst hilfreich sein, damit man auch sicher weiß, daß es so war und nicht anders. Leah traf sich einmal pro Woche mit einem Sozialarbeiter, der bei ihrer Scheidung als Vermittler fungierte. Bei einem ihrer Dienstagsgespräche sagte er etwas, was Leah sich unverzüglich in ihr Tagebuch schrieb. Am folgenden Dienstag dachte Leah, sie sei verrückt, weil sie hätte schwören können, daß der Sozialarbeiter plötzlich alles ganz anders darstellte. Da sie aber in einer emotional sehr belastenden Situation war und dieser Sozialarbeiter ein sehr selbstsicheres Auftreten hatte, glaubte Leah, sie habe ihn die Woche zuvor sicher mißverstanden. Zum Glück schaute sie in ihrem Tagebuch nach, als sie wieder daheim war, und stellte fest, daß sie absolut nichts durcheinandergebracht hatte.

Selbst wenn es mit dem Tagebuchschreiben nicht so klappt, kann es sehr hilfreich sein, wenn Sie sich einfach wieder öfter klarmachen, daß Sie sehr wohl ein intelligenter Mensch sind. Ein Witwer kam einmal völlig verwirrt zu mir, weil die Lehrerin seines Sohnes gesagt hatte, das Kind habe eine »unkontrollierbare, aggressionsbetonte Verhaltensstörung« und der Vater solle »etwas dagegen tun«. Der Vater saß daraufhin ganz eingeschüchtert da, weil die Lehrerin offenbar meinte, es sei seine Schuld, und dies auch in einem verärgerten, vorwurfsvollen Ton gesagt hatte. Das brachte ihn derart aus dem Konzept, daß er die erstbeste Möglichkeit wahrnahm, das Gespräch zu beenden. Erst als er wieder zu Hause war, wurde ihm bewußt, daß er keine Ahnung hatte, was die Lehrerin mit »unkontrollierbarer, aggressionsbetonter Verhaltensstörung« genau meinte. Es hörte sich ziemlich schlimm an, und er machte sich jetzt noch mehr Sorgen, weil er dauernd nachgrübelte, was die Lehrerin wohl damit sagen wollte.

Ich empfahl ihm, doch nicht gleich zu denken, daß er mit seinem Hauptschulabschluß diesen Fachjargon ohnehin nicht verstehen könne, sondern sich erst einmal zu beruhigen, und dann könnten wir sehen, was die Lehrerin genau gesagt hatte. Er solle statt dessen davon ausgehen, daß er, wenn er sich einmal beruhigt hatte, sehr wohl verstehen könne, was sie gesagt hatte, und wenn nicht, dann läge das nicht an mangelnder Intelligenz bei ihm, sondern an der Unfähigkeit der Lehrerin, sich klar auszudrücken. Als er sich beruhigt hatte, nahm er sich ein Fremdwörterbuch, schaute unter »unkontrollierbar« nach und stellte fest, daß das wohl bedeuten sollte, daß das Problem seines Sohnes nicht in den Griff zu bekommen war. Er wußte sofort, daß das nicht stimmen konnte, weil er selbst Mittel und Wege gefunden hatte, seinen Sohn bei seinen gelegentlichen Anfällen von Zerstörungswut zu bremsen. Unter »aggressionsbetont« und »Verhaltensstörung« konnte er im Wörterbuch nichts finden, also erklärte ich ihm, das erste sei ein Fachausdruck dafür, daß er »seinen Kummer zeigt, indem er bockig und schwierig wird, statt sich, zum Beispiel, zurückzuziehen«, und der zweite Begriff bedeute, daß mit der Persönlichkeit seines Sohnes insgesamt etwas nicht stimme und sich das wahrscheinlich schlecht ändern ließe. Aufgrund seiner konkreten Erfahrungen mit seinem Sohn konnte der Vater auch hier wieder sagen, daß das nicht zutraf, denn sein Sohn verhielt sich fast immer ganz normal. Zutreffend war allerdings seiner Ansicht nach schon, daß sein Sohn seine Probleme durch »aggressives« Verhalten zu lösen versuchte. Der Vater kannte jetzt die Bedeutung dieser Fachausdrücke und wußte nun, daß die Lehrerin nicht so viel schlauer war als er, sondern einfach nur kompliziertere (und zum Teil unzutreffende) Begriffe als notwendig verwendet hatte. Es war für diesen Mann sehr wichtig zu erkennen, daß es ihm keineswegs an Intelligenz fehlte, wie er immer gedacht hatte.

Bei diesem Beispiel finden wir einen der Tips aus Kapitel 7 wieder, nämlich sich aufzuschreiben, was Autoritäten einem mitteilen. Wenn Sie es schwarz auf weiß in der Hand haben, können Sie selbst herausfinden, was die Fachausdrücke bzw. ihre Aussagen genau bedeuten, indem Sie (wenn Sie Zeit dazu haben) in Büchereien nachforschen, Freunde oder andere Leute, die in diesem Expertensystem arbeiten, danach fragen usw.

Die Pädagogin Debby Storch hat einmal etwas gesagt, was absolut einleuchtend und simpel erscheint, wenn man es hört, aber von selbst kommen wir viel zu selten darauf. Wie sehr die meisten Menschen überzeugt sind, weit weniger zu wissen, als tatsächlich der Fall ist, sieht sie in ihrer Beobachtung bestätigt, daß viele Eltern sich furchtbar sorgen, sie würden es bei »ihren Babys und Kleinkindern an geistiger Frühförderung fehlen lassen«. Sie laufen in die Buchhandlungen und zu renommierten Pädagogen und suchen nach Büchern und Spielmaterial, die die Intelligenz ihres Kindes fördern können. Allerdings, so merkt Storch an, haben »viele Einwanderer ihren Kindern keine ›geistige Frühförderung‹ zukommen lassen und trotzdem viele äußerst fähige, intelligente und erfolgreiche Nachkommen großgezogen«.[6] Angesichts mächtiger Expertensysteme vergessen wir solche simplen Grundsätze jedoch sehr leicht. Wir fangen an, am Wert unseres gesunden Menschenverstandes und der Richtigkeit unserer eigenen Beobachtungen zu zweifeln. Das Wissen, daß es anderen genauso geht, kann uns helfen, daß wir solchen Selbstzweifeln nicht nachgeben, sondern es wieder als das Recht eines jeden guten Staatsbürgers betrachten, den Mund aufzumachen und seine Meinung zu sagen, und uns deshalb nicht als »Querulanten« zu fühlen.

Sich gut vorbereiten

- Informieren Sie sich so gut wie möglich über das jeweilige Thema, bevor Sie mit den Experten sprechen. Aber so hilfreich es ist, wenn Sie sich in einer öffentlichen Bibliothek über Ihre Situation und das Expertensystem, mit dem Sie zu tun haben, informieren oder auch andere Leute innerhalb dieses Systems um Informationen bitten können, so dürfen Sie nicht vergessen, daß das manchmal aufgrund der Umstände nicht möglich sein wird, etwa weil keine Zeit dazu ist. Wenn Sie, zum Beispiel, einer Notoperation bedürfen, haben Sie keine Zeit, um in einer Bibliothek großartige Recherchen anzustellen; und außerdem sind manche Expertensysteme mit Informationen über ihre Arbeit wesentlich zurückhaltender als andere. Vergessen Sie auch nicht, daß es vor allem von dem guten Willen *und* der Position der Autorität innerhalb des Expertensystems abhängt, wie effektiv Ihnen geholfen wird, ganz gleich, wie gut Sie informiert sind.

- Machen Sie sich bewußt, daß Ärger ein sekundäres Gefühl ist. Es ist nicht so, daß Sie zuerst nichts fühlen und dann plötzlich verärgert sind. Erst haben Sie ein Gefühl, das Ihnen nicht behagt – zum Beispiel Scham oder Hilflosigkeit –, und dann ärgern Sie sich, daß Sie dieses Gefühl haben. Wenn Sie Ihrem Ärger Luft machen, kann das manchmal durchaus bewirken, daß Autoritäten munter werden, sich mit Ihrer Sache wirklich befassen und Ihnen helfen, aber oft hat es doch nur den Erfolg, daß sie auf stur schalten und sich noch unkooperativer verhalten. Nehmen Sie Ihren Ärger besser als Signal, daß etwas nicht stimmt, und versuchen Sie herauszubekommen, was der Grund für Ihren Ärger ist. Sobald Sie erkennen: »Ich komme mir langsam ganz schön dumm vor, weil der Kerl mir schon zum dritten Mal sagt, daß ich einen Brief von meinem CR brauche, damit ich die HC bekomme, und ich habe keine Ahnung, was CR und HC bedeuten soll«, dann ist es keine große Sache, ihn zu bitten, diese Kürzel zu erklären. Auch in schwierigeren Situationen *kann* ich, wenn ich merke, daß ich mich deshalb ärgere, weil ich mir völlig unfähig und hilflos vorkomme oder der Experte mir überhaupt nicht zuhört, etwas tun, damit ich mich stärker fühle – und vielleicht auch werde. Ich könnte mich zum Beispiel an seinen direkten Vorgesetzten wenden, eine Selbsthilfegruppe gründen oder die Medien darauf aufmerksam machen, was da läuft.

- Lernen Sie, bestimmte Begriffe zu übersetzen. Wenn Autoritäten zum Beispiel behaupten, Sie würden nur Probleme machen wollen, dann sollten Sie sich – jedesmal, wenn Sie daran denken oder davon sprechen – vergegenwärtigen, daß *nicht Sie* die Probleme *machen,* sondern *auf bestehende Probleme hinweisen.* Wenn Experten Ihnen durch die Blume zu verstehen geben, Sie seien ein undankbarer Ignorant, weil Sie wissen möchten, wie sie zu ihrer Entscheidung gekommen sind, dann sollten Sie »undankbarer Ignorant« in Gedanken sofort in »informierter und aktiver Verbraucher« übersetzen. Gehen Sie ruhig noch einen Schritt weiter: Betrachten Sie sich (wenn auch nur in der Vorstellung) als Vorkämpfer, als einen der wenigen Aufrechten. Das kann Ihnen Kraft geben und Sie, wenn Sie wieder mal als unangenehmer Zeitgenosse bezeichnet werden, daran erinnern, daß Ihr Ziel ist, selbst stärker zu werden (und, hoffentlich, auch anderen dabei zu helfen) und das Expertensystem, in dem Sie mühsam zu arbeiten und zu überleben versuchen, ein bißchen menschlicher zu machen.

Nicht lockerlassen

- Bitten Sie immer um weitere Informationen. Selbst wenn Sie glauben, man hätte Ihnen schon alles gesagt, sollten Sie nachfragen, ob Sie noch mehr Informationen über das betreffende Thema bekommen können – aus Broschüren, irgendwelchen Veröffentlichungen oder von anderen Betroffenen. Auch dann ist natürlich nicht garantiert, daß Sie alles erfahren, was es darüber zu wissen gibt. Aber die Wahrscheinlichkeit steigt, daß Sie auch die Informationen bekommen, die Sie brauchen. Das können praktische Hinweise sein, die Ihnen die Entscheidung leichter machen, oder es können Informationen sein, die Ihnen zumindest bestätigen, daß Sie Ihre fünf Sinne noch beisammen haben. Wie im Falle einer Frau, die gegen einen Anwalt, der sich ihr gegenüber unkorrekt verhalten hatte, Beschwerde erhob. Das brachte ein langes Verfahren in Gang, in dessen Verlauf man ihre Beschwerde als berechtigt erklärte und der Anwalt einen Verweis bekam. Monate später jedoch, es hatte inzwischen keine Kontakte gegeben, schrieb ihr ein Vertreter der Anwaltskammer, der Anwalt habe ihn angerufen und gesagt, ihre Behauptungen seien unwahr, und deshalb habe er die ursprüngliche Entscheidung wieder aufgehoben. Die Frau war empört über dieses ungerechte und unzulässige Vorgehen – um so mehr, als das Rechtssystem ja auf einer fairen Anhörung aller Beteiligten basieren soll – und wußte zuerst nicht, was sie machen sollte. Fast jedes Mitglied der Kammer fertigte sie mit dem Hinweis ab, es gäbe keinen Weg, dagegen Einspruch zu erheben. Keiner wollte zugeben, daß sie ungerecht behandelt worden war. Sie brachte ihre Sache jedoch immer wieder bei einem der nächsthöheren Kammermitglieder vor, und endlich meinte einer der Leute ganz an der Spitze: »Also, die Entscheidung aufzuheben, ohne Ihnen die geringste Chance zu geben, dazu Stellung zu nehmen, das ist ja noch nie dagewesen, das hätte nicht passieren dürfen.« Die Anwaltskammer korrigierte diesen schwerwiegenden Fehler zwar nicht, aber die Klägerin wußte jetzt zumindest sicher, daß ihre Empörung und ihr Ärger *keine* Überreaktionen gewesen waren.

- Fragen Sie sich selbst (und andere), ob es in den Aussagen des Experten irgendwelche Ungereimtheiten gibt oder ob sie in Widerspruch stehen zu dem, was andere Experten sagen. Meint Ihr Kinderarzt zum Beispiel, Sie sollen sich, wenn Ihr Kind krank ist, ruhig auf Ihren mütterlichen Instinkt verlassen und das tun, was Sie für richtig halten, macht Ihnen aber dann Vorwürfe, weil Sie mit dem Kind nicht sofort ins Krankenhaus gehen, wenn es 39° Fieber hat?

- Fragen Sie sich: Welchen Grund hat dieser Mensch oder diese Institution, wirklich ihr Bestes *für mich* zu versuchen? Mit dieser Frage kommen wir leichter von der Überzeugung weg, daß hilfsunwillige Menschen und Institutionen doch sicher ihr Bestes tun und wir selbst schuld sein müssen, wenn wir das nicht als Hilfe *empfinden.* Diese Frage kann uns ganz schnell wieder bewußt machen, daß Experten und Angestellte in irgendwelchen Institutionen oft selbst Terminplänen, Vorschriften und Notwendigkeiten gerecht werden müssen, die nichts mit dem Dienst am Kunden oder Klienten zu tun haben.

Die Frage, warum eine Autorität Sie gut behandeln sollte, läßt sich auch umkehren, nämlich welchen Grund sie haben könnte, Sie schlecht zu behandeln. Atwood schreibt dazu:

> Versuchen Sie unbedingt herauszubekommen, aus welchem Grund ein Arzt mit Verärgerung reagiert, wenn Sie ihm Fragen stellen oder die Meinung eines Kollegen einholen wollen. Wenn ein Arzt mehr aus eigener Unsicher-

heit als aus dem Wunsch heraus handelt, Ihnen die best-möglichste Behandlung zukommen zu lassen, dann sollten Sie vielleicht lieber zu einem anderen gehen. Vergessen Sie nicht: Wenn Ihre Krankheit nicht richtig diagnostiziert oder behandelt wird, dann sind *Sie* es, der leiden muß, nicht der Arzt.[7]

- Bitten Sie einen oder mehrere Freunde, Sie zu Gesprächen mit Experten zu begleiten. Daß unsere Freunde intelligent sind, können viele von uns leichter akzeptieren als den eigenen gesunden Menschenverstand. Und viele erkennen es schneller, wenn ein Experte jemand anderen an der Nase herumführt, als wenn man selbst der Betroffene ist. Eine Mutter ging mit ihrer Tochter zu einem Sozialarbeiter, der sich vor allem mit Inzestfällen befaßte, nachdem die Tochter erzählt hatte, ihr Vater hätte sie »da drin angefaßt«, und auf ihre Vulva gezeigt hatte. Der Sozialarbeiter machte im Beisein der Mutter eine Videoaufnahme, als das Kind ihm das noch einmal erzählte. Als er jedoch den Vater mit der Beschuldigung konfrontierte und dieser kategorisch abstritt, seine Tochter mißbraucht zu haben, warf der Sozialarbeiter der Mutter vor, sie hätte sich das Ganze ausgedacht. Er behauptete, das Kind habe nie etwas gesagt, was darauf hindeutete, daß ihr Vater sie sexuell mißbraucht hatte; außerdem bezweifelte er auch, daß sie überhaupt wisse, wo ihre Vulva sei. Die Mutter dachte schon, sie hätte womöglich ihren Verstand verloren oder leide unter Gedächtnisschwund; deshalb bat sie eine Freundin, sich die Videoaufnahme mit ihr in Gegenwart des Sozialarbeiters anzusehen, und war ungeheuer erleichtert, als die Freundin ihren Eindruck bestätigte. Wenn wir unter großem Streß stehen, zweifeln wir sehr leicht an unseren Wahrnehmungen und Erinnerungen, weil wir fürchten, der Streß habe unser Erinnerungs- und Denkvermögen getrübt.

- Bitten Sie darum, mit jemand anderem sprechen zu können, vorzugsweise jemand mit mehr Autorität oder Einfluß, und sagen Sie, warum Sie dieses Gespräch möchten. Atwood beschreibt, wie positiv es sich auswirkte, daß Faylene auf einem Gespräch mit einem anderen Arzt bestand, als sie aufgrund der zu hohen Dosierung des Parkinson-Medikaments, das ihr der Hausarzt verschrieben hatte, unter schweren Nebenwirkungen litt. Sie versuchte, trotz ihrer Krankheit zu arbeiten und hatte dabei mit »unkontrollierbaren Muskelzuckungen, Sprachstörungen und der Angst zu kämpfen, ihr Chef könnte zufällig vorbeikommen und sie in diesem schlimmen Zustand sehen ... Es war ihr furchtbar peinlich, weil man den Eindruck haben mußte, sie sei betrunken.«[8] Nach sechs Monaten mit diesen Symptomen wies der Hausarzt sie zur Beobachtung in ein Krankenhaus ein, von wo sie aber mit genau denselben Problemen wieder nach Hause geschickt wurde. Daraufhin ging sie endlich zu einem anderen Arzt, der feststellte, daß sich die Parkinson-Symptome mit einem Neuntel der früheren Dosis ausreichend unter Kontrolle bringen ließen und dann keine Nebenwirkungen mehr auftraten.

- Stellen Sie sich die Frage: Würden diese Autoritäten einen (weißen) Mann, jemanden, der reicher oder gebildeter ist, ihren Kollegen, ihren Chef in der gleichen Weise behandeln? Auch wenn diese Frage in der Realität vielleicht zu bejahen wäre, könnte es doch sein, daß sie sich solchen Menschen gegenüber bestimmte Dinge nicht herausnehmen würden, wie sie es sich bei Ihnen erlauben. Auch das ist eine Strategie, die unsere Sichtweise schnell und radikal ändern kann, weg von den Selbstvorwürfen, weil sie uns bewußt macht, daß mächtige Leute viel eher solche Menschen schlecht behandeln, die sie als ihnen unterlegen und verletzbar einstufen, als diejenigen, die auf annähernd der gleichen Stufe stehen.

Augen und Ohren offenhalten

- Achten Sie darauf, ob dem Opfer die Schuld zugeschoben wird. Wenn der Experte anfängt, Ihnen selbst (oder Ihrem Kind, oder wer auch immer sein Klient ist) die Schuld an dem Problem zu geben, sollten Sie sich bewußt machen, daß es sich hier wahrscheinlich um unprofessionelles Verhalten handelt und wahrscheinlich auch schlicht nicht stimmt.

- Achten Sie darauf, ob die Leute in irgendwelchen großen Institutionen Sie behandeln und anschauen, als wären Sie völlig anders als sie selbst, als gehörten Sie einer anderen Spezies an, als wären Sie kein richtiger Mensch.

- Lassen Sie sich von niemandem einreden, es sei respektlos oder geradezu unanständig, Dinge zu hinterfragen oder anzuzweifeln. Ist nicht eine forschende, aufgeschlossene Haltung genau das, was wir in der Ausbildung zu lernen und der nächsten Generation weiterzugeben hoffen? Die Tatsache, daß unsere Fragen einem bestimmten Menschen zu einem bestimmten Zeitpunkt nicht angenehm sind, ist *kein* Beweis dafür, daß es falsch ist zu fragen. Denken wir doch nur an ein Kind, das versehentlich eine Lampe umwirft und sich dreht und windet, wenn Sie es fragen: »Hast du das gemacht?« Wie schon an anderer Stelle in diesem Kapitel gesagt, können Sie durchaus etwas tun, um die Chancen zu verbessern, daß man Ihnen zuhört und positiv auf Ihre Wünsche oder Forderungen reagiert, aber es hängt doch zu einem großen Teil von der Motivation der betreffenden Autorität ab. Oberstes Ziel mancher Autoritäten ist es, das Expertensystem oder ihr eigenes Tun zu verteidigen; so fühlen sie sich zwangsläufig bedroht, wenn Sie ihren Anweisungen nicht stumm Folge leisten und sich demütig wieder davonmachen – und viele Leute gehen mit diesem Gefühl des Bedrohtwerdens so um, daß sie den Verursacher dieses Gefühls angreifen.

• Achten Sie darauf, ob die Leute in irgendwelchen Institutionen Ihnen Informationen vorenthalten wollen, insbesondere wenn sie diese Institution durch ihr Schweigen schützen wollen. Wie wir bereits gesehen haben, versuchen einflußreiche Expertensysteme oft alles, um ihre Fehler zu vertuschen. Pilisuk schreibt dazu:

> Die Verantwortung für die Aufdeckung [von Problemen] liegt bei den Betroffenen, nicht bei dem Lieferanten des gefährlichen oder schädlichen Produkts oder bei der Gesellschaft im allgemeinen. Die Folgen sind oft heimtückisch: verstärkte Müdigkeit, eine allergische Reaktion, erhöhte Anfälligkeit für Infektionen. Manchmal (wie bei den Leuten, die die ersten Atomversuche aus nächster Nähe erlebten) treten erst viele Jahre nach der akuten Belastung, die damals unbemerkt blieb, Symptome auf.[9]

In manchen Fällen wissen die Leute in den jeweiligen Institutionen vielleicht wirklich nicht, daß ihr System Schaden angerichtet hat, in anderen Fällen aber wissen sie es und versuchen es bewußt zu vertuschen. Niemand ist *gerne* mißtrauisch, aber manchmal ist es einfach realistisch und eine Selbstschutzmaßnahme, wenn wir in Betracht ziehen, daß eventuell Fehler vertuscht werden sollen.

Lieber aussteigen

• Steigen Sie aus, selbst wenn Sie aus dem Expertensystem insgesamt nicht herauskommen. Wenn man in einem bestimmten System drinsteckt, übernimmt man sehr leicht seine Postulate und Wertvorstellungen, oft ohne es zu merken. Hauptzweck der Kapitel 2 bis 7 ist es, Ihnen deutlich zu machen, daß Autoritäten nicht immer für Wahrheit und Gerechtigkeit stehen und diese Werte verteidigen, sondern daß sie menschlich, subjektiv, voreingenommen und von eigenen Bedürfnissen und Ängsten erfüllt sind, und daß sie innerhalb von Systemen arbeiten, die es sehr wahrscheinlich machen, daß sie irgendwann zu einer oder mehreren der Einschüchterungs- und Kleinmachmethoden greifen. Am ehesten können Sie aussteigen, wenn Sie sich gelegentlich die am Ende von Kapitel 1 zusammengefaßten Methoden durchlesen und auch einige der Beispiele in Kapitel 2 und 3, weil Sie dann schneller erkennen und immer im Kopf haben, welche Methoden gerade wieder zu Ihrem Nachteil eingesetzt werden.

Auszusteigen kann auch heißen, daß Sie bestimmte Begriffe übersetzen lernen (zum Beispiel: »jemand, der Probleme *macht*« in: »jemand, der sieht, wo die Probleme liegen«.

Auszusteigen kann auch heißen, den eigenen Wahrnehmungen trauen zu lernen. Wenn die Sachbearbeiterin bei Ihrer Krankenversicherung Sie immer freundlich anlächelt und nett mit Ihnen plaudert, wenn Sie zu ihr kommen, Sie aber hinterher jedesmal feststellen, daß sie Ihnen konkret überhaupt nicht geholfen hat, dann meinen Sie bitte nicht, glauben zu müssen, daß sie Ihnen hilft. Stufen Sie diese Interaktion vielmehr so ein: »Sie verhält sich freundlich, hilft mir aber nicht.«

- Überlegen Sie, ob Sie dem betreffenden Expertensystem nicht besser den Rücken kehren *oder* jeden Kontakt mit dem Experten abbrechen sollten, wenn man Ihnen das Gefühl vermittelt, Sie seien dumm und hilflos. Wenn Ihnen absolut klar ist, daß Sie nicht die Hilfe bekommen werden, die Sie brauchen; oder daß das Leid, das Sie ertragen müssen, wesentlich größer ist als der *eventuelle* Nutzen, den

Sie *irgendwann* vielleicht davon haben; oder daß Ihr Leid *jetzt* zu groß wird, dann sollten Sie überlegen, ob Sie Ihre Zeit und Energie nicht sinnvoller einsetzen könnten. Wie zum Beispiel ein Elternpaar, das der Meinung war, die Schule kümmere sich nicht um die entsprechende Förderung für ihren legasthenischen Sohn, und erhebliche Gehaltseinbußen hinnahm, weil sie sich unbezahlten Urlaub nahmen, um Zeit für endlose Besprechungen mit völlig desinteressierten Lehrern zu haben. Als ihnen klar wurde, daß die Leute, die sich in der Schule um solche Kinder kümmern sollten, nicht die geringste Absicht hatten, ihr Kind in eine Förderklasse zu geben, überlegten sie sich zwei andere Möglichkeiten: (1) keinen unbezahlten Urlaub mehr zu nehmen und statt dessen einen Nachhilfelehrer für ihr Kind zu engagieren, und (2) der Schulaufsichtsbehörde ihre frustrierenden Erlebnisse in einem Brief zu schildern.

Aktiv werden

• Wenn Autoritäten ihre Aufgaben nicht zufriedenstellend erfüllen, sollten Sie sich ihre Namen aufschreiben und nach den Namen ihrer Vorgesetzten und des Direktors oder Leiters der jeweiligen Institution fragen. Manchmal reicht das schon, damit der Betreffende wesentlich kooperativer wird. Vielleicht werden Sie aber auch einen Brief an seinen Vorgesetzten und, wenn alle Stricke reißen, an den Verantwortlichen ganz oben schreiben müssen, in dem Sie Ihr Anliegen erläutern, Ihre Unzufriedenheit ausdrücken und klarlegen, was Sie von dieser Institution genau erwarten. Die Notizen, die Sie sich im Laufe der Auseinandersetzung mit diesem Expertensystem gemacht haben, werden

Ihnen bei einem solchen Brief besonders nützlich sein, weil Sie damit belegen können, wann welche Probleme und Verzögerungen aufgetreten sind.

- Es wäre gut, wenn Sie nach einer Unterredung oder auch einem Telefongespräch mit einer Autorität einen kurzen Brief hinterherschicken, in dem Sie in Stichpunkten aufführen, wer was gesagt hat, was die betreffende Autorität zu tun oder herauszufinden versprochen hat, und womit Sie sich einverstanden erklärt haben oder auch nicht.

- Benennen und erläutern Sie der Autorität, mit der Sie zu tun haben, persönlich oder auch schriftlich, welche Kleinmachmethoden man bei Ihnen angewendet hat. Allein dem Ding einen Namen zu geben hat manchmal schon eine erstaunliche Wirkung, entweder weil die »Täter« es ohne Ihre stillschweigende Einwilligung gar nicht machen könnten, oder weil sie gar nicht merken, was sie tun, nämlich, kraß ausgedrückt: »Ich mache diesen Menschen kaputt, dem ich doch eigentlich helfen soll.«

Mary Jo bediente sich dieser Strategie einer Autorität gegenüber, die es bei ihr mit der Methode Nr. 9 versucht hatte und behauptete, sie verlange etwas von ihm, wofür er nicht zuständig sei. Die Telefongesellschaft hatte damit gedroht, ihren Anschluß stillzulegen, weil sie eine gigantische Rechnung nicht bezahlt hatte. Sie hatte bereits sechsmal bei der Rechnungsabteilung angerufen und erklärt, daß sie alleine lebe und die zahlreichen Telefonate mit Bordeaux, die ihr berechnet worden waren, nicht geführt hatte. Die Sachbearbeiter, mit denen sie sprach, versicherten ihr jedesmal, sie würden der Sache nachgehen und sich wieder bei ihr melden, aber sie hörte nichts, bis ihr die Drohung ins Haus flatterte, man würde ihr das Telefon abstellen. Als sie daraufhin bestürzt die Leiterin der Rechnungsabteilung anrief, erklärt ihr diese: »Für Stillegungen sind wir nicht zuständig.« Mary Jo erklärte, sie als Kundin könne die entsprechende Abteilung wahrscheinlich schlecht anweisen, ihr Telefon nicht abzustellen, während die Rechnungsabteilung die Telefonate mit Bordeaux nachprüfte. Sie sagte: »Ich bin in einer unmöglichen Situation, weil die Leute in Ihrer Abteilung mir seit Wochen versichern, sie würden sich darum kümmern, was sie aber nicht getan haben. Jetzt wird mir vielleicht das Telefon abgestellt, weil sie nicht gemacht haben, wofür sie ihrer eigenen Aussage nach zuständig sind, aber Sie sagen, das sei nicht Ihre Aufgabe. Sehen Sie, in was für einem Dilemma ich stecke? Was würden Sie tun, wenn Sie in meiner Lage wären?« Die Geschichte hat ein Happy-End, denn die Abteilungsleiterin sah ein, daß es so nicht ging, versprach der Kundin zu helfen, und tat es auch.

• Suchen oder gründen Sie eine Selbsthilfegruppe. Hängen Sie Zettel auf oder schalten Sie Anzeigen, um Leute zu finden, die in einer ähnlichen Situation sind wie Sie, die mit denselben oder ähnlichen Experten oder Institutionen Probleme haben. Die meisten Menschen können bei einem anderen viel leichter als bei sich selbst sehen, daß er wirklich alles versucht hat; deshalb verleiht es einem soviel Kraft, wenn man hört, daß andere intelligente und vernünftige Menschen genauso schlecht behandelt worden sind und werden wie man selbst. Selbsthilfegruppen sind auch ideal zum gemeinsamen Brainstorming, weil zwei oder zwölf Köpfe mehr wissen als einer. Und jeder hat vielleicht schon einmal Wege ausprobiert, auf die andere gar nicht gekommen wären, entweder weil er Zugang zu anderen Informationen und Ressourcen hat, oder weil von der Persönlichkeit her unterschiedliche Menschen eben auf unterschiedliche Lösungsansätze kommen. Dr. Marlene Levene untersuchte Inzestopfer, die in einer Selbsthilfegruppe über ihre Tendenz sprachen, sich selbst die Schuld für die schlimmen Dinge zu geben, die ihnen als Kind angetan wurden.[10] Bei manchen hatte der Täter solche Selbstbeschuldigungen bewußt gefördert, bei anderen hatten Psychologen und Therapeuten durch Fragen wie: »*Warum* haben Sie nicht gleich jemand davon erzählt, als es anfing?« dazu beigetragen. Die Frauen berichteten, es helfe ihnen sehr, jetzt, wo sie die Geschichte der anderen hörten, endlich mit ihren Selbstvorwürfen aufzuhören und einen neuen Anfang zu machen, weil sie bei den *anderen* Frauen sahen, daß sie nicht selbst schuld daran waren, und allmählich erkannten, daß sie selbst sich vielleicht auch nichts vorzuwerfen hatten.

- Überlegen Sie sich, was Sie noch unternehmen könnten, außer sich mit anderen zu treffen und sich gegenseitig moralische Unterstützung zu geben. Vielen Leuten widerstrebt es sehr, sich an irgendwelchen öffentlichen Aktionen zu beteiligen, weil sie wissen, daß solche Leute regelmäßig als Unruhestifter abgestempelt werden, und sie wagen diesen Schritt erst, nachdem sie von einem Expertensystem sehr lange sehr schlecht behandelt wurden. Ich würde Ihnen sehr raten, nicht so lange zu warten, bis Sie völlig ausgelaugt sind und keine andere Alternative mehr haben, als aktiv zu werden. Sollten Sie das aber doch tun, werden Sie vielleicht feststellen, daß es Ihnen schon einen ziemlichen Auftrieb gibt, wenn Sie gemeinsam mit anderen Aktionen *planen* und sie durchführen. Es gibt einige sehr gute Bücher dazu, wie man solche Aktionen organisiert, und auch Berichte in Zeitungen und Zeitschriften über »ganz normale Menschen«, die aktiv wurden und etwas bewegt haben, können gute Anregungen liefern.
Schreiben Sie auf, wie Sie das Problem sehen, mit dem Sie selbst, und wahrscheinlich auch andere, konfrontiert sind.

Maggie Kuhn, die Gründerin der Grauen Panther in den USA, erzählt zum Beispiel, wie sie, um andere ältere Menschen dazu zu bewegen, ihre Grundrechte einzufordern, einen Rundbrief zu Problemen verschickte, von denen ihrer Meinung nach alle betroffen waren. Sie schreibt:

> Dann kam die Wut. Nicht so sehr Trauer ... Ich verfaßte ein kleines Papier und schickte es an fünf Freunde, die in derselben Situation wie ich waren. Was können wir dagegen tun? Eins war schnell klar, wir mußten uns zusammenschließen. Wir schickten also einen Rundbrief herum, an alle Pensionäre, die wir kannten. Es dauerte nicht lange, da waren wir schon an die hundert Leute ...[11]

Sie sollten sich aber bewußt sein, daß Sie gerade am Anfang ganz schön viel Zeit investieren müssen, um immer wieder zu erläutern, wie Sie das Problem sehen, um es so oft wie möglich so vielen verschiedenen Menschen wie möglich auseinanderzusetzen. Sie müssen es in ihren Köpfen vielleicht einige Zeit arbeiten lassen, bis es bei ihnen »klick« macht und sie sich wieder bei Ihnen melden, weil sie nun doch bereit sind, sich an einer Aktion zu beteiligen. Zum Beispiel kam der achtjährige Sam plötzlich jeden Tag ganz blaß und bedrückt aus der Schule nach Hause. Als die Eltern ihn fragten, was denn los sei, sagte er, nichts, er fühle sich nur nicht gut. Sie gingen mit ihm zum Kinderarzt, der ihn auf alle möglichen körperlichen Probleme hin untersuchte. Glücklicherweise erzählte Sams Mutter einer anderen, die ein Kind in derselben Klasse hatte, von ihrer Sorge um Sam. Die wiederum erzählte ihr, daß ihre Tochter nach der Schule neuerdings so aggressiv nach Hause komme und sie überhaupt nicht wisse, was mit dem Kind auf einmal los sei. Zu diesem Zeitpunkt kam keine der beiden Mütter auf die Idee, daß es in der Schule irgendwelche Probleme geben könnte. Sie dachten, ihre Kinder seien einfach in einem schwierigen Alter und würden eben auf ihre ganz persönliche Weise damit fertig zu werden versuchen. Dann erzählte aber eine dritte Mutter, die gerade als Gast dem Unterricht beigewohnt hatte, sie habe beobachtet, daß die Lehrerin sehr grob mit den Kindern umging. Es kam häufig vor, daß sie sie ausschimpfte und sogar anschrie. Daraufhin besprachen sich die drei Mütter mit anderen Eltern, die ebenfalls erzählten, daß ihre Kinder sich seit kurzem auffällig verhielten, und dann gingen sie gemeinsam zum Rektor der Schule. Von ihm erfuhren sie, daß die Lehrerin mit ihrem kleinen Kind ganz plötzlich von ihrem Mann verlassen worden war und es ihr deshalb psychisch sehr schlecht ging. Aufgrund der Schilderungen der Eltern sorgte der Rektor dafür, daß diese Lehrerin erst einmal beurlaubt wurde.

Sobald sich mehrere Menschen mit einem gemeinsamen Problem gefunden haben, wird jeder einzelne wieder mehr Kraft und Hoffnung haben, daß sich bei dem betreffenden Expertensystem doch etwas bewegen lassen wird. Wenn Sie sich treffen oder brieflich oder – noch schneller – per Computer kommunizieren, sollten Sie ein Brainstorming machen über Aktionen, die Sie durchführen könnten. Machen Sie es zur Regel, daß bei einem solchen Brainstorming keiner irgendeine Idee für eine Aktion kritisiert, sich darüber lustig macht oder sich pessimistisch über den Erfolg äußert. Solche Gruppen können erstaunlich kreativ und erfinderisch sein, und die Stimmung ist oft sehr locker und gelöst. Dann sollten Sie gemeinsam über das Aktionsprogramm entscheiden und überlegen, was Sie weiter tun wollen, sollte es nicht auf Anhieb wie geplant klappen, und sich auch über die Risiken und möglichen Vorteile eines jeden Schrittes Gedanken machen. So wie eine Gruppe von

Landwirten, die sich zusammentaten, um für ihre Rechte zu kämpfen:

> Im letzten September sind wir in einer Traktorendemonstration nach Omaha, Nebraska, gefahren. Das sind circa 210 Kilometer. Wir haben vier Tage gebraucht, um dorthin zu kommen. Wir kamen aus vier Richtungen und waren an die vierhundert Traktoren, als alle angelangt waren. Ich blockierte mit meinen Freunden die Hauptstraße zur Innenstadt, um den Verkehr abzusperren. Wir wollten einen Gesetzentwurf zu Fall bringen, um uns Chancengleichheit zu verschaffen. Auf dem ganzen Weg wurden wir durch Winken und Hupkonzerte unterstützt, aber einige zeigten uns auch den Stinkefinger. Das waren die Dreißigjährigen.[12]

Wenn Sie Aktionen planen, sollten Sie sich darüber im klaren sein, daß die Auseinandersetzung mit solchen Expertensystemen und Institutionen oft einen enormen Aufwand an Zeit erfordert, in der Sie unbezahlte Arbeit leisten. Seien Sie also nicht überrascht, wenn Sie manchmal ziemlich wütend werden darüber, daß Sie eine solche Arbeit machen müssen, weil das Expertensystem sich stur stellt. Und vielleicht hilft es Ihnen auch, wenn Sie es als ehrenamtliche Tätigkeit betrachten. Ehrenamtliche Helfer in Krankenhäusern und Wohltätigkeitsorganisationen bekommen zwar oft nicht annähernd soviel Anerkennung und Respekt, wie sie verdienen, aber zumindest wird ihnen nicht vorgeworfen, sie seien destruktiv, weil sie diese Arbeit tun. Aktionen zu starten mit dem Ziel, Expertensysteme und Autoritäten zur Rechenschaft zu ziehen und sie menschlicher zu machen, kann in der Tat destruktiv sein, und zwar für ihre unverantwortlichen und unmenschlichen Aspekte, aber Ihr Ziel ist doch, den Hilflosen zu helfen, genau wie bei ehrenamtlich Tätigen, die Kinder mit Lernschwierigkeiten betreuen oder Leute besuchen, die zu krank oder so stark behindert sind, daß sie ihre Wohnung nicht mehr verlassen können. Der entscheidende Unterschied ist natürlich, daß ehrenamtliche Helfer, die ihre Arbeit tun, Expertensysteme und Autoritäten aber nicht herausfordern, nicht als Unruhestifter angesehen werden. Leute, die die Arbeitsweise dieser Systeme und Autoritäten in Frage stellen – selbst wenn sie damit den Bedürftigen helfen wollen –, werden zu Unrecht als rebellische Querköpfe eingestuft.

Wenn Sie Schuldgefühle haben, weil Sie eine menschlichere Behandlung für sich selbst erkämpfen wollen (und nicht für Ihre Eltern, Ihren Partner, Ihre Kinder, Ihre Freunde oder »die Armen und Unterdrückten« im allgemeinen), *tun Sie was dagegen!* Mit den Worten eines Aktivisten ausgedrückt:

> »Jammert nicht, organisiert euch!« sagte Joe Hill ... Wir können uns gegen die negativen Einflüsse der Institutionen auf uns selbst wehren – für uns selbst genauso engagiert kämpfen, wie wir für unsere Kinder kämpfen würden.[13]

Sie können sich von der Vorstellung lösen, Sie seien »egoistisch«, indem Sie sich bewußtmachen, daß alles, was Sie erreichen, auch allen Menschen nach Ihnen zugute kommt.

- Und noch einmal: Was immer Sie unternehmen, betrachten Sie sich dabei als mutigen Vorkämpfer.

Was Sie nicht tun sollten

- Denken Sie nicht, daß es Ihre Schuld ist, daß Sie dumm oder unfähig sind, wenn Sie etwas nicht verstehen oder nicht den gewünschten Erfolg haben.

- Denken Sie nicht, das, was Autoritäten sagen, sei absolut und objektiv wahr. Denken Sie nicht, daß sie nur Dinge behaupten, die sie durch stichhaltige Beweise untermauern können. Immer, wenn ich mich auf Neuland gewagt habe – ob das eine neue Institution war oder ein neuer Forschungsbereich –, war ich anfangs überzeugt, daß diese Institution eine gute war und die »anerkannten Wahrheiten« in dem jeweiligen Forschungsbereich auf logischem Denken beruhten. Ich mußte fast ohne Ausnahme feststellen, daß diese Überzeugung der Realität nicht standhielt. Es ist wirklich erstaunlich, wie nachlässig und gedankenlos man mit Menschen und wissenschaftlichen Fragen in den meisten Bereichen umgeht.
  Versuchen Sie es doch einmal mit der umgekehrten Annahme: Gehen Sie davon aus, daß das, was man Ihnen sagt, von der Wahrheit wahrscheinlich ziemlich weit entfernt ist, und schauen Sie dann, ob das Ihre Suche nach Wahrheit und Hilfe erleichtert.

- Denken Sie nicht, daß eine Autorität immer recht hat. Wenn ein Experte sagt: »Man hat festgestellt ...«, sollten Sie nachfragen, wer genau dieses »man« ist. Lassen Sie sich nicht mit irgendeiner ausweichenden Antwort abspeisen. Ist in einer Zeitschrift etwas dazu veröffentlicht worden, belegt durch Forschungsergebnisse? Wenn ja, wie kommen Sie an eine Kopie des Artikels? Ich habe schon Ganzjahresseminare abgehalten, in denen es nur darum ging, wie nachlässig und unkorrekt in der Forschung oft gearbeitet wird und wie viele gutgläubige Menschen alle möglichen

Unwahrheiten für bare Münze nehmen, nur weil sie denken, Forscher hätten sie eindeutig bewiesen.[14]

- Idealisieren Sie *keinen* Experten. Eine solche Idealisierung ist oft ungerechtfertigt, wie Sie ja in diesem Buch erfahren haben. Und wenn Sie einen Referenten oder Autor allzu eifrig idealisieren, wird es Ihnen wesentlich schwerer fallen, den Wert ihrer Worte gründlich zu prüfen. In jedem Fall werden die Experten, die am wenigsten zu verbergen haben, Sie auch am wenigsten darin bestärken, sie für unfehlbar zu halten.

- Lassen Sie sich von Autoritäten und Experten nicht mit unklaren Aussagen und Fachausdrücken abspeisen, und lassen Sie sich auch selbst nicht zu einer solchen Ausdrucksweise verleiten. Wenn also einer zu Ihnen sagt, Ihr Kind hätte eine »minimale Hirndysfunktion«, sollten Sie ihn sofort bitten, in klaren, einfachen Worten zu erklären, was das bedeutet und welche Anhaltspunkte er dafür hat. Und benützen Sie *niemals* selbst einen solchen Fachjargon. Fachchinesisch und hochkomplizierte Wortungetüme sind durch nichts zu rechtfertigen. Selbst einige Mediziner bringen in ihren Arbeiten schon das Argument, daß sich aufgeblähte, sehr technisch klingende medizinische Begriffe durchaus in ganz normaler Sprache erklären lassen, so daß sie praktisch jeder versteht. Bestehen Sie also ruhig auf einfachen, verständlichen Erklärungen. Wenn ich mit meinen Studenten darüber spreche, wie sie ihre Dissertationen oder Referate für ein Fachpublikum abfassen sollen, empfehle ich ihnen, so zu schreiben, daß es ein zwölfjähriges Kind verstehen würde.

Warum sollten wir denken, daß Ärzte, zum Beispiel, Dinge verstehen können, die *wir* unmöglich begreifen? Auch Ärzte waren einmal nur die Jungen von nebenan, und manche von ihnen haben ihr Studium gerade noch so geschafft.

Wenn ich Ärzte bei den Visiten im Krankenhaus begleitet habe, dann waren die einzigen Male, in denen ein Patient nicht verstand, was ein Arzt sagte, die, wenn der Arzt sich nicht um eine klare Ausdrucksweise bemühte.

- Denken Sie nicht, der Dienst an den Menschen, denen sie im Prinzip helfen sollen, stünde bei Autoritäten oder Experten an erster Stelle. Denken Sie also nicht, daß alle Ärzte nichts anderes wollen, als Menschen zu heilen, daß alle Anwälte nichts anderes anstreben, als daß ihren Mandanten Gerechtigkeit widerfährt, daß alle Lehrer nichts anderes wollen, als Wissen zu vermitteln und so weiter. An einer der führenden juristischen Fakultäten der USA wurde einmal ein Student beschuldigt, bei einer Prüfung geschummelt zu haben. Die zuständige Kommission befragte daraufhin einige Kommilitonen, die bei der Prüfung in seiner Nähe gesessen hatten, aber der beschuldigte Student durfte weder sie befragen *noch* sich selbst verteidigen. Er wurde einfach von der Fakultät verwiesen, eine ziemlich paradoxe Sache, weil es schließlich zu den Grundprinzipien unseres Rechtssystems gehört, daß Zeugen ins Kreuzverhör genommen werden und man die Chance bekommt, für sich selbst auszusagen.

Ich hoffe sehr, daß Sie mit Hilfe der hier vorgestellten Strategien bei Autoritäten und Experten leichter zu Ihrem Recht kommen. Für den Anfang wäre es schon schön, wenn sie Ihnen helfen würden, sich nicht mehr dumm und hilflos vorzukommen, wenn Sie sich nicht mehr selbst die Schuld gäben für die Unmenschlichkeit, Ineffizienz und Unzulänglichkeit des jeweiligen Expertensystems.

Kapitel 9

Nur Mut!

> Warum sollten wir uns Bedingungen an-
> passen, die hinten und vorne nicht stim-
> men? Stillschweigen bedeutet Zustim-
> mung. Wir müssen aufhören mit passivem
> Gehorsam, bescheidener Selbstlosigkeit
> und der Loyalität gegenüber Institutionen.
>
> Laura Gasparis Vonfrolio,
> Gründerin der Zeitschrift *Revolution:*
> *The Journal of Nurse Empowerment*[1]

Als Individuen sind wir glücklicher, können klarer denken
und schämen uns weniger, wenn wir erkennen, daß wir die
Hindernisse, über die wir bei der Suche nach Hilfe stol-
pern, oft nicht selbst machen. Wenn Ihnen manches in
diesem Buch hilft, dann hoffe ich sehr, daß Sie nicht
meinen, das läge daran, daß Sie bei sich selbst etwas korri-
giert haben, das vorher nicht in Ordnung war. Wenn ich
Ihnen helfen konnte, dann nicht deshalb, weil Sie »reparaturbedürftig« gewesen wären, sondern weil Expertensysteme uns nicht von sich aus zeigen, wie sie arbeiten und wo
ihre Mängel liegen. Manchmal brauchen wir einfach
Rückenstärkung, um diese Aspekte sehen und damit aufhö-

ren zu können, uns selbst Vorwürfe zu machen. Und ich hoffe, Sie werden zukünftig mehr Vertrauen in Ihre eigene Sicht dessen haben, was mit Ihnen geschieht, so wie eine Frau namens Ellie, die von Jean Alonso gefragt wurde: »Wie sind Sie aus Ihrer Depression herausgekommen?« Und Ellie antwortete: »Ich habe wieder ein Gespür dafür bekommen, was mir selbst wichtig ist, wer ich selbst bin.«[2]

Als Gesellschaft wären wir gesünder und stärker – und manche Institution weniger erstarrt und selbstherrlich –, wenn sowohl die Erbringer von Dienstleistungen als auch die, die sie in Anspruch nehmen, offen zu ihren jeweiligen Stärken und Schwächen stehen könnten. Wir werden diese einschüchternden Expertensysteme nur ändern können, wenn genug von uns erkennen, daß das Problem nicht bei uns selbst liegt, wenn wir sie auf die Probe stellen und auf einer Veränderung bestehen. Das kann eine ganz bestimmte Veränderung sein, wie zum Beispiel die von Verbrauchern inzwischen durchgesetzte Forderung nach genauen Angaben der Inhaltsstoffe bei Lebensmitteln, oder eine ganz allgemeine, wie etwa der menschlichere Umgang von Autoritäten und Experten mit ihren Klienten und Patienten.

Hätten wir doch nur alle die Dynamik und Energie, mit der Maggie Kuhn, Gründerin und treibende Kraft der Grauen Panther, sich für Veränderungen einsetzt. Studs Terkel interviewte sie, als sie schon 82 Jahre alt war:

> Obwohl Maggie Kuhn eher zerbrechlich aussieht, ist ihr Auftreten und ihre Stimme voller Vitalität. Sie besitzt eine schier unglaubliche Energie – und einen Terminkalender, der ihr kaum Zeit zum Verschnaufen läßt. »Heute nachmittag geht es nach Hopkinsville in Kentucky. Dann fliege ich nach Toledo, Ohio, um Geld aufzutreiben. Und von dort aus gleich weiter nach San Francisco, wo ich an der University of California ein ganztägiges Seminar leite.«[3]

Und es war Maggie Kuhn, die sagte:

>Ich wünschte, die Leute würden nicht immer sofort klein beigeben, weil sie sich für machtlos halten. Es gibt nichts Schöneres, als jemandem das Bewußtsein seiner eigenen Stärke zu geben.«[4]

Dank

Der Keim für dieses Buch wurde in den Jahren meiner
Kindheit in Springfield, Missouri, gelegt, und zwar durch
die Werte, die moralischen Prinzipien und die Liebe, mit
der mich meine Eltern Tac Karchmer Caplan und Jerry
Caplan, meine Großeltern Esther Milner Karchmer und
Nathan Karchmer und mein Onkel Billy Karchmer umga-
ben. Wie sehr ich sie dafür liebe und ihnen dankbar bin,
läßt sich gar nicht in Worte fassen. Sie waren mir nicht nur
wundervolle Vorbilder, sondern haben mir auch immer das
Gefühl gegeben, daß ich unterstützt, respektiert und ge-
liebt werde.

Mein innigster Dank auch an meine Mutter, der ich als
erster von der Idee zu diesem Buch erzählt habe, für die
Begeisterung und Ermutigung – damals wie zu allen anderen Zeiten. Danken möchte ich auch meiner Lektorin
Susan Arellano für ihre Wärme, ihren Enthusiasmus, ihre
wundervollen Anregungen und ihre Aufgeschlossenheit,
die unsere Besprechungen für mich immer überaus interessant und vergnüglich machten; natürlich meinem Sohn
Jeremy Benjamin Caplan sowie Sally Armstrong, Gina Feldberg und Phyllis Poore Woollen für ihre Unterstützung
schon während der Planungsphase und beim Schreiben;
Susan Gilbert Carrell, Nikki Gerrard, Bob Lescher, Carol
Tavris und Jeremy für ihr Feedback zu meinem Buchvorha-
ben; Margaret Grant für ihre Freundlichkeit und ihre klugen Kommentare; Graham Berman, Diane Goudie und

June Larkin für ihre klugen und detaillierten Vorschläge zum gesamten Manuskript und das große Geschenk, mir ihre Zeit gewidmet zu haben; meiner Tochter Emily Julia Caplan für den Buchtitel, und daß sie mich während des Schreibens so geduldig ertragen hat; meinem Vater, meiner Mutter, Winston Davis, Donna Sharon, Pat Turner und David Turner für ihre hilfreichen Anmerkungen und Edward Cone für seine ausgezeichnete redaktionelle Arbeit. Was dieses Buch wie auch meine sonstige Arbeit betrifft, bin ich meinem Vater dankbar dafür, daß er immer nach Artikeln und Ideen Ausschau hält, die ich für meine Arbeit brauchen könnte. Seine liebevolle und aufmerksame Unterstützung meiner Recherchen läßt mich die Umschläge, die mir die Post von ihm bringt, immer ganz erwartungsvoll öffnen.

Anmerkungen

Kapitel 1: Lassen Sie sich nicht für dumm verkaufen!

1. Caplan und Wilson, 1990. Mit diesem Thema hat auch der folgende Auszug aus einem Bericht des Ontario Board of Examiners in Psychology zu tun, in dem es um das Gutachten eines Psychologen in einem Sorgerechtsverfahren geht:

   »Die Empfehlungen und Schlußfolgerungen [in dem Gutachten] basierten auf Fakten, deren Zuverlässigkeit und/oder Gültigkeit nicht ausreichend erwiesen war; ... basierte auf unzureichender Untersuchung und Beurteilung wichtiger Fakten und Fragen; ... mangels ausreichender psychologischer Daten und Anhaltspunkte ... und basierten auf keiner anerkannten psychologischen Theorie ...

   Er legte ein Gutachten vor, in dem er effektiv eine Änderung der Sorge- und Besuchsrechtsregelungen für ein Kind empfahl, ohne

   (a) wichtige Personen zu befragen und/oder psychologisch zu beurteilen, darunter

   (I) die Mutter des Kindes, die das Sorgerecht hatte;

   (II) die Schwester des Kindes;

   (III) die Frau, die zu der Zeit mit dem Vater des Kindes zusammenlebte ...

   Er legte ein Gutachten vor ... ohne sich die erhaltenen Informationen anderweitig bestätigen zu lassen.

   [Der Psychologe] empfahl nachdrücklich, daß dem Kind zu gestatten sei, mit seinem Vater das Land zu verlassen.

   ... Die Aussagen [des Psychologen] über das Umfeld der Mutter, ›es hat den Anschein, daß das Umfeld der Mutter z. B.: bedrückend, restriktiv, emotional instabil und im wesentlichen nicht zufriedenstellend ist‹ basierten auf den Äußerungen eines zwölfjährigen Kindes während einer einzigen Sitzung.« S. 11–12.

2. Caplan, 1986.
3. Steinem, 1993, S. 127.

4. Angelou, 1990, S. 173–174.
5. Masson, 1990.
6. Middlebrook, 1993, und Millett, 1993.
7. Sacks, 1991.
8. Byatt, 1992, S. 86.
9. Caplan, 1988.
10. Caplan, 1990.
11. Terkel, 1990.
12. Terkel, 1990, S. 101–102.
13. Sanford & Donovan, 1994.
14. White, 1980.
15. Caplan, 1990.
16. Zum Beispiel Henley, 1993.

Kapitel 2: Was Experten sagen und was sie verschweigen

1. Steinem, 1993.
2. Pirsig, 1992, S. 119.
3. Caplan, 1993b.
4. Terkel, 1990, S. 112–113.
5. Johnston, 1990, S. 3.
6. Kramer, 1984, S. 58.
7. Pilisuk, 1990, S. 16–17.
8. MacPherson, G., 1990.
9. Terkel, 1990, S. 331.
10. Gottschall, 1986.
11. *Globe and Mail*, 1990, S. A1; siehe auch Gordon, 1990.
12. *Random House Dictionary*, 1967.
13. Rounds, 1993, S. 35.
14. Carniol, 1990, S. 59.
15. Johnston, 1990, S. 3–4.
16. Terkel, 1990, S. 110.

Kapitel 3: Was Experten tun und was sie nicht tun

1. Kramer, 1984, S. 111.
2. Johnston, 1990, S. 2.

3. Bell, 1992, zit. nach: Bennet, 1991.
4. Henderson, 1990, S. 59.
5. ebda., S. 60.
6. Steinem, 1993.
7. Terkel, 1990, S. 112.
8. ebda., S. 327.
9. ebda., S. 330.
10. Kramer, 1984, S. 61–62.

Kapitel 4:   Warum verhalten sich Experten, wie sie sich verhalten?

1. Atwood, 1991, S. 7.
2. McIntosh, 1985.
3. Carniol, 1990, S. 67.
4. Caplan, 1990.
5. Pilisuk, 1990, S. 118.
6. Peach, 1975; Brody, 1980; zit. nach: Gans, 1991.
7. Henley, 1993.
8. Atwood, 1991, S. 64.
9. Landers, 1992b, S. J4.
10. Kramer, 1984, S. 45.
11. Friend, 1990, S. 1A.
12. Pilisuk, 1990, S. 18.
13. Nazario, 1992, S. B6.
14. Carniol, 1990, S. 62.
15. Friedson, 1970, zit. nach: Gans, 1991.
16. Henley, 1993; Leary, 1957; Miller, 1989.
17. Henley, 1993.
18. Carniol, 1990, S. 50.
19. Caplan, 1985.
20. Gans, 1991; Burgess, 1989, zit. nach: Gans, 1991.
21. Carniol, 1990, S. 57.
22. Rounds, 1993, S. 37.
23. Pizzo, Fricker & Hogan, 1993, S. 18.
24. Steinem, 1993, S. 194.

Kapitel 5: Fragen stellen: Warum wir es so selten tun

1. Masson, 1993, S. 174.
2. Caplan, Secord-Gilbert und Staton, 1990.
3. Caplan & Caplan, 1994.
4. Atwood, 1991, S. 61.
5. Caplan, 1990.
6. ebda.
7. AIDS ... nicht erkannt, in: *Toronto Star*, 12. Januar 1993.
8. Hamilton, 1992.
9. ebda., S. 96.
10. Birns, 1985.
11. Chess & Thomas, 1982.
12. Rush, 1991; Masson, 1986.
13. MacQueen, 1992, S. A25.
14. ebda.
15. Landers, 1992a, S. H4.
16. Orenstein, 1993, S. 56.
17. United States Commission on Civil Rights, 1973.
18. Kinsbourne, 1978.
19. Wine, 1985.
20. Kohlberg, 1976; Kohlberg & Kramer, 1969.
21. Gilligan, 1993.
22. Kramer, 1984, S. 109.
23. Ubelacker, 1993, S. B2.
24. Gordon, 1990, S. 360.
25. Henderson, 1990, S. 59.
26. Henderson, 1990, S. 60.

Kapitel 6: Warum Experten kritisches Denken so schwerfällt

1. Carniol, 1990, S. 67.
2. Atwood, 1991, S. 4.
3. Grant, 1992.
4. Solinger, 1993, S. 19.
5. Nielsen et al., 1970.
6. Caplan, 1990.

7. Cromie, 1993, S. 5.
8. Palter & D'Argo, 1993.
9. ebda.; Butler, 1992.
10. Palter & D'Argo, 1993; Butler, 1992.
11. Palter & D'Argo, 1993.
12. Dye & Roth, 1990.
13. ebda., S. 119.
14. Caplan, 1986.
15. Ubelacker, 1993, S. B2.
16. Rounds, 1993.
17. DiManno, 1993, S. A7.
18. MacPherson, J., 1993.
19. Kramer, 1984, S. 205.
20. Pirsig, 1992, S. 62.
21. Hudson, 1972.
22. Caplan, 1993a.
23. Pirsig, 1992, S. 62.
24. Caplan, 1993a.
25. Hamilton, 1992, S. 96–97.
26. ebda., S. 97.
27. Rounds, 1993, S. 35.
28. Moore, 1990.
29. Kramer, 1984, S. 189.
30. Friday, 1993.
31. Erikson, 1980.
32. Caplan, 1979.
33. Sylvester, 1992, S. 27.
34. France, 1993, S. 9.
35. ebda., Hervorhebung durch die Autorin.
36. Atwood, 1991, S. 6.
37. Seiden, 1992.
38. ebda., S. B1.
39. Kramer, 1984, S. 130–131.
40. Levy, 1993, S. K14.

Kapitel 7: Warum uns als Klienten und Verbraucher kritisches Denken so schwerfällt

1. Atwood, 1991.
2. Kramer, 1984, S. 48.
3. ebda., S. 189.
4. Wolfe, 1991, S. D1
5. ebda.
6. Johnston, 1990; Illich, 1975.
7. Atwood, 1991, S. 5.
8. Hamilton, 1992, S. 92–93.
9. Sacks, 1991, S. 176.
10. Caplan und Gans, 1991, S. A17.
11. Davidson, 1991.
12. ebda.
13. ebda., S. 13.
14. ebda., S. 14.
15. Maynard, 1992, S. 12.
16. Laframboise, 1993, S. A17.
17. Atwood, 1991, S. 64–65.

Kapitel 8: Wie Sie sich zur Wehr setzen können

1. Gerrard, 1990.
2. Huck & Sandler, 1979.
3. Kirwin, 1970.
4. Sacks, 1991, S. 102.
5. ebda., S. 108 und 162.
6. Storch, 1990.
7. Atwood, 1991, S. 63–64.
8. ebda., S. 88.
9. Pilisuk, 1990, S. 18.
10. Levene, 1992.
11. Terkel, 1990, S. 328.
12. ebda., S. 116–117.
13. Alonso, 1991, S. 13.
14. Caplan & Caplan, 1994.

Kapitel 9: Nur Mut!

1. Rounds, 1993, S. 38.
2. Alonso, 1991, S. 13.
3. Terkel, 1990, S. 327–328.
4. ebda., S. 327.

Literatur

Es gibt viele ausgezeichnete Arbeiten von Autoren, die sich kritisch mit verschiedenen Institutionen auseinandergesetzt haben. Diese Bibliographie erhebt keineswegs den Anspruch auf Vollständigkeit. Sie beschränkt sich im wesentlichen auf die im Text zitierten Werke.

»AIDS bei alten Menschen nicht erkannt, sagen Ärzte«, in: *Toronto Star*, 12, Januar 1993, S. C1.

Alonso, Jean: »In the belly of the beast«, in: *The Women's Review of Books VIII*, Nr. 10–11, Juli 1991, S. 12–13.

Angelou, Maya: *Ich weiß, daß der gefangene Vogel singt.* Fischer, Frankfurt, 1990.

Atwood, Glenna Wotton: *Living well with Parkinson's.* Wiley, New York, 1991.

Begley, Sharon: »The meaning of junk: What's ›good‹ science? The Supreme Court tackles the question«, in: *Newsweek*, 22. März 1993, S. 62–64.

Bell, Derrick: *Faces at the bottom of the well: The permanence of racism.* Basic Books, New York, 1992.

Bennet, James: »Thieving lawyers draining client security funds«, in: *New York Times*, 27. Dezember 1991, S. B16.

Bevan, W.: »The sound of the wind that's blowing«, in: *American Psychologist*, 5, 1976, S. 115–124.

Birns, Beverly: »The mother-infant tie: Fifty years of theory, science and science fiction«, in: *Work in Progress*, Nr. 21, 1985, Stone Center for Developmental Services and Studies, Wellesley College, Wellesley, Mass.

Brody, D. S.: »The patient's role in clinical decision-making«, in: *Annals of Internal Medicine*, 93, 1980, S. 718–722.

Brook, R. H.: »Effectiveness of non-emergency care via an emergency room«, in: *Annals of Internal Medicine*, 78, 1973, S. 333–339.

Burgess, M. M.: »Ethical and economic aspects of non-compliance and overtreatment«, in: *Canadian Medical Association Journal, 141,* 1989, S. 777–780.

Butler, Sandra: *Personal communication,* 1992.

Byatt, S. A.: *The virgin in the garden.* Vintage International, New York, 1992.

Caplan, Paula J.: *Lifting a ton of feathers: A woman's guide to surviving in an academic world.* University of Toronto Press, Toronto, 1993a.

Caplan, Paula J.: *The myth of women's masochism* (überarbeitete Ausgabe), University of Toronto Press, Toronto, 1993b.

Caplan, Paula J.: *So viel Liebe, so viel Haß. Zur Verbesserung der Mutter-Tochter-Beziehung.* Kiepenheuer & Witsch, Köln, 1990.

Caplan, Paula J.: »Confusing terms and false dichotomies: A plea for logical thinking about learning disabilities«, in: *Orbit,* 1988, S. 14–15.

Caplan, Paula J.: *Frauen sind keine Masochisten.* Benziger, Zürich, 1986.

Caplan, Paula J.: »Erikson's concept of inner space: A data-based re-evaluation«, in: *American Journal of Orthopsychiatry, 49,* 1979, S. 100–108.

Caplan, Paula J., & Caplan, Jeremy B.: *Thinking critically about research on sex and gender.* Harper-Collins, New York, 1994.

Caplan, Paula J., & Gans, Maureen: »Does scientific expertise equal truth?«, in: *Toronto Star,* 25. März 1991, S. A17.

Caplan, Paula J.; Secord-Gilbert, Margaret; Staton, Pat: *Teaching children to think critically about sexism and other forms of bias.* Green Dragon Press, Toronto, 1990.

Caplan, Paula J., Wilson, Jeffrey: »Assessing the child custody assessors«, in: *Reports of Family Law,* 25. Oktober 1990, S. 121–134.

Carniol, Ben: *Case critical: Challenging social work in Canada.* Between the Lines, Toronto, 1990, 2. Auflage.

Chess, Stella, & Thomas, Alexander: »Infant bonding: Mystique and reality«, in: *American Journal of Orthopsychiatry, 52,* 1982, S. 213–222.

Conway, J.: »Differences among clinical psychologists: Scientists, practitioners and scientist-practitioners«, in: *Professional Psychology: Research and Practice, 6,* 1988, S. 642–655.

Coons, W. H.: »The crooked path«, in: *Canadian Psychology/Psychologie canadienne, 31,* 1990, S. 138–146.

Cromie, William J.: »Father's role in birth defects probed«, in: *Radcliffe News,* Winter 1993, S. 5–6.

Dale, Jennifer, & Foster, Peggy: *Feminists and state welfare.* Routledge & Kegan Paul, London, 1986.

Davidson, Keay: »Nature vs. nurture«, in: *San Francisco Examiner*, 20. Januar 1991, S. 10–17.

DiManno, Rosie: »Internal police tribunals still unfair to women«, in: *Toronto Star*, 15. Januar 1993, S. A7.

Dye, Ellen, & Roth, Susan: »Psychotherapists' knowledge about and attitudes toward sexual assault victim clients«, in: *Psychology of Women Quarterly, 14*, 1990, S. 191–212.

Erikson, Erik H.: *Jugend und Krise. Die Psychodynamik im sozialen Wandel.* Klett-Cotta, Stuttgart, 1980.

Erikson, Erik H.: »Sex differences in the play configurations of preadolescents«, in: *American Journal of Orthopsychiatry, 21.* 1951, S. 667–692.

France, Antoinette: »Blowing the whistle: The costs and consequences of speaking out in the workplace«, in: *Radcliffe News*, Winter 1993, S. 9.

Freeman, Gordon: »Kinetics of nonhomogenous processes in human society: Unethical behavior and societal chaos«, in: *Canadian Journal of Physics, 68*, 1990, S. 794–798.

Friday, Nancy: *Wie meine Mutter.* Fischer, Frankfurt/Main, 1993.

Friedson, E.: *Profession of medicine.* Dodd, Mead, New York, 1970.

Friend, Tim: »Perks affect how doctors choose drugs«, in: *USA Today*, 12. Dezember 1990, S. A1.

Gans, Maureen: *Mother bears on the rampage: The politics of caring for chronically ill children.* Unveröffentlichte Arbeit, Ontario Institute for Studies in Education, Toronto, 1991.

Gerrard, Nikki: *Racism and sexism, together, in mental health systems: The voice of women of color.* Dissertation, University of Toronto, 1990.

Gilligan, Carol: *Die andere Stimme. Lebenskonflikte und Moral der Frau.* Piper, München, 1993.

Globe and Mail: »Study gives new explanation of awful truth about weight«. 24. Mai 1990, S. A1.

Gordon, James S.: »Holistic medicine and mental health practice: A new synthesis«, in: *American Journal of Orthopsychiatry, 60*, 1990, S. 357–370.

Gottschall, Elaine: *Food and the gut reaction: Intestinal health through diet for Crohn's disease, ulcerative colitis, diverticulitis, celiac disease, cystic fibrosis, chronic diarrhea.* Kirkton Press, Kirkton, Ont., 1986.

Grant, Nicole J.: *The selling of contraception: The Dalkon Shield case, sexuality and women's autonomy.* Ohio State University Press, Athens, 1992.

Greer, Germaine: *Wechseljahre.* Econ, Düsseldorf, 1991.

Hamilton, Jean A.: »Biases in women's health research«, in: *Women and Therapy, 12,* 1992, S. 91–101.

Henderson, Jim: »When scientists fake it«, in: *American Way,* 1. März 1990, S. 56–62, S. 100–101.

Henley, Nancy: *Körperstrategien. Geschlecht, Macht und nonverbale Kommunikation.* Fischer, Frankfurt/Main, 1993.

Hogan, R.: »An interview with Robert Hogan«, in: *APA Monitor, 20,* Nr. 4, 1979, S. 4–5.

Horgan, Paul: *Things as they Are.* Noonday Press, New York, 1966.

Huck, Schuyler W., Sandler, Howard M.: *Rival hypotheses: Alternative interpretations of data-based conclusions.* Harper and Row, New York, 1979.

Hudson, Liam: *The cult of the fact.* Cape, London, 1972.

Illich, Ivan: *Die Enteignung der Gesundheit.* Rowohlt, Reinbek, 1975.

Johnston, Corinne: *Beyond dependence: A feminist perspective to empowerment in the health care system.* Referat an der Wilfrid Laurier University und am Ontario Institute for Studies in Education Conference on Community Psychology, 20. April 1990, Waterloo, Ont.

Kinsbourne, Marcel: *Personal communication.* 1978.

Kirwin, Paul: *Affect expression training in psychiatric patients: The verbalization of feeling-cause relationships.* Veterans Administration Hospital, Durham, N.C., 1970, unveröffentlichte Arbeit.

Kohl, Herbert: *From archetype to zeitgeist: Powerful ideas for powerful thinking.* Little, Brown, Boston, 1992.

Kohlberg, Lawrence: »Moral stages and moralization: The cognitive-developmental approach«, in: T. Lickona (Hrsg.), *Moral development and behavior: Theory, research and social issues.* Holt, Rinehart and Winston, New York, 1976.

Kohlberg, Lawrence: *Die Psychologie der Moralentwicklung.* Suhrkamp, Frankfurt/Main, 1994.

Kohlberg, Lawrence, Kramer, Richard: »Continuities and discontinuities in child and adult moral development«, in: *Human Development, 12,* 1969, S. 93–120.

Kramer, Mark: *Invasive procedures: A year in the world of two surgeons.* Penguin, New York, 1984.

Laframboise, Donna: »Patients take charge of their own care«, in: *Toronto Star*, 5. April 1993, S. A17.

Landers, Ann: *Toronto Star*, 8. August 1992 (a), S. H4.

Landers, Ann: *Toronto Star*, 17. Oktober 1992 (b), S. J4.

Leary, Timothy: *Interpersonal diagnosis of personality.* Ronald Press, New York, 1957.

Levene, Marlene: *Women's experience of self-blame for incestuous abuse: A feminist analysis.* Dissertation, University of Toronto, 1992.

Levy, Harold: »Comedy and tragedy in court«, in: *Toronto Star*, 27. März 1993, S. K14.

MacPherson, Gael: *The construct of auditory processing: Validation and assessment.* Dissertation, University of Toronto, 1990.

MacPherson, J.: *Letter on behalf of Survivors of Medical Abuse, to Health Professions Regulatory Advisory Council.* Toronto, 18. Januar 1993.

MacQueen, Ken.: »Academia goes for the judicial jugular«, in: *Toronto Star*, 18. Dezember 1992, S. A25.

Masson, Jeffrey Moussaieff: *My father's guru: A journey through spirituality and disillusion.* Addison-Wesley, Reading, MA, 1993.

Masson, Jeffrey Moussaieff: *Final analysis: The making and unmaking of a psychoanalyst.* Addison-Wesley, Reading, MA, 1990.

Masson, Jeffrey Moussaieff: *Was hat man dir, du armes Kind, getan? Oder: Was Freud nicht wahrhaben wollte.* Rowohlt, Reinbek, 1986.

Maynard, Joyce: »Charting my own course«, in: *Newsweek*, 21. Dezember 1992, S. 12.

McIntosh, Peggy: »Feeling like a fraud«, in: *Work-in-Progress Series*, Nr. 18, 1985, Stone Center, Wellesley College, Wellesley, MA.

Mendelsohn, Robert S.: *Männermacht Medizin – Male practice. Wie Ärzte die Frauen beherrschen.* Mahajiva, Laer, 1990.

Middlebrook, Diane Wood: *Zwischen Therapie und Tod. Das Leben der Dichterin Anne Sexton.* Die Arche, Zürich, 1993.

Miller, Jean Baker: *Die Stärke weiblicher Schwäche.* Fischer, Frankfurt/Main, 1989.

Millett, Kate: *Der Klapsmühlentrip.* Kiepenheuer & Witsch, Köln 1993.

Moore, Patricia: *Personal communication.* 1990.

Nazario, Sonia L.: »Medical science seeks a cure for doctors suffering from boorish bedside manner«, in: *Wall Street Journal*, 17. März 1992, S. B1 und B6.

Nielsen, J. et al: »Klinefelter's syndrome in children«, in: *Journal of Child Psychology and Psychiatry, 11*, 1970, S. 109–119.

Office of Technology Assessment (Congressorial, U.S.): *Assessing the safety and efficacy of medical technology.* Washington, D.C., 1978.

Ontario Board of Examiners in Psychology: *The bulletin*, Band 19, Nr. 2, 1992, S. 11–16.

Orenstein, Peggy: »Schooling girls«, in: *Mother Jones*, Januar/Februar 1993, S. 56.

Palter, Jay, & D'Argo Joan: »Cancer establishment studiously avoids pollution link«, in: *Toronto Star*, 11. Januar 1993, S. A15.

Peach, M. L.: *Freire's process of conscientization and an analysis of a community health care attitude survey.* Magisterarbeit, University of Toronto, 1975.

Pilisuk, Marc: *Unaffordable denial [A review of Chellis Glendinning. When technology wounds: The human consequences of progress.* William Morrow, New York, 1990] in Readings: *A Journal of Reviews and Commentary in Mental Health*, Dezember 1990, S. 16–19.

Pirsig, Robert M.: *Lila oder Ein Versuch über Moral.* Fischer, Frankfurt/Main, 1992.

Pizzo, Stephen, mit Mary Fricker und Kevin Hogan: »Shredded justice«, in: *Mother Jones*, Januar/Februar 1993, S. 17–23.

Random House Dictionary: Stein, Jess (Hrsg.), Random House, New York, 1967.

Robbins, Tom: *Salomes siebter Schleier.* Rowohlt, Reinbek, 1992.

Robertson, P. J. M.: »Comfort and strategy for a life in literature«. [Review of Joseph Gold: *Read for your life: Literature as a life support system.* Fitzhenry and Whiteside, Toronto.], in: *Toronto Star*, 2. Juni 1990, S. C21.

Rounds, Kate: »Report from the ward«, in: *MS.* Januar/Februar 1993, S. 33–39.

Rush, Florence: *Das bestgehütete Geheimnis. Sexueller Kindesmißbrauch.* Orlanda Frauenverlag, Berlin, 1991.

Sacks, Oliver: *Der Tag, an dem mein Bein fortging.* Rowohlt, Reinbek, 1991.

Sanford, Linda Tschirhart, Donovan, Mary Ellen: *Frauen und Selbstachtung. Ich bin ich und ich bin o. k.* Ingrid Klein, 1994.

Seiden, Howard: »What to demand when having a mammogram«, in: *Toronto Star,* 17. Dezember 1992, S. B1.

Sjöö, Monica, Mor, Barbara: *Wiederkehr der Göttin. Die Religion der großen kosmischen Mutter und ihre Vertreibung durch den Vatergott.* Labyrinth, Braunschweig, 1985.

Solinger, Rickie: »A cautionary tale« (Review of Nicole J. Grant's book: *The selling of contraception: The Dalkon Shield case, sexuality and women's autonomy*), in: *The Women's Review of Books X,* Januar 1993, 19.

Steinem, Gloria: *Was heißt schon emanzipiert? Meine Suche nach einem neuen Feminismus.* Hoffmann und Campe, Hamburg, 1993.

Storch, Debby: *Personal communication.* 1990.

Sylvester, Martin: Review of T. Byram Karasu: »Wisdom in the practice of psychotherapy«. In: Readings: *A Journal of Reviews and Commentary in Mental Health,* Dezember 1992, S. 27.

Tavris, Carol: *The mismeasure of woman: Why women are not the better sex, the inferior sex, or the opposite sex.* Simon and Schuster, New York, 1992.

Terkel, Studs: *Arm & Reich. Das Amerika der Reagan-Ära.* Schneekluth, München, 1990.

Thorngate, Warren: »The economy of attention and the development of psychology«, in: *Canadian Psychology/Psychologie canadienne, 31,* 1990, S. 262–273.

Tulving, E., Madigan, S. A.: »Memory and verbal learning«, in: *Annual Review of Psychology, 21,* 1970. Annual Reviews, Palo Alto, CA.

Ubelacker, Sheryl: »Doctors' ›god‹ status questioned by boomers«, in: *Toronto Star,* 11. Januar 1993, S. B2.

United States Commission on Civil Rights: *Teachers and students: Differences in teacher interaction with Mexican-American and Anglo students.* U.S. Government Printing Office, Washington, D.C., 1973.

White, Georgina: »Attributions about women: A foundation for barriers«, in: *Resources for Feminist Research/Documentation sur la recherche feministe, 9,* 1980, S. 9.

Williams, R.: *The wonderful world within you.* Bantam, New York, 1977.

Wine, Jeri Dawn: »Toward a feminist standpoint for psychology«, in:

Popular Feminism Papers, Nr. 2, 1985. Centre for Women's Studies in Education, Ontario Institute for Studies in Education, Toronto.

Wolfe, Morris: »Cross current: Why does a scholarly journal publish prejudice passed off as science?«, in: *Globe and Mail*, 18. Juli 1991, S. D1.

»Women pay more, get less, report finds«, in: *Springfield (Missouri) News-Leader*, 18. Mai 1993, S. 1A.

Wong, Tony: »Panel finds 1 in 7 MDs are badly deficient«, in: *Toronto Star*, 17. Dezember 1990, S. A3.

Zola, I. K.: »Medicine as an institution of social control«, in: J. Ehrenreich (Hrsg.): »The cultural crisis of modern medicine«, in: *Monthly Review Press*, 1978, S. 80–100.

Sachregister

Personenregister